Hans Waldenfels · An der Grenze des Denkbaren

HANS WALDENFELS

AN DER GRENZE DES DENKBAREN

MEDITATION — OST UND WEST

KÖSEL

CIP-Kurztitelaufnahme der Deutschen Bibliothek

Waldenfels, Hans:
An der Grenze des Denkbaren: Meditation – Ost und West/
Hans Waldenfels. – München: Kösel, 1988
  ISBN 3-466-20299-X

© 1988 by Kösel-Verlag GmbH & Co., München
Printed in Germany. Alle Rechte vorbehalten
Satz: R. & J. Blank, Composer- & Fotosatzstudio GmbH, München
Druck und Bindung: Kösel, Kempten
Umschlag: Günter Oberhauser, München
  ISBN 3-466-20299-X

Hugo M. Enomiya-Lassalle SJ,
dem 90jährigen Meister
und Brückenbauer zwischen
Ost und West
in Dankbarkeit gewidmet.

Inhalt

Vorwort

Die Fragen zum Verhältnis von asiatischer und christlicher Meditation beschäftigen den Verfasser, seit er im Herbst 1959 von H.M. Enomiya-Lassalle zur Teilnahme an einem Sesshin, einer Zenmeditationswoche, im Kloster seines verstorbenen Meisters Harada in Obama am Japanischen Meer eingeladen wurde, mit H. Dumoulin in freundschaftlichem Gespräch steht und von japanischen Lehrern und Freunden in Kyoto, K. Nishitani und Y. Takeuchi, M. Abe, Sh. Ueda und K. Tsujimura lernte, daß es außerhalb des Christentums ein philosophisches Denken gibt, das aufgrund der Zenerfahrung an die Grenzen des Denkbaren und Sagbaren führt und das Letzte, nicht mehr Sagbare als die große, beglückende »Leere« anspricht. Dabei werden Berührungspunkte zwischen den Kontinenten und Religionen, zwischen Christen und Buddhisten sichtbar, die in der Zukunft in eine größere Gemeinsamkeit aus meditativer Erfahrung weiterführen dürften.

Auf dem Wege zu dieser Veröffentlichung gibt es einige Schritte, die kurz zu nennen sind. Sie steht einmal im Zusammenhang mit meiner Arbeit über das Hauptwerk des japanischen Religionsphilosophen K. Nishitani »Absolutes Nichts. Zur Grundlegung des Dialogs zwischen Buddhismus und Christentum« (Freiburg 1976; [3]1980). Sie führt aber auch weiter, was in »Faszination des Buddhismus« (Mainz 1982) in mehr theoretischer Weise vorgetragen wurde. Die Anregung zu diesem Buch kam schließlich von einem Freund Enomiya-Lassalles, R. Ropers, und wurde aufgegriffen vom Lektor des Kösel-Verlages, Dr. B. Snela, der auch die zu verschiedenen Zeiten entstandenen, aber nochmals durchgearbeiteten Teile dieses Buches zu einem organischen Ganzen versammelt hat. Ihnen beiden möchte ich an dieser Stelle ausdrücklich Dank sagen.

H. Enomiya-Lassalle hat die heraufbrechende Zeitenwende, die von Menschen unterschiedlichster Herkunft signalisiert worden ist, als Zeit eines neuen Bewußtseins gekennzeichnet. Er ist davon überzeugt, daß die Menschen der Zukunft hellsichtiger werden. H. Dumoulin hat vor Jahren auf dem Umschlag seines Buches »Östliche Meditation und christliche Mystik« (Freiburg 1966) mit Hakuins Tuschezeichnung »Blinde tasten sich über eine Brücke« den Zustand der Menschen ins Licht gerückt: Blind sind sie, und doch wissen sie um Brücken. Zu erkennen, daß es Brücken gibt und Wege, die aus der Blindheit ins Licht führen, ist aber der Anfang der Erleuchtung. Weiterzusagen, daß es Wege ins Licht gibt, ist ein Akt der Liebe.

K. Nishitani wird am 27. Februar 88 Jahre alt – ein in Japan ehrwürdiges Datum. H. Enomiya-Lassalle vollendet im selben Jahr, am 11. November, sein 90. Lebensjahr. In Respekt vor dem Lebenswerk dieser beiden Großen, die je auf ihre Weise Brücken geschlagen haben, sei auch dieses Buch dem Brückenschlag gewidmet.

Düsseldorf, 6. Januar 1988   *Hans Waldenfels*

I Auf der Suche nach dem Ort des Heils

1 Unfähigkeit und Bedürfnis zu glauben

Versuch einer Diagnose unserer Zeit

»Unfähigkeit zu glauben« erinnert an den Titel des Buches von A. Mitscherlich, in dem dieser dem Westdeutschland der Nachkriegszeit die Diagnose der »Unfähigkeit zu trauern« gestellt hat[1]. Die um sich greifende Glaubensnot läßt die Frage zu, ob nicht eine sozialpsychologische Analyse des westlichen Menschen eine aufkommende Unfähigkeit zu glauben erkennen läßt. Tatsächlich scheint in breiten Kreisen die Fähigkeit zu glauben abzusterben und eine stumpfe Desinteressiertheit an den »letzten Fragen des Lebens« zu wachsen. *Unfähigkeit* zu glauben würde aber besagen, daß nicht mangelnder guter Wille und Bosheit den eigentlichen Grund der Glaubensnot bilden. Sie könnte sehr wohl mit dem *Bedürfnis* und Verlangen zu glauben zusammenpassen. Sollte aber der Mensch der Fähigkeit zu so grundlegenden Vollzügen wie Glaube und Hoffnung, Liebe und Hingabe, Reue und Trauer verlustig gehen, so droht das Humanum selbst in Gefahr zu geraten. Ob es heute schon so weit ist, wäre zu prüfen. Jedenfalls kann erst die Diagnose der Krankheit auch den Ruf nach einer etwaigen Therapie provozieren.

Auf dem Wege zu einer neuen Sintflut?

Tatsächlich scheint die Menschheit auf eine neue Sintflut zuzugehen, der gegenüber der Mensch ohnmächtig ist. Je mehr die Freiheit des Menschen als hohes Gut beschworen wird, desto deutlicher zeigt sich zugleich die Angst vor der Stunde ihres Untergangs.

Hatte der Mensch seit Beginn der Neuzeit sich kindlich gefreut über die entdeckte Freiheit, seine Autonomie und Mündigkeit und hatte er à la Comte die Neuzeit als die höchste Stufe einer Mündigkeitsentwicklung der Menschheit betrachtet, so sieht er sich am Ende des zweiten Jahrtausends in die Rolle des Goetheschen Zauberlehrlings versetzt: »Die ich rief, die Geister, werd' ich nun nicht los.«

Der Mensch hat sich die Erde weithin untertan gemacht. Er steht auf dem Sprung ins Weltall und ist zugleich dabei, die Tiefen seines eigenen Ichs zu entblättern. Die Welt der Natur wird zusehends zu einer »hominisierten«, vom Menschen nach seinen Gesetzen umgestalteten, neugestalteten Welt, die automatisch funktioniert. Das Wort »automatisch« aber ist verräterisch. Denn das griechische Ursprungswort *autómatos* bedeutet soviel wie »sich selbst aus eigenem Antrieb bewegend«. Damit wird die technisch gesteuerte Automatik gleichsam zu einer Natur zweiter Ordnung. Denn das »Aus-sich-selbst-sein« war im klassischen griechischen Verständnis die Definition der Natur[2]. Diese »Natur zweiter Ordnung« steht heute im Begriff, die Herrschaft über den Menschen selbst anzutreten. War die Welt weithin zum Experimentierfeld menschlicher Träume geworden, so drohen diese inzwischen zu Alpträumen zu werden. Die Verselbständigung der Automatik hat begonnen. Viele Denkoperationen können Maschinen überlassen werden. Computer planen, programmieren, perfektionieren sich selbst, bringen den Erfinder in Zugzwang, bedrohen seine Freiheit. Nicht ohne Grund spricht der Mensch von Freizeitgestaltung und bekennt damit, daß er sich für die freie Gestaltung seines Lebens eine eigene Zeit aussparen muß. Doch wie frei ist er wirklich? Die »Freizeit« nimmt zu, die Arbeitszeit dank der technischen Fortschritte ab. Wie hereinbrechende Wasserwogen aber stürzen dem Menschen die Forderungen der eigenen Werke entgegen: Er muß kaufen und konsumieren, weil die Maschinen produzieren, und die Produktion darf nicht still-

stehen, weil andere Menschen von ihr leben. Wo der Konsum-
bedarf nicht gespürt wird, hilft die Werbung nach, lockt den
Käufer herbei, suggeriert ihm Modernität oder ängstigt ihn,
ohne daß er es bemerkt. Die Weckung des Konsumbedarfs spart
keine weißen Flecken auf der Landkarte des eigenen Lebens
aus, dringt in die Privatsphäre ein, stöbert selbst die »Frei«-
Zeit auf, die inzwischen zur Karikatur ihrer selbst zu werden
droht. Denn Freizeit wird allmählich zu einem leeren Wort, da
der Mensch selbst trotz verkürzter Arbeits- und vermehrter
Urlaubszeit das Gefühl gewinnt, immer weniger Zeit zu haben,
und auch die Freiheit verlorengeht. Die Freizeitangebote über-
stürzen sich. Information, Bildung und Vergnügen konkurrie-
ren miteinander. Die Abwehrreaktionen gegen das massive
Angebot aber können für den Menschen gefährlich werden.
Man kann z.B. das Fernsehgerät am Abend abstellen, u.U.
ganz auf es verzichten. Doch ohne Radio, zumindest jedoch
ohne Zeitung leben kann der moderne Mensch nicht. Er möchte ja mitreden können. Der uninformierte, urteilslose Mensch
widerspricht der selbstgewählten Haltung des mündigen und
aufgeklärten Menschen; dem steht nicht die Tatsache entgegen, daß die eigene Meinung sich dem Diktat und der Sprach-
regelung der anonymen Meinungsmacher fügt. Denn auch
Meinungen und Bildungsideale unterliegen zunehmender Manipulation.

Die Funktion des Menschen im technischen Getriebe

Fragt man nach der Funktion des Menschen in diesem technischen Getriebe, so stellt man fest, daß der Mensch inzwischen
in der Gefahr steht, eher zu einer Funktion des Getriebes zu
werden als eine Funktion zu *haben*. Er, der zu Beginn der Neuzeit stolz darauf war, sich seines Verstandes zu bedienen und
folglich sich und die Welt in ihrem Gang selbst bestimmen zu
können, ist dabei, das Wesen zu werden, das als Rädchen im
Getriebe wirkt, manipuliert und gelenkt wird und nur noch frei
bleiben kann, wo es sich der Entwicklung entgegenstemmt,

sich wehrt und gegen den von ihm selbst initiierten Prozeß Widerstand leistet.

Nun scheint die Möglichkeit, Widerstand zu leisten, auf den ersten Blick eher geringfügig gegenüber den Fähigkeiten, die sich in der Schaffung der Technik gezeigt haben. Offenbart sich aber nicht gerade darin das wahre Menschsein, daß einer sich selbst immer neu in Frage zu stellen versteht und über den jeweils erreichten Stand seiner Schöpfung nicht nur quantitativ, sondern auch qualitativ hinausstrebt? Und liegt die Verwirklichung des Humanum nicht gerade in der Erkenntnis, daß es sich niemals total verwirklichen läßt? Besteht sie nicht gerade in dem Rest, der bleibt und über den Tod hinweg unabgegolten in eine unbeschreibbare Zukunft hineingehalten wird?

Läßt man sich nicht auf diese grundsätzliche Option – aus ihr erwächst die Fähigkeit zu glauben – ein, dann bleibt nur das negative Bild einer Menschheitszukunft, in der der Mensch der Tötung Gottes die Tötung des Menschen und des Menschlichen folgen läßt. Alles, was den Menschen immer neu über seine jeweilige Entwicklungsphase hinauszudrängen, weiterzulocken sucht: Hoffnung und Sehnsucht, Liebe und Hingabe, Muße und schöpferisches, zweckfreies Tun, Kunst und Phantasie, stirbt dann ab, selbst wenn der Mensch als Funktion im automatischen Ablauf der Welt weiterexistiert. Hoffnung und Sehnsucht wandeln sich zur Erwartung des Eintretens errechneter Abläufe und Ziele. An die Stelle von Liebe und Hingabe tritt die Wohltätigkeit, »Caritas« als Beruhigung noch nicht völlig stumpfer Gewissen; sodann die Sexualität, gepaart oft mit Brutalität und Raffinesse. Liebe als Selbstlosigkeit und Dienst wird verlacht; die schweigende Hilfe diakonischer Kräfte stirbt aus. Die geplante Vorsorge bietet sich als Ersatz an; die Versicherungen aller Art florieren. Im übrigen lebe die Haifischgesellschaft: »Wenn die Haifische Menschen wären«, fragte Herrn K. die kleine Tochter seiner Wirtin, »wären sie dann netter zu den kleinen Fischen?«[3] Der Raum des schöpferischen Miteinanders, der absichtslosen und gerade darum kreativen Pause und Stille geht verloren. Wo früher das Zeitlose und damit das die Zeit auf Ewigkeit hin Öffnende entstand, wächst der Verlust der Zeit. Die Vergangenheit wird weder zur Lehre noch zum Erbe. Die Zukunft bedeutet entsprechend keine Chance mehr, sondern schränkt angesichts der automatisch aufbrechenden technischen Möglichkeiten den menschlichen Freiheitsraum immer mehr ein. In ihm erlebt sich der Mensch zusehends als Hemmschuh einer je größeren Präzision, Perfektion und Funktionsfähigkeit der Maschinen. Wo der Mensch zum »Ersatz« für die Automatik wird, entsteht die Gefahr der Unglücksfälle, geschieht das Unberechenbare, tritt »menschliches Versagen« auf den Plan. Die Frage des lebensuntüchtigen Lebens kommt auf. Wer wäre aber bei einer solchen wachsenden Funktionslosigkeit des Menschen dann am Ende noch lebenstüchtig?

Das Miteinander von Menschen und Völkern wird schließlich zur Belastung. Friede ist kein Hoffnungswort mehr, weckt keine Sehnsüchte. Den Frieden ersetzt der Nicht-Krieg, die harmonisierte Koexistenz sich gegenseitig im Machtspiel blockierender Mächte, das Spiel von Bremse und Gaspedal – der Wagen steht, doch die Fahrt kann jederzeit beginnen. Die Aufstände und Revolutionen, Bürgerkriege und nachbarschaftlichen Auseinandersetzungen bezeugen die Krisensituation.

Selbst ein so unverarbeiteter »Rest« wie der Tod verliert dann seine Schrecken. Denn wo es keine Sehnsucht mehr gibt und der alte Mensch nur noch geduldet, aber in innerer Einsamkeit auf ein unabwendbares Ende zu mitgeschleppt wird, wird der Tod für den Sterbenden zum Ende einer sinnlosen Wartezeit, für die Mitmenschen zur Befreiung von einer zermürbenden Last. Vielleicht ist die Vision zu düster. Doch sind nicht Anzeichen dafür da, daß Erleichterung und Aufatmen an die Stelle der Trauer treten und die Angst vor der Sinnentleertheit größer wird als die Angst vor dem Tode? Nicht ohne Grund beginnen Philosophen und Theologen die Möglichkeit eines Endes der Menschheit erneut zu bedenken[4]. Sollte der Mensch unter sein eigenes Niveau zurückfallen und das Untermenschliche Herr über ihn werden, dann wäre es um ihn geschehen. Gerade dagegen muß sich der Mensch zur Wehr setzen. Er muß hellhörig werden, wenn man ihm die Verantwortung abnehmen möchte. Er darf es sich nicht gefallen lassen, daß *alles* erklärt und folglich auch *alles* ent-schuldigt wird. Das genau wäre der Tod jeglicher Verantwortung. Menschsein ist aber mehr als das Produkt von Milieu, Umwelt und Erziehung. Wo die eigenen Werke des Menschen die Herrschaft über ihren Schöpfer antreten, erhebt die totgesagte Schlange des Paradieses wieder ihren Kopf: *Sie* ist dann – mit dem Evagestus – schuldig, nicht der Mensch. Kann aber der Mensch bereuen, wo er unschuldig ist und kein Vorsatz ihm weiterhilft? Kann er noch glauben und hoffen, wo auch der andere nur meine Gefangenschaft und Unfreiheit teilt und kein Ausweg in Sicht ist?

Versuche des Ausbruchs

Wer im Gefängnis sitzt und frei sein will, muß den Ausbruch wagen. Noch ist der Mensch nicht so verzweifelt, seine Resignation noch nicht so stark, daß er ihn nicht auf verschiedenen Wegen versuchte.

Man muß dabei zunächst nicht bei den religiösen Angeboten ansetzen. Die Religionen haben in der Gegenwartsgesellschaft ein deutliches Nachlassen ihres Einflusses zu beklagen. Wir haben daher allen Grund zu fragen, wie sich Menschen auch ohne bewußte Hinkehr zu den Religionen in ihrem Menschsein retten. Daß es auch dabei stets um den Glauben geht, wird all denen deutlich, die wissen, daß Glauben es mit einem festen Standpunkt zu tun hat, mit Hoffnung und Vertrauen, mit dem Ausbruch aus der Ichverkrampfung und Einsamkeit, mit Hingabe und Liebe und geschenkter Gnade.

Rückzug: Die heile Welt und die private Wüste

Ein Weg ist der Rückzug in das private Leben, das traute Heim, die Familie. Die heile Welt zu Hause bleibt auch heute ein Wunsch, wenn schon die »Welt draußen« von Unheil zeugt. Die Erinnerung an die schöne alte Zeit, das »Es war einmal« und »Weißt du noch, als wir …?« bleibt allzumal. Erinnerungsfotos können Abende füllen. Nur: Löst diese Art von Erinnerung, von Lebensgestaltung ohne Nachdenken etwas? Ist sie nicht vielfach eine Flucht vor einer Zukunft, die – Gott Dank! – noch in weiter Ferne zu liegen scheint, die man nicht kennt und lieber auch nicht kennen will?

An dieser Stelle steht auch der Wunsch vieler Christen, die zu leichthin einfach als »konservativ« abgestempelt werden, an die Kirchen und ihre Prediger. Tatsächlich möchten sie die Kirchen – ob bewußt, sei dahingestellt – einspannen in die Bestätigung ihrer heilen Welt. Sie sehen in ihnen Orte der Besinnung und Ruhe und wünschen, daß dies so bleibt. Entsprechend finden sie es ärgerlich, daß »Unruhe« in die Kirchen eingezogen ist und daß man oft genug im Gottesdienst nicht mehr das alltägliche Leben »abschalten« kann. Die permanente Anpassung an Tageswünsche und -fragen ist ihnen ein Greuel. Die zunehmend spürbaren restaurativen Bestrebungen in den Kirchen müßten von hier aus psychologisch überprüft werden; sie sind keinesfalls ohne weiteres nur als reiner Ausdruck der Sorge um die Orthodoxie zu werten.

Damit zeigt sich – entgegen manchen Erwartungen – eine deutliche Präferenz für den Innenraum zu Ungunsten der gesellschaftskritischen Bestrebungen, von denen auch in den Kirchen heute so viel die Rede ist. Vielen Menschen von heute ist die »heile Welt« lieber, für die sie sich gerne in den Raum ihrer privaten Wüste zurückziehen. Sind nicht die Drogen auch ein solcher Rückzug zur heilen, »psychedelischen« Welt, oder gehören sie eher zum Auszug aus der Welt?

Die gesellschaftlichen Formen eines permanenten Exodus

Allerdings darf der Rückzug in die eigene Wüste und Stille nicht überbetont werden. Es gibt auch in der Öffentlichkeit – den vielfältigen Protesten Jugendlicher und Erwachsener – den Aufruf zum alternativen Leben. Die Skala der Aktionen ist breit. Sie reicht von Hausbesetzungen und von lokalen Aktionen gegen Kernkraftwerke bis zum Protestmarsch zugunsten der Dritten Welt, des Kampfes gegen Hunger, Bildungsrückstand und soziale Ungerechtigkeit. Neben die lauten Aktionen der Straße tritt der leise Protest: die Kriegsdienstverweigerung, die Lernmüdigkeit und Leistungsverweigerung, die Verkehrung gewohnter Formen in ihr Gegenteil unter gleichzeitiger Auflösung bürgerlicher Erwartungen, die Lebensgemeinschaft ohne die gesetzlichen Bindungen der Ehe und immer wieder Drogen. Der lange geübte aktive Einsatz wird von passivem Widerstand abgelöst. Wo Kriegswilligkeit aussetzt, erweist sich auf die Dauer die Harmonisierung der Kräfte durch Wettrüsten oder Abrüstungsgespräche als unbegehbarer Weg zum Frieden. Wo der Beruf den Menschen nicht mehr als Menschen auszufüllen und zu erfüllen vermag, und es zudem an Berufschancen mangelt, erweisen sich die Bildungsangebote und Lernprozesse der Leistungsgesellschaft als sinnlos. An die Stelle des Zukunftsinteresses tritt dann der Wille zu leben – hier und heute und gut. In mancher Hinsicht wird der Verweis auf die Natur zu Hilfe genommen: »Schaut die Vögel des Himmels: sie säen nicht, sie ernten nicht, sie sammeln nicht in Scheunen – und euer himmlischer Vater ernährt sie… Und was seid ihr besorgt um die Kleidung? Betrachtet die Lilien des Feldes, wie sie wachsen: sie mühen sich nicht ab und spinnen nicht, aber ich sage euch, nicht einmal Salomon in all seiner Pracht war gekleidet wie eine von ihnen« (Mt 6,26-29).

Das bunte Panorama der gesellschaftlichen Bewegungen hat zwar vielfach einen antitechnischen Zug, gebiert aber zugleich eine neue Moral des »tantum-quantum«; denn der Verzicht auf die Technik ist nicht mehr möglich. Vielmehr finden die technischen Mittel durchaus ihre Verwendung im Maße ihrer Brauchbarkeit für das jeweils aktuell gesetzte Ziel. So übt der technische Fortschritt trotz der Ängste, die sie im einzelnen immer wieder erzeugen, zugleich eine ungeheure Faszination aus. Die Zeit ist entsprechend gekennzeichnet vom »sowohl – als auch«.

So sucht man nach neuen Formen von Solidarität und Einsatz für die anderen. Skepsis bricht überall dort auf, wo neue Autoritäten entstehen und die Brüderlichkeit bedrohen. Je nachdem kommt es zu politischem Engagement oder zum Auszug aus der Politik.

Der Ruf nach einem permanenten Exodus macht auch vor den Kirchen nicht Halt. Das ist um so verständlicher, als ja der Exodusgedanke ohnehin im jüdisch-christlichen Raum ursprünglich beheimatet ist. Die radikalen Formen führen aber im Gegensatz etwa zu Nordamerika zumindest in unseren Breiten noch ein eher kryptogames Dasein.

Spontangemeinschaften, die sich zum Gespräch zusammenfinden und zu gemeinsamer Aktion und die sich dann nicht scheuen, ihr Beieinandersein mit den Abendmahlsworten zu beschließen, die irgendwer aus dem Kreis über den gemeinsamen Tisch spricht, bleiben weithin im Verborgenen und vermeiden damit, sowohl beurteilt zu werden wie auch selbst kritisch zu beurteilen. Gerade im Umkreis der Kirchen macht sich häufig Resignation breit, weil die Hoffnung auf schöpferische Aufbrüche zu oft enttäuscht worden ist. Welche Chancen haben Laien, haben Frauen in den Kirchen? Vielleicht bedarf es der gesellschaftlichen Drucksituation, um zu erkennen, welche Kräfte schöpferischen Widerstandes in der Erfahrung kirchlicher Gemeinschaft ruhen und warum es sich lohnt dabei zu bleiben.

Einzug: Die Sehnsucht nach dem integrierten Selbst
und die unterschwellige Asienfreundlichkeit

Eine eigentümliche Form des Exodus ist die Hinkehr zu den Schätzen Asiens. Zwar kehrte A. Koestler vor Jahren voller Stolz auf sein altes Europa und voller Despektierlichkeit für die Schätze Indiens und des Fernen Ostens von seiner Asienwallfahrt heim[5]. Doch läßt sich eine unterschwellige Hoffnung auf heilende Kräfte, die in jenen schweigsamen, *für uns* schweigsamen Welten vielleicht doch verborgen schlummern, deren Sprache und Art wir – noch – nicht verstehen, nicht übersehen. Die vielfältigen Übungen des Zen, des Yoga, der Meditation zeugen von der Sehnsucht nach Rückkehr zum wahren Selbst. Daß es hierbei nicht um das Tun der Massen geht, versteht sich von selbst. Noch nie hat – das weiß der westliche Mensch recht gut – die große Masse die Welt bewegt.

Zweierlei scheint der Osten anbieten zu können: eine unsagbar große Kraft des Widerstandes, die in scheinbarem Unterliegen siegt, und die Methoden, das ganzheitliche Begreifen wiedergewinnen zu können, wo der rationalistisch-analysierende Verstand scheitert. Nicht ohne Grund war die hier angesprochene Asienfreundlichkeit zunächst überwiegend unter Intellektuellen verbreitet. Zu prüfen wäre aber auch die zunehmende Kriegsdienstverweigerung auf ihre asiatischen Wurzeln hin. Die Wege der Selbstfindung werden nicht zuletzt wegen ihrer Vieldimensionalität beachtet, bieten sie sich doch religiös, psychologisch wie auch medizinisch-therapeutisch als Hilfen an. Sie lassen den Menschen jener lebendigen Mitte innewerden, von der aus Weltzugehörigkeit und Gesellschaftsbezogenheit ohne Aufgabe eines entsprechenden Selbstverhältnisses möglich bleibt. Wie sehr gewisse asiatische Grundtendenzen abendländischen Aporien zu entsprechen scheinen, vermögen so einsichtsvolle Aufrisse wie – um nur zwei deutschsprachige Bücher etwas willkürlich zu erwähnen – Lily Abeggs »Ostasien denkt anders« oder Karlfried Graf Dürckheims »Hara. Die Erdmitte des Menschen«[6] hinreichend zu veranschaulichen.

Die Frage bleibt, ob nicht die Hinwendung zu Asien und die Sehnsucht, die verlorene Ganzheit dort wiederzufinden, eine Flucht darstellt. Noch sind die genuinen Antworten Asiens nicht durch das Prüfbad der Technik hindurchgegangen. China und Japan müssen ebenso wie Indien den Erweis der Bewahrung ihrer Integrität noch erbringen, wenngleich vieles dafür spricht, daß er gelingen dürfte. Das aber würde dann erst recht die Frage erlauben, ob unsere Krankheit sich nicht auf den *westlichen* Menschen beschränkt. Hat die östliche Weisheit in dieser Lage therapeutischen Wert? Nun scheinen sich östliche Meditation und westliches Glauben wie feindliche Brüder gegenüberzustehen. Die Meditation schmeichelt gar dem modernen westlichen Menschen, daß sie ihm seine Autonomie zu belassen scheint und nicht wie die Glaubenshaltung heteronome Bindung verlangt. Die Auseinandersetzung mit Asien steht uns auf jeden Fall noch bevor.

Die Chance der Religionen

Mit letzterem »Einzug« und der Asienfreundlichkeit stehen wir schon im Bereich der Religionen. Je nach Einschätzung wird in ihnen deutlicher der Aufruf zum Rückzug, zum Auszug oder zum Einzug vernommen. Gegen eine Religion des faulen Trostes, der zum Beruhigungsmittel für Dumme und Schwache wird – »Opium des Volkes« (K. Marx) –, der Ablenkung und der Projektion menschlicher Wünsche und Sehnsüchte (L. Feuerbach, S. Freud) wird seit langem Kritik laut[7]. Der Versuch christlicher Theologen nach K. Barth, das Christentum vor dieser Kritik dadurch zu schützen, daß man es aus dem Verband der Religionen herauslöst, darf als gescheitert gelten[8]. Bedenkenswert ist hingegen der etwa von E. Bloch so stark betonte Gedanke des Exodus[9], zumal wenn dieser in seiner doppelten Komponente gesehen wird: *Auszug* aus der Gefangenschaft Ägyptens *und Einzug* in das gelobte Land der Verheißung. Nur in der Doppelheit von Auszug und Einzug liegt eine Chance für die Religionen. Auszug allein führt am Ende zum Rückzug, wenn vielleicht auch in gesellschaftlicher Form. Die Predigt des Einzugs aber verhallt ungehört, wo die Notwendigkeit des Auszugs übersehen wird.

Das Zweite Vatikanische Konzil sagt in seiner Erklärung über das Verhältnis der Kirche zu den nichtchristlichen Religionen *Nostra aetate* Nr. 1:

»Die Menschen erwarten von den verschiedenen Religionen Antwort auf die ungelösten Rätsel des menschlichen Daseins, die heute wie von je die Herzen der Menschen im tiefsten bewegen.«

Sie sind somit versuchte Antworten auf die Lebensfragen der Menschen. Dennoch wirken diese Antworten heute weithin langweilig. Liegt das an den Antworten? Es könnte ja auch an der Formulierung der Fragen liegen. So fällt z.B. auf, daß die in der genannten Erklärung aufgereihten Fragen sich gleichsam zeitlos um den Menschen und zwar den Einzelmenschen aller Zeiten drehen:

»Was ist der Mensch? Was ist Sinn und Ziel unseres Lebens? Was ist das Gute, was die Sünde? Woher kommt das Leid, und welchen Sinn hat es? Was ist der Weg zum wahren Glück? Was ist der Tod, das Gericht und die Vergeltung nach dem Tode?«

Und schließlich:

»Was ist jenes letzte und unsagbare Geheimnis unserer Existenz, aus dem wir kommen und wohin wir gehen?«

Wirken nicht diese Fragen – trotz ihrer grundsätzlichen Richtigkeit – blaß angesichts der konkreten Wirklichkeiten *unserer* heutigen Zeit? Unscharfe Fragen erzeugen auch unscharfe Antworten. Weltferne, weltfremde Antworten hinwiederum machen auch die Religionen weltfern und weltfremd.

Ein Vergleich unterstreicht das Gemeinte. In der Pastoralkonstitution *Gaudium et spes*, Nr. 10, sind dieselben Fragen nuancierter noch einmal gestellt:

»Dennoch wächst angesichts der heutigen Weltentwicklung die Zahl derer, die die Grundfragen stellen oder mit neuer Schärfe spüren: Was ist der Mensch? Was ist der Sinn des Schmerzes, des Bösen, des Todes – alles Dinge, die trotz solchen Fortschritts noch immer weiterbestehen? Wozu diese Siege, wenn sie so teuer erkauft werden mußten? Was kann der Mensch der Gesellschaft geben, was von ihr erwarten? Was kommt nach diesem irdischen Leben?«

In seiner »Theologie der Frage« berichtet Hans-Dieter Bastian von einer irritierenden Erfahrung, die E. Schweizer als Gastprofessor in Tokio in einem Seminar für japanische Fachkollegen machte. Er stellte Fragen und erhielt keine Antworten. Erst später klärte ihn ein japanischer Theologe auf. »In Japan, so erklärte er, wird der Frage eines Professors solche Bedeutung beigemessen, daß man sie als Meditationsthema aufnimmt und gründlich bedenkt. Würde und könnte man sofort antworten, wäre damit ihre mangelhafte Qualität, darüber hinaus auch die des Fragestellers erwiesen« [10].
Solange der Mensch sich als fragendes Wesen gibt, sind Antworten gut; nur müssen diese den Fragen entsprechen. Es kommt aber eben auch auf die *richtigen* Fragen an. Wir leben inzwischen in einer derartig antwortreichen Zeit, daß die nächsten Fragen bereits wieder vorprogrammiert werden und der Mensch in der Gefahr steht, selbst die Freiheit des Fragens zu verlieren. Der Mensch braucht deshalb heute auch vor allen Antworten die Fragen, die ihn aus dem Zwang des Frage-Antwort-Spiels der Wissenschaften befreien und auf jene Ebene zurückführen, wo er Mensch sein kann.
Zwei Beobachtungen bestätigen die Überlegung. Wo immer ein echter Prophet auftritt, wird er verfolgt, weil er zunächst einmal in Frage stellt, Umdenken und Konversion fordert. Damit aber weckt er die Kräfte des Widerstandes bei seinen Zuhörern: Sie werden aggressiv. Wo eine Religion nicht mehr verfolgt wird, wo sie – im Gegenteil – totgeschwiegen wird und die Menschen sich von ihr abwenden, ist es an der Zeit, sich des

eigenen Auftrags zu erinnern. Die qualvolle Frage des Propheten: »Liegt es an mir, wenn die Reizschwelle nicht mehr überschritten wird, oder an der Fähigkeit und Bereitschaft der Hörer oder doch derer, die hören könnten?« geht zuerst an ihn selbst. Auf jeden Fall kommt es auf die herausfordernden Fragen an.

Auf der anderen Seite dürfte die stille Mission der indisch-fernöstlichen Religiosität ihre Begründung gerade im Ruf nach der Frage und der Erkenntnis der Fragwürdigkeit auch des heutigen Lebens finden. Die asiatischen Übungen der Sammlung suchen ja den Menschen von der Hektik der Gedanken zum Denken hin zu befreien, von der Vielzahl der Worte fort zu dem einen wortlosen Wort hin zu sammeln. Dabei bedeutet die religiöse Institution nichts, die Übung alles.

Die Chancen der Religionen liegen heute stärker in der Solidarität mit dem Leiden als in der Verkündigung losgelöster Antwortsprinzipien, mehr in der Aufforderung zur schweigenden Praxis als in spekulativen Erörterungen, eher in einem glaubwürdigen Lebenszeugnis der Jünger als in vielen Glaubensaussagen. Heute bedeutet die Abkehr von den Religionen nicht unbedingt den Verlust der Religion. Religionskritik als Kritik an den institutionalisierten Religionen müßte schärfer unterschieden werden von der Religionskritik als Kritik an Religion überhaupt.

Und der christliche Glaube?

In vielfältig verdeckter Form brechen die Grundanliegen der Menschen wieder neu auf: die Sehnsucht nach einer heilen Welt – das Wissen um die Notwendigkeit des permanenten Exodus aus dem Status quo, der nicht auf Fortschritt, sondern auf Metanoia hinzielt – die Suche nach der verlorenen Ganzheit, dem verlorenen Selbst: »Man ist ja nicht mehr man selbst!« – die Frage nach dem Schlüssel zum verlorenen Paradies der

Sinngebung oder nach einem tragfähigen Fundament für ein Leben, das im Tode endet und keine Hoffnung und keine Zukunft zu haben scheint. Hat das Christentum in dieser Stunde kultur- und religionssoziologisch gesehen eine Chance? Bedenkt man, daß für den durchschnittlichen westlichen Menschen Glaube nach wie vor zunächst die Grundhaltung des Christen ist, so lautet die Frage genauer: Hat das Christentum die Chance, das Bedürfnis nach Glauben zu wecken und zu stillen?

Im Blick auf das Glaubensverständnis des Christentums kann uns dreierlei deutlich werden: (1) Das genuin christliche Glaubensverständnis ist längst dabei, sich als Grundhaltung ins Allgemein-Menschliche hinein zu integrieren: Glaube ist überall dort am Werk, wo der Mensch auf vielfältige Weise und mannigfachen Wegen nach einem festen Grund sucht. (2) Dagegen erfordert das inhaltliche Angebot des Christentums eine Entscheidung: Ausbruch, Hinkehr, Sprung – »auf dein Wort hin« (Lk 5,5). Im Aufruf zum Sprung – »gelegen oder ungelegen« (2 Tim 4,2) – aber liegt (3) – auch gegenüber allen anderen Versuchen des Ausbruchs, die zuvor besprochen wurden, – die uneinholbare Chance des Christentums, weil ihm die Verheißung gegeben ist, nicht fehlzugehen.

Die Lehre von einem Standpunkt: »Bauen auf den Felsen«

Das christliche Glaubensverständnis ruht auf der grundlegenden Lehre vom Standpunkt. Dabei muß Glaube von seinem alttestamentlich-jüdischen Ursprung her verstanden werden. Zwei Gesichtspunkte gehören dort zusammen: Das Bauen-auf, Setzen-auf, Vertrauen und Glauben im Anschluß an das hebräische 'aman (vgl. »Amen« = »Ja, so ist es, so soll es sein!«) sowie der »Fels«, auf den wir bauen, setzen, vertrauen, an den wir uns halten[11].

Glauben in diesem Sinne bedeutet nicht Herauslösung, sondern Verankerung des Lebens. Es geht nicht primär um das Fürwahrhalten von Satzwahrheiten, die den Bereich des Wis-

sens erweitern, sondern um den ganzen Menschen. Die Hinführung zum Glauben besteht denn auch nicht zunächst in
einer Übung des Denkens, sondern in einer grundlegenden
Neueinstellung des Menschen auf die ganze Wirklichkeit. Der
christliche Glaube aber stellt sofort dort eine Herausforderung
dar, wo er dem Menschen zu verstehen gibt, daß er nicht auf
sich selbst bauen kann, sondern auf einen anderen setzen muß.
Bei der großen Not der Einsamkeit und Vereinsamung, unter
der Menschen leiden, sollte man meinen, eine solche Herausforderung stelle in sich bereits eine wirkliche Hilfe dar. Dennoch gibt es nicht wenige Menschen, die lieber aus der Not eine
Tugend machen und heroisch ihr Alleinsein als die höchste
Verwirklichung menschlichen Daseins betrachten. Sie fürchten die Abhängigkeit. Vielfach haben Enttäuschungen sie mißtrauisch gemacht und ihnen den Mut geraubt, es noch einmal
mit dem anderen zu versuchen. Diese Enttäuschungen richten
sich oft auch auf die Kirche, genauer: die Menschen, die die
Kirche bilden, Kirchenführer ebenso gut wie einfache Gläubige. Die Diskrepanz von Glaubensverkündigung und Glaubensleben, Theorie und Praxis, Freiheitsideal und erzwungener Uniformierung, Preisung des Dienstes und autoritärer
Führung, bedroht nach vielen die Glaubwürdigkeit der Kirche
und wirft für sie die Frage auf, ob die Kirche in ihrer gegenwärtigen Gestalt eine wirkliche Glaubenshilfe oder eher ein Glaubenshindernis darstellt[12].
Bei all dem bleibt es bei der grundlegenden Feststellung, daß
der Mensch, will er Mensch sein, nicht auf sich selbst bauen
kann. Auf wen aber soll der Mensch bauen? Es fällt auf, daß
die Antwort der Heiligen Schrift, die das Christentum vorzubringen hat, nicht von Institutionen spricht, sondern von Menschen, die ihrerseits in Gott verankert sind, schließlich von
Gott selbst. So heißt es beim Psalmisten: »Der *Herr* ist mein
Fels, meine Burg und mein Erretter, mein *Gott* in mein Hort,
bei dem ich Zuflucht suche« (Ps 18,3; vgl. Pss 19,15; 28,1;
31,3 f.; 62; 71,3; 78,35; 89,27; 94,22 u.ö., auch die klassische
Lutherübersetzung: »Ein' feste Burg ist unser Gott« (Ps 46)).

Gott wiederum hat uns nach Paulus auf *Christus* fest gegründet: »So viele Verheißungen Gottes es auch gibt, in ihm ist das Ja. Deshalb erklingt auch durch ihn das Amen zur Verherrlichung Gottes durch ihn« (2 Kor 1,20 f.). Er war schon der »Fels«, der die Israeliten in der Wüste begleitete (vgl. 1, Kor 10,4). Mit Christus als Eckstein sind wir schließlich aufgebaut auf der Grundmauer der *Apostel und Propheten* (vgl. Eph 2,22, auch Jes 28,16; 1 Petr 2,6). Schon im Alten Bund heißt es von Jeremias, daß Gott ihn »zu einer festen Burg, zu einer eisernen Säule und zu einer ehernen Mauer gegen das ganze Land« macht: »Wenn sie auch gegen dich anstürmen, sollen sie dich doch nicht bezwingen: denn ich bin mit dir, um dich zu behüten« (Jer 1,18 f.). Im Neuen Bund nennt Christus einen seiner Apostel mit neuem Namen: *Petrus*, »auf diesen Felsen will ich meine Kirche bauen, und die Pforten der Hölle werden sie nicht überwältigen« (Mt 16,18)[13].

Standpunktsuche und -findung ereignen sich stets in der konkreten Weltsituation. Christlich gehört dazu der Ausbruch aus sich selbst und die Hinkehr zum anderen. Die »anderen« sind vordergründig Menschen, »Apostel und Propheten«, Jesus Christus; der »andere« ist hintergründig Gott. Gott ist jedoch unmittelbar nur im Entzug, härter formuliert: in der Abwesenheit, in seinem »Tod« greifbar, in seiner Anwesenheit, in seinem »Leben« höchstens mittelbar in solchen Menschen, die an ihn glauben. Es kann daher auch von Gott nur die Rede sein, wo vom Menschen die Rede ist. Jesus selbst hat dazu den Weg gewiesen, als er die Frage nach seinem Vater mit dem Hinweis beantwortete: »Wer mich gesehen hat, hat den Vater gesehen« (Joh 14,9). Der Gott der Christen trägt immerzu ein Menschenantlitz.

Die Aufforderung zur Ekstase

Bauen-auf-andere besagt zugleich Mut zur »Ekstase«, Bereitschaft, sich aus dem eigenen Gefängnis befreien zu lassen, sich von dem anderen ergreifen zu lassen. Nun ist das Stichwort

»Ekstase« im Raum des offiziellen Christentums bis auf den heutigen Tag suspekt. Die Negativgeschichte des Ekstatischen wartet noch immer auf ihren Historiker. Sie müßte beginnen mit dem Mißtrauen gegen das Zungenreden und das ungebändigte Geistwirken in der Urkirche; das Wort des Paulus hatte seine Wirkung: »In der Gemeinde will ich lieber fünf Worte mit meinem Verständnis reden, um auch andern etwas zu bieten, als zahllose Worte in entrückter Sprache« (1 Kor 14,19). Sie müßte weiter die Domestizierung des Prophetischen beschreiben. Gar mancher unbequeme Prophet ist nach seinem Tode heiliggesprochen worden. Es müßte die Frage geklärt werden, woher es kommt, daß Mystiker in der Kirche sehr oft mit Verdächtigungen rechnen mußten: nicht nur Meister Eckhart, auch Johannes vom Kreuz und Ignatius von Loyola. Die merkwürdige Einschätzung der Frauen würde deutlich; sie hatten zu schweigen in der Kirche trotz Hildegard von Bingen, Katharina von Siena und Teresa von Avila[14]. Die Rolle der Ordensstifter wäre unter dieser Rücksicht fast genauso von Interesse wie die vieler Häretiker. Für die Gegenwart aber müßte der Abbau des kirchlichen Feierns und die Intellektualisierung des Glaubenslebens besprochen werden. Zur Abrundung dieses Bildes gehörte dann noch die Geschichte des christlichen Gehorsams[15].

Mut zur Ekstase besagt Mut, der Phantasie Raum zu geben, um so für Überraschungen offen zu bleiben. Unsere Zeit glaubt nicht an Wunder, liebt die Ordnung. Die Chance der Kirche liegt dementsprechend auch nicht in der Betonung des Ordnungsgedankens, des Hierarchisch-Institutionellen, des Systematischen in Dogma und Moral, so wenig sie entbehrt werden können, sondern in der Beachtung, Unterstützung und Förderung der charismatischen Aufbrüche. Die Bereiche sind in den zuvor skizzierten Punkten der Negativgeschichte des Ekstatischen angedeutet. Die Gottesdienst-»Ordnung« muß sich öffnen für das Experiment, für Versuche neuer Formen, muß auf jeden Fall den Abfall in die Einseitigkeit und Armut reiner Worthaftigkeit (»Wortgottesdienste«!) gerade aus dem Reichtum des Katholischen heraus abwehren. Auch die Meditation ist ein Angebot des Christlichen, das aber entschiedener auf seinem ganzheitlichen, d.h. den Menschen in seiner Leib-Geistigkeit beachtenden Charakter und damit in seinen Möglichkeiten der Einübung des Menschlichen gesehen werden müßte. Dabei wäre der Sinndeutung J. Sudbracks Aufmerksamkeit zu schenken, der die christliche Meditation eine »begreifende Ekstase« nennt und so die asiatische Meditation zumindest in ihrem theoretischen Selbstverständnis zu korrigieren versucht[16]. Die Stärke des Christentums liegt schließlich in der ständig neuen Konkretisierung des Gebotes der Liebe, des Ausstiegs aus dem Bau eigenen Weltbegreifens und Weltgestalten-Wollens, in der Kraft der Solidarisierung mit allen Menschen, des Hören-Könnens und des helfenden Zupackens, in ihrer immer neuen Entwicklung von Brüdergemeinschaften. Die Aufforderung, neue gemeinschaftliche Lebensformen zu versuchen, ergeht dabei einerseits an die klösterlichen Gemeinschaften der Kirche, andererseits aber auch an die Laien in der Vielfalt der Lebensgemeinschaften. Der Ausfall des Beitrags der Christen wird heute in vieler Hinsicht bedauert. Die neue Gestalt des Verhältnisses von Brüderlichkeit und Autoritäts- bzw. Hierarchiestrukturen steht noch aus. Die Formulierung des Bußaktes der Meßfeier: »Ich bekenne, ... daß ich Gutes unterlassen und Böses getan habe ...« wird die Kirche immer auch auf sich selbst beziehen müssen: Versagen zeigt sich in unserer Zeit nicht primär dort, wo »Gebote« (»Ordnungen«) übertreten werden, sondern wo der Ruf zum ständigen Übersteigen seiner selbst ungehört verhallt und somit auch die Formen des Prophetischen sterben.

Der Ekstatiker ist ja zugleich Prophet, jener nämlich, der in der Zeit lebt, sie durch- und mitleidet, aber gerade darin die Hinkehr zum anderen vollzieht und so – vielleicht trotz vieler Enttäuschungen – die Hoffnung auf Erfüllung wachhält. Die laute Kunde von dieser Hoffnung macht das Wesen des Propheten aus. Der Christ findet sie zunächst im Blick auf die Gestalt dessen, den das Volk selbst einen Propheten nannte: Jesus von

Nazaret. Sein Leben stand im Zeichen der Dialektik von Tod und Leben. Sein Zerbrechen am Kreuz setzte den Maßstab: Maßlosigkeit und Unermeßlichkeit durchkreuzt alle Berechnung. Alle technischen Auskünfte erscheinen hier als fragwürdige Antworten in ihrer Vorläufigkeit; denn unberechenbare und unberechnete Liebe wirkt gesellschaftspolitisch beunruhigend und revolutionär[17], gerade weil sie keine Sicherheit mehr gibt, – es sei denn, der Absturz in die Unermeßlichkeit von Liebe bis in den Tod findet seinen Grund; dann wäre der Glaube am Ziel. Tatsächlich sprechen tote Propheten selbst in ihrem Tode weiter. Nicht ohne Grund vermeidet es unsere Zeit, Martyrer zu machen!

Die Chance der Verheißungsworte

Die Voraussetzung des Ekstatischen ist die Bereitschaft, sich etwas sagen und sich beschenken zu lassen. Wo immer Menschen diese Bereitschaft sich bewahren oder neu erwerben, verkörpern sie – selbst unbewußt – den Glauben an Verheißungen. In solchen Verheißungen aber überlebt die Vergangenheit, ragt sie in die Gegenwart hinein, findet sie ihre Zukunft.

Nun sorgt sichder heutige Mensch um nichts mehr als um seine und der Menschheit Zukunft. Zukunftsworte, die zugleich Verheißungsworte sind, haben daher die große Chance, gehört zu werden. Man könnte daher gar den bekannten Kantischen Wahlspruch der Aufklärung umformen und dem Menschen, zumal dem Christen, zurufen: »Habe Mut, dich in der Gegenwart der Erinnerung an deine Verheißung zu bedienen!« Dabei geht es um »jene gefährliche *Erinnerung*«, die H. Marcuse gesehen und J.B. Metz aufgegriffen hat, »die unsere Gegenwart bedrängt und in Frage stellt, weil wir uns in ihr an unausgestandene Zukunft erinnern«[18]. Die etablierte Gesellschaft scheint die subversiven Inhalte des Gedächtnisses zu fürchten, weil es vergangene Schrecken und Hoffnungen in die Erinnerung ruft[19]. Wo aber Verheißungen auf diese Weise wirksam werden, wird die jeweilige *Gegenwart* das Vorläufige, Unabgeschlossene, Nicht-Endgültige. Hat früher oft die Vergangenheit als Maßstab des Lebens gegolten, so muß heute darauf geachtet werden, daß nicht die Gegenwart zum absoluten Maßstab gestempelt wird. Das aber geschieht nur dort, wo Erinnerung an die Vergangenheit, Gegenwartserfahrung und Verheißung der Zukunft einander ständig herausfordern.

Das hat entsprechend zur Folge, daß es nicht die Aufgabe der christlichen Glaubensverkündigung sein kann, sich primär um das Aggiornamento zu bemühen und vergangene Aussagen mit dem jeweiligen Stand der wissenschaftlichen Forschungen zu versöhnen; vielmehr muß sie diesen selbst wieder sprengen. In diesem Sinne formuliert J. Moltmann zu Recht:

»Für den Theologen geht es nicht darum, die Welt, die Geschichte und das Menschsein nur anders zu *interpretieren*, sondern sie in der Erwartung göttlicher Verheißung zu *verändern*«[20].

Die Stichworte christlicher Verheißung heißen in ihrer Ursprungsgestalt »ewiges Leben« (Joh 3,15.36; 5,24; 6,27.40.47; 10,28 u.ö.), »neue Schöpfung« (2 Kor 5,17; Gal 6,15), »neuer Himmel und neue Erde« (2 Petr 3,13; Offb 21,1), »heilige Stadt« (Offb 21f.), »neuer Mensch« (Eph 2,15; 4,24), Auferweckung, Heil. Sie klingen den Skeptikern heute wie je utopisch genug. Wir Christen haben jedoch keinen Anlaß, sie noch unglaubwürdiger zu machen, als sie ohnehin sind, indem wir ihre immanente Sprengkraft unsererseits beeinträchtigen. Das kann auf dreierlei Weise geschehen[21].
(1) Die Erfüllung der Verheißung kann in eine Epoche verlegt werden, die jenseits von Zeit und Geschichte liegt. Die Geduld des Wartens in reiner Passivität wäre dann die herausragende Tugend. Ein Heil reiner Jenseitigkeit aber muß als Opiat in dieser Welt wirken; denn Weltabgewandtheit in unserer konkreten Welt wird zur Welt- und Menschenverachtung. Die Kunde von der Menschenfreundlichkeit Gottes (Tit 3,4) wäre damit entleert.

(2) Die Erfüllung der Verheißung kann in der Erreichung praktikabler und von seiten des Menschen realisierbarer Ziele gesehen und damit die Zugkraft der Verheißung gehemmt werden. Die Beschränkung der Erfüllung auf den Bereich reiner Diesseitigkeit, die Utopie eines vom Menschen selbst zu schaffenden Paradieses führt aber am Ende zu einer Welt der »geschlossenen Türen« in einer selbstgeschaffenen Hölle[22], denn der Mensch drängt nach den offenen Türen. Deshalb wird auch die Kirche heute unglaubwürdig, wo sie von sich aus meint, Türen schließen zu müssen, wo sie das Reich Gottes mit der kirchlichen Institution identifiziert und den Geist in den Buchstaben bannt. Macht und Eigenmächtigkeit bleiben die große Versuchung jeder Institution.

(3) Die Verheißung wird schließlich nichtssagend und gesellschaftlich unfruchtbar, wenn die radikale Hoffnung radikal spiritualisiert und individualisiert wird. Wo sie nämlich nur noch den einzelnen und seine »Seele« meint, tritt an die Stelle des Neuen Himmels und der Neuen Erde die Unsterblichkeit der Seele und wird der Weg zu ihr zur reinen *Seelsorge*; der Mensch in seiner Totalität, in seiner Leiblichkeit und damit in seiner Gesellschaftlichkeit und Weltlichkeit wird nicht mehr gesehen.

Schließlich darf nicht übersehen werden: Die Verheißung hat nur dann eine Chance, wenn sie zugleich entgrenzt und einweist: »Ich bestelle dich …, auszurotten und niederzureißen und zu verderben und zu zerstören, aufzubauen und zu pflanzen« (Jer 1,10). Überall, wo Grenzen fallen, ist das Ergebnis Freiheit. Doch wird der Mensch nur glücklich, wenn diese Freiheit nicht nur »Befreiung–von«, sondern zugleich »Befreiung –zu« besagt. Die Destruktion der Kritik muß begleitet sein vom Morgenrot eines neuen Tages, – so wie der Auszug aus Ägypten seine Sinnhaftigkeit erst aus der Ansage eines gelobten Landes zog. Je radikaler aber die Hoffnung, um so radikaler trifft auch die Kritik. Wo Leben verheißen wird, geht es nicht ohne Tod ab. Wer Sicherheit finden will, muß Unsicherheit wagen, – so wie am Ende des Johannesevangeliums Petrus springen muß, um dem Herrn zu begegnen (vgl. Joh 21,8, auch Mt 14,29 ff.).

Für einen Menschen, der zwischen Unfähigkeit und Bedürfnis zu glauben schwankt, bleibt nur der grundlegende Rat zum Sprung – entlang an Stichworten wie »hoffend gegen alle Hoffnung« (Röm 4,18), Torheit der Predigt des Kreuzes, ja Gottes selbst (vgl. 1 Kor 1,17-27). Der Sprung in die Unsicherheit ist Sache der Narren. Jesus selbst wird im Narrenkleid zu Herodes geführt (vgl. Lk 23,11). G. Rouault hat Jesus als Narren dargestellt. Vielleicht liegt darin ein Hinweis für uns heute.

2 Frömmigkeit jenseits der Kirche

Profile und Gestalten außerchristlicher Spiritualität

Jenseits der Kirche

Die Formulierung beschreibt – leicht verdeckt – ein doppeltes Spannungsverhältnis. Es geht einmal um die Spannung zwischen kirchlich und religiös, sodann zwischen christlich und nichtchristlich. Dabei wird der Blick auf einen Anstoß gerichtet, den die christliche Theologie in diesen Tagen von innen und außen erlebt und der fast in einer Art Dualismus in Erscheinung tritt. Gemeint ist das keineswegs immer fromme Geschäft theologischer Glaubensbegründung und -reflexion auf der einen Seite und die häufig wenig reflektierte Alltagsfrömmigkeit und -spiritualität auf der anderen Seite. Von beidem ist vorweg in Kürze zu sprechen.

Spannung 1: Kirchlich–religiös

Religionssoziologisch ist die Spannung »kirchlich–religiös« unbestritten, theologisch ist sie zumindest im praktischen Bereich wahrgenommen[1]. Geht man vom alltagssprachlichen Gebrauch der Termini aus, so ist auf der einen Seite eine spürbare Distanzierung auch solcher, die als Getaufte Kirchenangehörige sind, von der Institution Kirche unübersehbar. Auf der anderen Seite bedeutet eine Entfremdung von der Institution Kirche keineswegs ohne weiteres den totalen Verlust an Religiosität bzw. Frömmigkeit als der individuellen, weithin dem privaten Bereich angehörigen Verwirklichung der Gottesbeziehung bzw. eines Lebens aus der Transzendenz oder aus einem absolut anfordernden Horizont heraus. Selbst wo dieser

Lebensweise die begründete Artikulation fehlt, ist sie nicht selten in den Wünschen und Hoffnungen, aber auch in Verzweiflung und Zweifel zu spüren. F.-X. Kaufmann hat die möglichen Verhältnisse von Kirchlichkeit und Religiosität in folgendes Diagramm gefaßt[2]:

kirchlich und religiös	kirchlich nicht religiös
nicht kirchlich religiös	nicht kirchlich nicht religiös

Er bemerkt dazu, daß die Unterscheidung von Kirchlichkeit und Religiosität nicht nur die Definition religiöser Affinität über die Konfessionsschranken hinweg ermöglicht, sondern auch die Distanzierung von Phänomenen innerhalb der eigenen Kirche, die zwar als kirchlich, nicht aber als religiös anerkannt werden. Was hier in abstrakter Form angezeigt ist, läßt sich, wenn man achtgibt, vielfältig im Lebensalltag verifizieren. Typisch ist etwa, wenn in französischen Kathedralen durch Aushänge eigens auf Orte des »Religiösen« in derselben Stadt, auf Klöster mit besonderen Gottesdiensten, Orte der sakramentalen Anbetung u.ä. hingewiesen wird. Die Kathedralen selbst sind nicht mehr einfachhin Orte der Frömmigkeit, sondern oft nur noch Zeugnisse einer vergangenen Frömmigkeitsgeschichte, die gelegentlich für einen Gottesdienst benutzt werden. Um heute Frömmigkeit zu erleben, wird man zu anderen Orten, entsprechenden Zeiten und Gruppierungen geschickt.

Gegenläufig zur gemachten Beobachtung berichtet L. Boff von einer Befragung unter brasilianischen Studenten, nach der 1978 auf die Frage nach ihrer Einstellung zu Kirche und Religion 75% sich zur Kirche bekannten, aber 10–15% zwar an die Kirche glaubten, doch die Religion ablehnten[3]. Hier wäre genauer nach dem Religionsverständnis zu fragen. Das Antwortgefälle fände eine Erklärung, wenn man unter Religion im

marxistischen Sinne einen Vertröstungsbetrieb ohne gesell-
schaftsverändernde Wirkungen und umgekehrt in der konkret
erlebten Kirche eine an den gesellschaftlichen Zuständen und
ihrer Veränderung interessierte Gemeinschaft erblickt.

Wie immer man Kirche und Religion in ihrem Verhältnis zueinander bestimmt – es ist davon auszugehen, daß Kirche und
Religion bzw. Religiosität nicht mehr einfachhin identifiziert
werden können. Entsprechend sind auch Kirchlichkeit und
Christlichkeit nicht mehr einfachhin identifizierbar.

Spannung 2: Christlich–nichtchristlich

Wie sich unter der Hand das Verständnis des ökumenischen
Gesprächs wandelt und darunter nicht mehr nur das interkon-
fessionell-zwischenkirchliche Gespräch, sondern vielfach bereits der interreligiöse Dialog verstanden wird, so greift auch
das Verständnis von Religiosität inzwischen über das Christentum hinaus. »Jenseits der Kirche« besagt dann für uns nicht
mehr allein die Spannung von Kirchlichkeit und christlicher
Religiosität, sondern auch von christlicher und nichtchristlicher Religiosität.

Im folgenden geht es freilich nicht um die dogmatische Beurteilung der außerchristlichen Frömmigkeit, sondern zunächst
um ihre Wahrnehmung in unserem eigenen Umfeld und ihre
Einwirkung auf die christliche Frömmigkeit. Denn wir müssen
heute damit leben, daß außerchristliche Frömmigkeitsformen
als Angebote an Christen herangetragen und von solchen auch
angenommen werden. »Spiritualität« wird nicht zuletzt von
außerchristlicher Seite zu einer entschiedenen Herausforderung des Christentums.

»Spiritualität«

Viel zu lange haben die Frömmigkeit und ihre Geschichte in
unserem theologisch–wissenschaftlichen Alltag ein Schatten-
dasein gefristet. Noch in den letzten Auflagen unserer großen

theologischen Nachschlagewerke ist Spiritualität weithin un-beachtet geblieben[4]. Im RGG[3] gibt es keinen Artikel »Spiri-tualität«, lediglich einen 5spaltigen Artikel »Frömmigkeit«; im LThK[2] wird unter »Spiritualität« verwiesen auf »Frömmig-keit«[5]. Inzwischen stellen wir jedoch einen nahezu inflationären Gebrauch des Begriffs fest, der aber keineswegs als christlicher Grundbegriff, sondern als außerchristlicher An-stoß wieder in Gebrauch gekommen ist. Illustrierend seien einige Beispiele genannt:

– Der langjährige Direktor des Büros des Generalsekretärs der UNO *Robert Muller* hat in verschiedenen Veröffentlichungen eine »neue Genesis«, »eine globale Spiritualität« gefordert, die der Menschheit bei der Lösung jener Fragen hilft, die weder Wissenschaft noch Moralität zu lösen vermögen[6]. Obwohl überzeugter Katholik, hat er seine wesentlichen Impulse aber nicht aus dem Christentum, sondern aus seinem Umgang mit dem Buddhisten U Thant empfangen.

– Der australische Mediziner *A. K. Tebecis*, Jahrgang 1943, der sich nach Jahren des Studiums und der Forschung unbefriedigt von den Erfahrungen, die er in Basel und sonstwo in Europa machte, religiös ausgetrocknet, indienwärts wandte, ist eben-falls kein Einzelfall[7]. Er fand schließlich in einer der jüngsten japanischen Neureligionen, *Mahikari* = Wahres Licht, sein Heil, weil er dort ihn überzeugende Heilungsvorgänge und -wege fand.

– Hinzuweisen ist auch auf die große Zahl von Naturwissen-schaftlern, die – nach P. Berger[8] – auf dem Weg »zwischen Je-rusalem und Benares« sind[9]. Diese Formulierung will sagen: Viele Vertreter der exakten Wissenschaften erblicken in den nach ihrem Verständnis irrationalen, ganzheitsorientierten Religionen Asiens eine Komplementarität zu ihrem eigenen gewohnten Denken und alltäglichen Lebensverhalten. Als Komplementarität kommt für viele das Christentum schon deshalb nicht mehr in Frage, weil für sie Wissenschaft und Technik, abendländische Weltbilder, Gesellschaftsvorstellun-gen und Menschenbilder je auf ihre Weise das Christentum be-

erbt haben und das heutige säkularistische Denken und Welt-
verhalten ihrer jüdisch-christlichen Herkunft folglich tenden-
ziell entsprechen. Wird aber die heutige gesellschaftliche Situation als Krankheitssituation diagnostiziert, so muß es widersinnig erscheinen, vom Christentum, wenn es für einen Krank-
heitsauslöser gehalten wird, Kräfte der Therapie und Heilung
zu erwarten. Hier bieten sich dann die asiatischen Hochreligio-
nen als Alternative an.

– Von »Spiritualität« wird schließlich nicht nur religiös, sondern sogar außerreligiös gesprochen. So steht in Artikel 24 der
am 4.12.1982 verabschiedeten neuen Verfassung der Volksrepublik China eine Formulierung, die in der englischen Übersetzung mit »*socialist spiritual civilization*« wiedergegeben ist.
Ihm steht als Gegenbegriff in der politischen Diskussion die
Abwehr der »*spiritual pollution*« gegenüber[10]. Zwar stellt sich
in all diesen Zusammenhängen die Frage nach dem »Geist«
der »Spiritualität«. Mit ihr verbindet sich der Ruf nach einer
erneuten Einübung der »Unterscheidung der Geister«[11]. Unübersehbar ist aber, daß »Spiritualität«, Geistbewegtheit, Einlassen auf geistbewirkte Anstöße wiederum zu einem Thema
geworden sind. Die »Unterscheidung der Geister« darf aber
nicht so betrieben werden, daß – gegen den Rat des jesuanischen Gleichnisses – der Weizen mit dem Unkraut ausgerissen
(vgl. Mt 13,24-30) bzw. – im Widerspruch zur paulinischen
Aufforderung – der Geist ausgelöscht wird (vgl. 1 Thess 5,19)[12].
Daher gilt es auch zunächst, die Profile und Gestalten heutiger
Spiritualität genauer wahrzunehmen. Wir beschränken uns
hier auf jenen Bereich, der im doppelten Verständnis des Wortes als »jenseits der Kirche« anzusprechen ist, den außerkirch-
lichen und außerchristlichen Bereich.

Profile und Gestalten

Im Spannungsfeld »kirchlich–christlich (–religiös)«

Im ersten Schritt müssen wir auf das Phänomen eines von einer bestimmten Konfessionalität abgehobenen Christseins eingehen. K. Jaspers hat vor Jahren in bewegenden Worten gesagt, er lasse sich von niemandem das gemeinsame Vaterhaus, die Herkunft aus biblischem Denken und damit die christliche Abkünftigkeit absprechen[13]. Diese Feststellung richtete sich vor allem gegen den Anspruch der Kirchen, zu bestimmen, was christlich ist, was nicht.

Die von Jaspers und anderen Intellektuellen eingenommene Haltung hat inzwischen im praktischen Verhalten vieler, zumal junger Bürger, soweit sie sich noch dem Christentum verpflichtet wissen, ihre Fortsetzung gefunden. Wir finden einmal transkirchliche Verhaltensweisen, sodann aber auch Ansätze zu religiös synkretistischem Verhalten, das sich gerade aufgrund der synkretistischen Einstellung dennoch in grundsätzlicher Übereinstimmung mit dem Christentum verstanden wissen will.

Wir beobachten im ökumenischen Bereich nicht selten ein *de facto*-Verhalten, das sich um die Vorschriften einer bestimmten Kirche nicht mehr kümmert. Das gilt für die *activa participatio* bis zum wechselseitigen Sakramentenempfang bei Abendmahls- und Eucharistiefeiern, etwa auf Kirchentagen, aber auch in Mischehen. Hierbei geht es nicht um die Frage eines gelegentlichen »Zu Gast Seins beim anderen«[14], sondern um eine implizite Neueinschätzung dessen, was für »Kirche« und »Christsein« gehalten wird. Leider gibt es über dieses Verhalten bislang kaum verwertbare Statistiken, die eine entschiedenere Beachtung dieser Menschengruppe in der aktiven Pastoral der Kirchen ermöglichen würde. Sieht man vom Kirchentagsverhalten ab, so handelt es sich weitgehend um eine Grauzone, die sich dem Zugriff der Kirchen entzieht. Dennoch verdient dieses Verhalten intensivere Aufmerksamkeit, da es seine Entsprechung in der Einschätzung der kirchlichen Verkündigung hat und in der kontroverstheologischen Interpretation auch fundamentaler Glaubenslehren, die Anforderungen kirchlicher Disziplin und ethische Urteilsvorgaben im individual- wie im gesellschaftsethischen Bereich in das transkirchliche Verhalten einbezogen sind. Im Zwischenraum der Kirchen sind auch Frömmigkeitsweisen wie die wiederbelebten *charismatischen* Gebetsweisen angesiedelt. Das Phänomen selbst ist hier nicht zu besprechen und zu bewerten[15]. Wohl ist auf das eigentümliche Spannungsverhältnis zwischen dem charismatischen Beten und der Rückbindung der einzelnen Mitglieder der Bewegung an die jeweilige kirchliche Situation zu achten. Was besagt eigentlich die Tatsache, daß man zwar miteinander beten kann, doch im sakramentalen Bereich, sei es des Eucharistischen, sei es der Sündenvergebung, Tabugrenzen respektieren muß? Welche Rolle spielt in diesem Zusammenhang die kirchliche Institution?

Auch der christliche Einsatz für Gerechtigkeit und Frieden, Leben und Freiheit wächst vielfach im zwischenkirchlichen Raum. Gerade im gesellschaftlich-politischen Kampf kommt es im Blick auf gemeinsame Ziele und Ideale nicht selten zu neuen Koalitionen quer durch Konfessionen, selbst durch Religionen. »Kampf und Kontemplation« (R. Schutz), »Mystik und Politik« (L. Boff), »Spiritualität und Befreiung« (EATWOT IV) haben in verschiedenen Teilen der Welt zueinandergefunden[16]. Gerade im Ringen um eine aus der »Spiritualität« zu erneuernde »Welt« spielt der Austausch spiritueller Erfahrungen von Vertretern unterschiedlicher religiöser »Wege« eine zunehmende Rolle.

Hier wird zugleich der Ausbruch aus dem innerkirchlichen Bereich in den Raum »jenseits der Kirchen« erkennbar. So gibt es zahlreiche Ansätze dafür, daß das, was ökumenisch für möglich gehalten wird, auch auf andere Religionen hin versucht wird. Dazu gehören die Anleihen, die für die meditative Praxis bei asiatischen Religionen gemacht werden[17]. Die Frage, ob Yoga oder Zenübungen mit dem christlichen Glauben vereinbar sind, wird zwar nach wie vor theoretisch erörtert; es ist aber nicht zu leugnen, daß Christen auf diesen Wegen zu einem vertieften, auch sakramentalen und gemeindeorientierten Frömmigkeitsleben zurückgefunden haben. Wir fragen auch hier: Was bedeutet es, wenn Christen bewußt mit Juden in der Synagoge beten, oder gar der Ansicht sind: Was mit Juden geht, läßt sich auch mit Muslimen, Hindus und anderen Religionsvertretern tun? Wir haben gemeinsame Gebetszeiten mit Vertretern der Weltreligionen z.B. auf dem Düsseldorfer Katholikentag 1982 erlebt. Es hat den Gebetstag der Weltreligionen in Assisi 1986 und weitere Gebetstreffen danach gegeben[18]. Die Tatsache, daß es all das gibt, kann uns dennoch nicht davon abhalten, nach der theologischen Legitimität und Bedeutsamkeit solcher Ereignisse zu fragen. Tatsächlich gibt es auch ein deutliches Anwachsen *synkretistischen* Verhaltens, in dem das jeweils Zusagende aus verschiedenen religiösen Traditionen in Anspruch genommen wird. Hier ist etwa auf die für Doppelmitgliedschaft offene Haltung asiatischer Religionen zu achten, zumal auf nicht wenige als Jugendreligionen eingestufte religiöse Bewegungen wie die Vereinigungskirche, die TM, auch die Scientology Church oder die schon genannte Mahikari; letztere läßt ausdrücklich ihre Mitglieder vor dem Shintōaltar zu ihrem jeweiligen Gott, Jahwe oder Allah, oder zu Buddha beten[19]. Es gibt hinreichend Beispiele dafür, daß es der Leitung bestimmter Jugendreligionen daran liegt, daß Mitglieder ihre Herkunftszugehörigkeit nicht aufgeben, sondern u.U. gar durch Mitwirkung in kirchlichen Gremien noch unterstreichen. In vielen Fällen verbindet sich eine fundamentalistisch-unkritische, häufig emotionale Annahme unterschiedlicher religiöser Formen und Lebenspraktiken, die nicht nur das Frömmigkeitsleben, Gebet und Meditation, sondern auch das asketisch-ethische Verhalten, den Umgang mit anderen, selbst Essen und Trinken, bestimmen.

Allerdings gehen fremdreligiös-synkretistische Anleihen in der Mehrzahl der Fälle Hand in Hand mit dem Verlust der christlichen Grundunterscheidungen. Die christologische Grundvermittlung – »durch Christus unseren Herrn« –, somit die zentrale Stellung der Christusgestalt, damit das eigentümlich-christliche

Gottesverständnis und Gottesverhältnis – Gott als Schöpfer und damit als Nicht-Welt – aber auch die daraus sich ergebende Welthaltung fallen aus. Hier geht es dann weniger um eine Diastase oder gar einen Antagonismus von Kirchlichkeit und Christlichkeit als vielmehr um eine Einebnung des Eigentümlich-Christlichen in das Allgemein-Religiöse. Freilich handelt es sich auch dann nur in den seltensten Fällen um einen inneren Abfall von Christus, da solche Menschen in der Regel zuvor nicht zu einer bewußt vollzogenen christusförmigen Frömmigkeit erwacht sind, sondern die neuen Elemente in eine in traditioneller Weise mit- und nachvollzogenen Religiosität einfügen. Wo in früheren Zeiten durch randkirchliche oder – in der heutigen Sprache – freikirchliche Begegnungen religiöse Erweckungen ausgelöst wurden, haben heute fremdreligiöse Angebote die Chance, religiöse Mängel der Großkirchen aufzufangen.

Im Spannungsfeld »christlich–nichtchristlich«

Damit kommen wir direkt zu den auf ihre Weise kirchen- und christentumskritischen Gestalten außerchristlicher Spiritualität im Spannungsfeld »christlich–nichtchristlich«. Als Antipode christlicher Spiritualität entpuppt sich immer deutlicher das, was global als »asiatisch« angesprochen wird. Religionswissenschaftlich wird das Verhältnis seit längerer Zeit eher schematisch im Gegensatz von mystisch und prophetisch beschrieben[20]. Die Faszination des Ostens zeigt sich in Stichworten wie Meditation, Erfahrung, Selbstfindung und Selbsterfahrung, Integration u.ä. Die heutige Begegnung des Abendlandes mit asiatischer Religiosität kompliziert sich dadurch, daß in früheren Jahrhunderten Teilinkarnationen christlicher Ideen und Gestalten in der asiatischen Religiosität vorausgegangen sind, so daß dem Christen heute auch Eigenes in fremder, transformierter Gestalt aus Asien entgegentritt.
Die darum gegebenen Grundtendenzen lassen sich einmal an den menschlichen Grundeinstellungen zur Welt, zu sich selbst,

zu Gott ablesen[21]. Wir entdecken dabei als Grundworte: Natur
– Selbst – Alleinheit. Es müssen aber auch die Vollzugsbeschreibungen in die Überlegungen einbezogen werden. Wir
stoßen dann auf Stichworte wie Erfahrung – Integration – »Ergänzung« (als Vollzug der Ganzheit) – Überwindung der Dualismen. Gewiß lassen sich weitere und andere Kategorien
denken.

Grundbezüge

– *Natur:* Wo das Göttliche nicht in der Weise »Gott ist nicht
Welt, Welt ist nicht Gott« gesehen wird, ist es die Natur, die das
Gesetz des Ganzen enthält und offenbart. Die Natur mit allem,
was in ihr ist, ist dementsprechend unverletzlich, heilig. Ein
Grundtyp der Religion bestand denn auch zu allen Zeiten im
meditativ-rituellen Nachvollzug der natürlichen Ordnung.
Diese Grundordnung ist nach diesem Verständnis letztlich
unzerstörbar[22]. Zwar kann der Mensch als kleiner Ausdruck
der großen Ordnung und des großen Gesetzes aus diesen her-
ausfallen und sich so in seinem Wesen verfehlen, doch kann er
das Ganze nicht zerstören. Was ihm selbst bleibt, ist in Frieden
und Harmonie, »natürlich«, d.h. dem Gesetz des Ganzen, wie
es aus sich heraus und in sich ist, entsprechend zu leben.
Es wäre an der Zeit, die indischen, chinesischen, jedenfalls
asiatischen Wurzeln einer alternativ zu heutigen abendländischen Lebenseinstellungen geforderten »Natürlichkeit«, aber
auch einer neuen Friedenshaltung genauer zu bedenken.
– *Selbst:* Im Rahmen des größeren Ganzen hat der Mensch seinen Ort. In vielfältigen Kombinationen stoßen wir heute auf
das »*Selbst*-«: *Selbst*erfahrung, *Selbst*verwirklichung, *Selbst*findung, *Selbst*bewußtsein, *Selbst*gewahrnis u.ä. Was aber zuwe-
nig bedacht wird, ist die Tatsache, daß das »Selbst« der verschiedenen Termini asiatisch nicht einfachhin mit dem Ich
gleichzusetzen ist[23]. Tatsächlich muß der durchschnittliche
Mensch von sich sagen, daß die Suche nach Selbstverwirklichung die Einsicht einschließt: »*Ich* bin nicht, was ich in mei-

nem eigenen Wesen sein sollte.« Wir sprechen in diesem Sinne von *Selbst*entfremdung. Wo aber Ich und Selbst als nicht identisch erkannt werden, fragt es sich: Was ist denn das »Selbst«, das »Ich« verwirklichen soll? Was ist dann das »Ich«?

Der Hindu sucht *ātman* und *brahman* in Beziehung zu setzen. Der Buddhist löst *ātman* durch *anātman* ab[24]. Der Taoist stellt das menschliche Ich in den Rahmen der großen Naturordnung. Der Konfuzianer hält die menschlich-gesellschaftlichen Relationsgefüge lebendig. Alle asiatischen Religionen lösen das vereinzelte, verängstigte Ich aus seiner Isolation, indem sie den Menschen erneut seines Eingefügtseins in ein umfassendes, vorgegebenes Ordnungsgefüge innewerden lassen. Der Mensch muß folglich einerseits *ekstatisch* sein begrenztes Ich zerbrechen, andererseits *enstatisch* die Einordnung in das Selbstsein bzw. Sie-selbst-Sein aller Dinge, ja des Ganzen, dessen der Mensch innewird, wiedererkennen.

– *Alleinheit:* Daß das Göttliche dort, wo Isolation, Vereinzelung u.ä. als die das »Selbst« der Dinge verfehlende Form der Selbstverwirklichung nicht als »Ich« bzw. wo »Person« wesentlich von der Verwirklichung der Individualität, also der Vereinzelung her, verstanden wird, nicht als »Person« begriffen werden kann, ist einleuchtend[25]. Dabei soll weder geleugnet werden, daß es im asiatischen Raum Personifizierungen von Göttlichem gegeben hat und gibt, noch, daß es in Spitzen der menschlichen Einsicht Ansätze zu einem Verständnis dessen gibt, was positiv »Transzendenz« oder auch »Personalität« Gottes bedeutet[26].

Es darf aber dann nicht übersehen werden, daß die asiatischen Religionen – wenn auch mit unterschiedlichen Akzentuierungen – in grundsätzlicher Übereinstimmung an einer Überwindung von Trennungen, Isolierungen, Differenzierungen, Abgrenzungen u.ä. interessiert sind. In einer Kurzformel gesagt: Es geht ihnen um die Überwindung aller Dualismen bzw. Dualitäten und damit um die Verfolgung der grundsätzlichen Alleinheit aller Dinge[27]. Hier sind nun einige Beobachtungen anzuschließen:

(1) Insofern als das eigene, gesellschaftliche und weltliche Dasein in vieler Hinsicht als uneins mit- und untereinander erfahren wird, stellt sich die Frage nach der Wiedergewinnung der grundsätzlichen Einheit aller Dinge.

(2) Insofern als diese grundsätzliche Einheit und Ordnung sich aber dem Zugriff des Menschen entzieht, ist keine Erlösung mit Hilfe einer welttranszendenten Macht erforderlich, sondern lediglich eine Befreiung des Menschen zur Einsicht in die unüberholbare und daher unzerstörbare Grundordnung aller Dinge und damit zur Bejahung dieser Ordnung.

(3) Insofern das »Heil« des Ganzen hier als »gnostisch« bezeichnet werden kann, »Gnosis« aber Sache der verborgenen Mächtigkeit und Möglichkeit des Menschen als des Ortes, in dem das Selbst der Dinge zu sich selbst kommen kann, ist, ist das Selbst des Ganzen gegenüber dem Menschen nicht heteronom, sondern als autonom anzusprechen[28].

Es kann zwar hier auch nach der Deutung und Bedeutung der Dualitäten gefragt werden. Die mit den modernen Zivilisationsprozessen gegebenen Anfragen an die traditionellen Weltbilder Asiens stehen im Raum. Sie sind jedoch nicht Fragen an uns.

Umgekehrt ist aber nicht zu übersehen, daß eine Vielzahl von Fragen, die im Abendland zwischen verschiedenen Wissenschaften und der Theologie ventiliert werden, im neuen Kontext offensichtlich keinen Platz mehr haben und folglich aufhören: die Frage nach Gott *und* Welt, Autonomie *und* Heteronomie, Erlösung *und* Befreiung, entsprechend die Frage nach der einzigartigen Universalität einer konkreten menschlichen Existenz, dem Leben und Tod Jesu von Nazaret, dann aber auch das abgrenzende Gegenüber von Religion *und* Gesellschaft oder von Kirche *und* Staat u.a.m.

Vollzugsbeschreibungen

– *Erfahrung:* Zu den Schlüsselworten heutiger Frömmigkeit gehört der Begriff »Erfahrung«[29]. Aus allen nichtchristlichen

Religionen, nicht nur den asiatischen, auch aus Judentum und Islam, kommt dem Christentum inzwischen die Frage nach der religiösen Erfahrung entgegen. Wenn nicht alles täuscht, verlagert sich das Interesse von der Lehre zum Weg, tritt an die Stelle der Wahrheitsfrage die Wegfrage. Insofern als Wege zu gehen sind, sind diese nicht primär in theoretischer Lehre, sondern in praktischen Handlungsanweisungen zu vermitteln[30]. An die Stelle des Lehrers tritt der Guru – in Eckharts Terminologie gesagt: an die Stelle des Lesemeisters der Lebemeister[31]. Entsprechend stellt sich die Frage der religiösen Autorität neu. Freilich ist hier wie an anderen Stellen vor verbreiteten Mißverständnissen und Einseitigkeiten zu warnen. Solche ergeben sich vor allem dann, wenn sich neue oder längere Zeit vergessene Positionen gegenüber alten Positionen profilieren müssen. Die Frage nach der »Erfahrung« darf nicht im Sinne einer Erfahrungsauffassung beantwortet werden, die in ihr eine punktuelle, subjektive, folglich inkommunikable und rational nicht zu verantwortende, somit eine irrationale Angelegenheit erblickt. Zwar vermögen extreme Gegenüberstellungen häufig das Gemeinte besonders scharf zu kennzeichnen, doch entfernen sie sich dann nicht selten zugleich von der Wirklichkeit. Wenn also die Erfahrungs- und Praxiskomponenten gegenüber der Lehr- und Theoriekomponente hervorgehoben werden, so geschieht das wesentlich im Sinne einer Akzentuierung, nicht jedoch im Sinne einer schlechthinnigen Absage an die zweite Komponente. Das ist auch im Blick auf die gemeinten nichtchristlichen Religionen festzuhalten.

– *Integration:* Für das Verhältnis Mensch–Welt besagt die Betonung der Erfahrungskomponente einmal die Einübung in den Vorgang der Wahrnehmung, in der klassischen Sprache gesagt: Ästhetik[32]. Zugleich vollzieht sich aber mit der Einübung in die rechte Wahrnehmung die Einweisung bzw. Rückversetzung des Menschen in seinen eigentlichen Grund. Wo aber der Mensch seinen eigentlichen Wurzelgrund findet, ist er in dem, was er sein soll, in seinem Selbst, und in dem Maße, als Erkenntnis und Verwirklichung eins sind, verwirklicht er sich selbst, ereignet sich

»Selbstverwirklichung«. Angesichts der vielschichtigen Ent-
fremdungs- und Zerstreuungserfahrungen des Menschen mit
sich selbst vollzieht sich die als Selbstverwirklichung zu verste-
hende Integration in einem Prozeß der *Sammlung* aus der Zerstreuung im Vielen und Fremden auf das bzw. in dem Einen, in
einer »Metanoia« von außen nach innen. Wie radikal diese
»Metanoia« gefordert ist, zeigt die Tatsache, daß in ihren Vollzug – die Meditation – der Mensch mit all seinen Fähigkeiten,
mit Leib und Seele, mit seinem Ein- und Ausatmen, folglich
mit seinen Selbst- und Fremdbezügen einbezogen ist.

– *»Ergänzung«:* Wie wir zuvor bereits erwähnt haben, sehen
nicht wenige vom heutigen Wissenschaftsverständnis geprägte
Intellektuelle in der asiatischen Religiosität eine »Ergänzung«
zum vorherrschenden Denken. W. Heisenberg hat die Vorstellung einer objektiven, unabhängig vom beobachtenden Sub-
jekt gesetzmäßig ablaufenden Welt und die Vorstellung eines
die Einheit der Welt jenseits der Subjekt-Objekt-Spannung er-
lebenden Subjekts als zwei Grenzvorstellungen beschrieben,
zwischen denen sich das moderne Leben abspielt[33].
Gerade die Erfahrungen mit der sezierend-analysierenden Rationalität lassen Menschen, die unter ihrem Einfluß zu erfrie-
ren drohen, nach einer Gegeninstanz Ausschau halten. Diese
wird angesichts der Unfähigkeit, sie korrekt zu bezeichnen,
nicht selten und zugleich fälschlich »Irrationalität« genannt.
Dabei geht es um die Erfüllung der Sehnsucht nach dem Ganzen, dem Heilen. Heil, so gesehen, kann sich aber nicht nur in
der Spitze des Menschseins, dem Geist, dem Intellekt ereignen,
sondern muß den Menschen in seiner Ganzheit und in all seinen Bezügen betreffen. Da aber dort, wo der Geist als die Spitze des Menschen betont wird, seine Leiblichkeit und Emotio-
nalität häufig unterbewertet werden, fordern sie in diesem
Kontext ihr Recht. Man kann also auch sagen: Die »Ergänzung« als Verwirklichung der ursprünglichen Sehnsucht nach
dem Ganzen tritt überall dort alternativ-komplementär in Erscheinung, wo das »Unheile«, der Verlust der Ganzheit und
Vollkommenheit, die Einseitigkeit in Erscheinung tritt.

Das Christentum: Der Geist und die Vollendung

Was im Zeichen der Grundbezüge und Vollzugsbeschreibungen vorgetragen wurde, hat nichts Christliches mehr in sich erkennen lassen. Dennoch entsprach es in vieler Hinsicht dem, was wir im Übergang vom ersten Spannungsfeld »kirchlich–christlich« zum zweiten Spannungsfeld »christlich–nichtchristlich« als synkretistische Frömmigkeitshaltung und Spiritualität angezeigt haben. Hier stellen sich nun Fragen:
Wie kommt es, daß einerseits Christen in den genannten Momenten Fremdes, Fremdreligiöses erblicken, andererseits aber auch wiederum Verwandtes, Entsprechendes, Vertrautes? Das Asiatische, aber auch der Islam bieten sich als Vollendung des Christentums und des Christlichen an. In vielen Fällen läßt sich dieses nur annehmen, indem das Christliche zurückbleibt oder aufgegeben wird. Es gibt aber auch die umgekehrte Haltung, die im Fremden und durch es hindurch das Eigene erst wiedererkennt. Was bedeutet es unter dieser Rücksicht, wenn christlich von »Natur« und »Natürlichkeit«, vom wahren »Selbst«, von »Alleinheit«, von »Erfahrung«, »Integration« und »Ergänzung« gesprochen wird? Ist ein solches Sprechen christologisch-theologisch überhaupt möglich? Ist es aber nicht vielleicht pneumatologisch möglich?
Vielleicht sollte eine spirituelle Einschätzung der Situation tatsächlich in einer pneumatologischen Besinnung ihren Grund haben. Zweifellos ist das *Unterscheidend-/Entscheidend-*Christliche von der Christologie her auszusagen. Gerade als Unterscheidend-Christliches ist es aber zunächst nicht das Verbindende, sondern das Trennende. Beim Versuch der Verständigung kann es gar das Versperrende sein. Das hat seine entscheidende Auswirkung auf das Theologische. »Gott« ist christlich personhaft, ansprechend und aussprechbar. Demgegenüber entzieht sich der »Geist« der Beschreibung. Er ist Leben. Er ist das »In« aller Dinge. Er ist Atem, als solcher Verbindung, Prinzip der Einheit. Auch wenn wir Christen von ihm als Geist des Vaters und des Sohnes sprechen, so müssen wir

es auf eine Weise tun, daß er auch bei aller Unterscheidung der Geister noch das Prinzip der Einheit und des Lebens bleibt. Die Rede vom Geist aber kann die Menschen verschiedener Religionen miteinander verbinden. So ist denn auch die Besinnung auf den Geist ein Weg, das Heil Christi als Weg zur Wiederherstellung und Vollendung des Ganzen und zur Herstellung einer umfassenden Gemeinschaft zu beschreiben. Sinnvollerweise wird auch vom alles erfüllenden Geist – im doppelten Verständnis des Wortes »erfüllen«: voll machen und zur Erfüllung bringen – die Frage nach der Formgebung, nach der Gemeinschaftsformung und damit nach der Rolle des Institutionellen neu gestellt. Wo in dieser Reihenfolge gefragt wird, besteht die Chance, daß der Geist wieder den Buchstaben, das Evangelium das Gesetz, das Charisma die Institution bestimmt und nicht umgekehrt. Es könnte gar sein, daß die außerkirchlich-außerchristlichen Anstöße eines Geistes, der weht, wo er will, als Mahnung an die Kirche wahrgenommen werden, die Stimme des Geistes in ihr selbst nicht zu überhören oder gar zum Schweigen zu bringen.

Steht in der Christologie das Unterscheidend-Christliche im Vordergrund, so müßte die Pneumatologie in ihrer untrennbaren Einheit mit der Christologie das *Integrierend*-Christliche in Erscheinung treten lassen. Wo das Unterscheidend-Christliche wahrhaft zur *Heraus*-Forderung wird, blockiert es nicht, sondern versöhnt es – wie die Nachfolge des Gekreuzigten nicht in die Stadt ruft, sondern auf das freie, ungezäunte Feld vor den Toren der Stadt (vgl. Hebr. 13,11-14). Gewiß ist christlich die Entscheidung für den Gekreuzigten unvermeidlich. Doch im Geiste des Gekreuzigten werden aus Grenzen – Entscheidungen, Definitionen, Unterscheidungen, Demarkationslinien – Brücken[34]. Brücken aber verbinden, versöhnen, schaffen Begegnung und helfen die Sprachlosigkeit in neuer Sprache und erneutem Gespräch zu überwinden – weil es Gottes Wille war, durch Christus das All zu ihm hin zu versöhnen, »indem er Frieden stiftete durch seinen Tod am Kreuz« (Kol 1,19f.). Brücken aber müssen dann auch begangen werden.

Das Christentum muß sich in unserer Weltstunde mühen, in Unterscheidung *und* versöhnender Integration seine Identität *und* seine Relevanz immer neu zu finden. Das wird in dem Maße gelingen, als die Christen angesichts des Gekreuzigten ihre Sprache nicht verlieren, sondern sie erst recht finden, so daß in der Kraft des Geistes ein jeder in der Welt sie in seiner Sprache von den Großtaten Gottes reden hört (vgl. Apg 2,11)[35].

3 Abgrenzung statt Dialog?
Zur Situation der Weltreligionen

Am 28. Oktober 1986 trafen sich auf Einladung von Papst Johannes Paul II. Vertreter der verschiedenen Religionen in Assisi, der Stadt des heiligen Franz, um dort für den Frieden in der Welt zu beten[1]. Im Verständnis des Papstes sind die Religionen in der Verantwortung vor dem vereinigt, den wir Christen »Gott« nennen. So sehr diese Einladung des Papstes weithin auf freudigen Zuspruch stieß, so wenig kann doch übersehen werden, daß es auch Einspruch von seiten solcher gegeben hat, die meinten, um der Wahrheit willen fragen zu sollen: Zu welchem Gott beten denn die verschiedenen Religionen? Gibt es überhaupt ein Gebet in allen Religionen? Für den Buddhismus bin ich selbst der Frage bereits früher nachgegangen[2].

Hier geht es um die Frage, ob wenige Jahrzehnte nach dem 2. Vatikanischen Konzil der dialogische Aufbruch durch bewußte Abgrenzungen wieder rückgängig gemacht werden soll. Angesichts des heraufziehenden Widerstreits zwischen Dialog und Abgrenzung sei zunächst an die zahlreichen Beispiele der Geschichte erinnert, in denen der Traum eines Friedens der Religionen aufschien.

Versuche eines interreligiösen Dialogs

Wir erinnern uns: Im Jahre 1453, nach dem Fall Konstantinopels, träumte der feinsinnige Kardinal Nikolaus von Kues von einer großen Religionsversammlung in Jerusalem. Juden, Christen und Moslems, im ganzen 17 Vertreter aus verschiedenen Nationen und Religionen sollten ihre Streitigkeiten begraben und sich vor dem Richterstuhl Gottes zu Friedensschluß und friedvoller Gemeinsamkeit zusammenfinden[3].

Im Jahre 1779 schrieb Gotthold Ephraim Lessing sein dramatisches Gedicht »Nathan der Weise«, ein Schauspiel der Humanität und Toleranz, in das er die berühmte Ringparabel einfügte. Ein Vater hatte drei Söhne und nur einen kostbaren Ring, den er dem liebsten Sohn vererben möchte. Was soll er machen, wenn er alle drei in gleicher Weise liebt? Wir kennen das Ende der Parabel: Der Vater läßt einen Künstler den Musterring noch zweimal nachbilden, aber so, daß niemand die Nachbildung vom echten Ring unterscheiden kann; er gibt die Ringe den Söhnen und stirbt. Die Nachkommen aber streiten bis heute um die Echtheit ihres Ringes[4].

Im Jahre 1893 fand in Chicago das erste Weltparlament der Religionen statt. Unitarische Christen waren daran interessiert, erstmals auch die Vertreter Asiens in die abendländische Welt einzuführen und sie um ihren Beitrag in der zerstrittenen, friedlosen Welt zu bitten. Damals betraten der Inder Vivekananda (1863–1902), aber auch – als Übersetzer – der Japaner D.T. Suzuki die westliche Bühne. Vivekananda war Schüler Ramakrishnas (1834–1886), jenes westbengalischen Hindupriesters, der seinen Landsleuten, den Indern, zeigen wollte, wie Hindus, Moslems und Christen in großer Einträchtigkeit miteinander auf dem indischen Subkontinent leben könnten. Nacheinander vertiefte sich der tieffromme Mann, der von starker Bhaktifrömmigkeit geprägt war, auch in die Bergpredigt Jesu und in die sufistische Meditationsweise des Islam, um zu beweisen: Der Hindu kann in der Offenheit für andere Religionen seine Identität nicht verlieren. Was er selbst gewiß nicht aggressiv oder arrogant verbreiten wollte, ergab sich allerdings als Konsequenz: Die Hindueinstellung erwies sich für ihn gegenüber den palästinischen Religionen als die umgreifende, umfassende Einstellung. Ramakrishnas Menschenfreundlichkeit verbreitete Vivekananda in der Ramakrishna-Mission unter den Menschen des Westens, zumal Nordamerikas. Sie war ein auslösendes Moment für die sanfte Mission des Hinduismus in der abendländischen Welt[5].

D.T. Suzuki (1870–1966), den sein japanischer Zenmeister als Dolmetscher zum Kongreß in Chicago in die Vereinigten Staaten mitgenommen hatte, blieb nach dem Kongreß zunächst in den USA, heiratete dort und begann sein Lebenswerk, die Vermittlung zenbuddhistischen Gedankengutes in das Abendland. Erst die Verbreitung der Kunde von der fremden meditativen Praxis weckte das Interesse an ihr und ebnete den Boden für die Einübung in die Praxis selbst[6].

Gut siebzig Jahre nach Chicago verabschiedete am 28. Oktober 1965 das 2. Vatikanische Konzil die Erklärung zum Verhältnis der Kirche zu den nicht-christlichen Religionen *Nostra aetate*, »In unserer Zeit«. Die Geschichte dieses Dokumentes ist bewegt. Ausgangspunkt war der Wunsch vor allem deutscher Bischöfe, angesichts der entsetzlichen Untaten christlich getaufter deutscher Landsleute an den Juden vor und während des 2. Weltkrieges ein deutliches Bekenntnis zur Schuld der Christen an den Juden abzulegen. Politische Rücksichten auf die arabischen Völker, deren Konflikt mit dem neuen Israel begonnen hatte und in deren Ländern christliche Minderheiten um ihr Schicksal bangten, gefährdeten die eindeutige Erklärung zur Judenfrage. In dieser Situation bot die Flucht nach vorn eine neue Chance: War es nicht angebracht, »in unserer Zeit«, »*nostra aetate*«, nicht nur den Juden ein Wort der Verständigung zuzurufen, sondern zugleich das neue Spannungsfeld anzuzeigen, das aufgrund der technischen Kommunikationsmöglichkeiten, dank der Mobilität der Völker, des Tourismus, aber auch der Freizügigkeit in der Wahl der Arbeitsplätze etwa in den USA, aber auch in den Ländern der EG Menschen verschiedenster Religionen und Weltanschauungen hautnah in Berührung bringt?[7]

Entdeckung der Gemeinsamkeiten

In diese Situation hinein sagte die Kirche mit *Nostra aetate* ihr neues Wort: Sie will unter den Völkern fördern, »was den Menschen gemeinsam ist und sie zur Gemeinschaft miteinander führt« (Nr. 1). Sie weiß, daß die Menschen »von den verschiedenen Religionen Antwort auf die ungelösten Rätsel des menschlichen Daseins« erwarten, »die wie von je die Herzen der Menschen im tiefsten bewegen«. Sie nennt die großen Religionen Asiens, den Hinduismus und Buddhismus, später den Islam und das Judentum. Ehe das Dokument aber auf die Abrahamsreligionen zu sprechen kommt, stellt es ausdrücklich fest:

»Die katholische Kirche lehnt nichts von alledem ab, was in diesen Religionen wahr und heilig ist. Mit aufrichtigem Ernst betrachtet sie jene Handlungs- und Lebensweisen, jene Vorschriften und Lehren, die zwar in manchem von dem abweichen, was sie selber für wahr hält und lehrt, doch nicht selten einen Strahl jener Wahrheit erkennen lassen, die alle Menschen erleuchtet. Unablässig aber verkündet sie und muß sie verkündigen Christus, der ist ›der Weg, die Wahrheit und das Leben‹, in dem die Menschen die Fülle des religiösen Lebens finden, in dem Gott alles mit sich versöhnt hat. Deshalb mahnt sie ihre Söhne (und Töchter), daß sie mit Klugheit und Liebe, durch Gespräch und Zusammenarbeit mit den Bekennern anderer Religionen sowie durch ihr Zeugnis des christlichen Glaubens und Lebens jene geistlichen und sittlichen Güter und auch die sozial-kulturellen Werte, die sich bei ihnen finden, anerkennen, wahren und fördern.« (Nr. 2)

Diese Sätze des 2. Vatikanischen Konzils beschreiben das heutige Ethos des Christentums gegenüber den anderen Religionen. Es bestimmt inzwischen nicht mehr nur die Haltung der römisch-katholischen Kirche, sondern ebenso breite Kreise der reformatorischen Kirchen. Es gibt kaum eine religiöse Gruppe, die nicht in führenden Vertretern Rom und Genf besucht hat. Der Kalender vielfältigster Treffen, Gespräche und Kooperationsabsprachen zwischen Vertretern der Religionen auf allen denkbaren Ebenen, den Wissenschaftlern und Praktikern, den offiziellen Führungskräften und den freien Initiativen, ist inzwischen so reich gefüllt, daß es wenig angebracht erscheint, einzelne dieser Ereignisse auszusondern und eigens herauszuheben[8]. Trotzdem stellt sich heute die Frage nach einem erneuten Klimawechsel.

Neue Abgrenzungen?

Es ist nicht zu übersehen, daß das zitierte Konzilsdokument die Gemeinsamkeiten zwischen den Religionen stärker betont als die unterscheidenden Merkmale. In der Tat hat sich in den letzten Jahren, von vielen kaum bemerkt, ein bemerkenswerter Wandel vollzogen, der sich an der Wandlung des Häresieverständnisses erläutern läßt[9]. Jahrhundertelang war der »Häretiker« in der Kirche geächtet. Häresie bedeutete die Wahl eines Teiles aus dem Ganzen christlichen Selbstverständnisses. Wer nicht Ja sagte zum Ganzen des christlichen Glaubensbekenntnisses und der christlichen Moralverkündigung, war ein Häretiker und damit zu verurteilen. Häresie besagte Entfernung von der Kirche. In einer Zeit aber, in der viele Menschen in zunehmender Distanz zur Kirche und ihrer Lehre stehen, wird man auf den umgekehrten Prozeß aufmerksam: Es gibt Menschen, die gleichsam auf die Kirche zugehen, die zwar nicht oder noch nicht in der Lage sind, das Ganze der christlichen Lehre zu bejahen, die sich aber dennoch in »*partieller Identifikation*« mit der Kirche befinden[10]. Solche Menschen leben nicht in »totaler« Übereinstimmung mit der offiziellen kirchlichen Lehre, wohl aber »partiell« bzw. »teilweise«. Von ihnen möchte man hoffen, daß sie im Laufe der Jahre ihres Lebens zu weiterreichender Identifikation mit der Kirche gelangen. Je nachdem, wie man die Lage beurteilt, bedeutet die Bejahung eines Teiles der christlichen Lehre somit entweder Entfernung oder Annäherung.

Die Einsicht in das Wesen partieller Übereinstimmung hat aber für das Verhältnis zu anderen Religionen eine wachsende Bedeutung. Einmal sagt die theoretische Verhältnisbestimmung von christlicher Seite aus: Alle Religionen enthalten »Strahlen der Wahrheit«; in allen Religionen findet sich »Wahres und Heiliges«. In diesem Sinne beschreibt auch das 2. Vatikanische Konzil das Verhältnis von Christentum und Religionen im Bild von Fülle und Teilverwirklichung der Wahrheit.

Darüber hinaus hat aber die Frage der partiellen Identifikation in der Praxis einen völlig neuen Aspekt erhalten. Denn inzwischen ist die Begegnung der Religionen keine Sache reiner Theorie und besonderer Veranstaltungen mehr. Sie findet mitten unter uns statt, auf unseren Straßen, in der Nachbarschaft, in der eigenen oder in anderen bekannten Familien. Eine Spitze des Eisberges solcher Begegnung ist das Phänomen der sogenannten *Jugendreligionen* bzw. der neureligiösen Bewegungen und Gruppierungen[11]. Hier ist aber auf einen viel zu wenig bedachten Gesichtspunkt hinzuweisen: Die meisten dieser Gruppen kennen außer dem strengen Führungskern unterschiedliche Weisen und Verwirklichungsgrade der Zugehörigkeit. Sie geben damit ihrerseits dem Raum, was wir »partielle Identifikation« genannt haben. Viele Gemeinschaften haben auch gegen eine Doppelmitgliedschaft nichts einzuwenden. Die Feststellung der Möglichkeit partieller Identifikationen in verschiedenen Richtungen zwingt aber das Christentum notwendigerweise zur Rückbesinnung auf die Verwirklichung der eigenen Identität. Identitätsfragen ziehen dann zwangsläufig neue Abgrenzungen nach sich.

Die Frage nach neuer Abgrenzung ergibt sich aber noch von einer anderen Seite. Sie findet einen wichtigen Anstoß in der Beobachtung des Islams bzw. im Kontakt mit den Moslems. Das einschneidendste Ereignis, das den Blick der ganzen Welt auf den Islam gerichtet hat, war die 1979 durch den iranischen

Schiitenführer Khomeini initiierte islamische Revolution im Iran. Im Miterleben dieser Revolution und ihrer Folgeerscheinungen, der eigenwilligen Rechtshandhabung bis zu den moderner Rechtsauffassung widersprechenden Hinrichtungen, der Ausschaltung demokratischer Entscheidungsstrukturen, der Neubelebung muslimischer Gesellschafts- und Moralvorstellungen mit ihren unmittelbaren Folgen für die Frauen und vielem mehr, was modernem Denken widerstrebt, ging viel von der Euphorie eines interreligiösen Dialogs zugrunde[12].

Die iranischen Ereignisse aber waren und sind immer noch Anlaß, das Miteinander von Moslems und Christen, Moslems und anderen Religionsangehörigen in anderen Teilen der Welt genauer zu prüfen. Dabei zeigt sich, daß der Islam auch in anderen Teilen der Welt, in Ländern Afrikas und Asiens, je nach seiner aktuellen Stärke durchaus nicht im Sinne eines friedvollen, um Verständigung ringenden Dialogs mit Nicht-Muslimen umgeht, sondern sein wirtschaftliches und politisches Potential wie auch seine Entwicklungshilfe mit dem Ziele der Erweiterung des eigenen Machtbereichs einsetzt. Nicht selten ist die Weitergabe technischer Einrichtungen wie Radio- und Fernsehstationen an die Länder der afrikanischen Sahelzone mit der Auflage versehen, Kurse in arabischer Sprache und Koranunterweisung auszustrahlen. In mehrheitlich islamischen Ländern werden Nicht-Muslime häufig von einflußreichen politischen und gesellschaftlichen Funktionen ferngehalten und neue Klassengesellschaften erzeugt[13].

Interreligiöse Situation im Westen

Solche und andere Beobachtungen haben ihre Rückwirkungen auf das christlich-islamische Verhältnis in den europäischen Ländern, wo islamische Kreise sich heute vielfach um eine staatsrechtlich ähnliche Stellung wie die christlichen Kirchen bemühen. Hier aber findet die interreligiöse Begegnung dann nicht mehr nur im Kongreß- und Sitzungsklima statt, sondern in der harten Praxis alltäglichen Lebens. Viel zu wenigen ist bewußt, daß in Frankreich und anderen westeuropäischen Ländern der Islam die zweitgrößte religiöse Gruppe bildet. In der Bundesrepublik stellen die Moslems nach den beiden christlichen Großkirchen die drittgrößte Gruppe dar.

Vieles von dem, was bei uns als Ausländer- und Gastarbeiterproblematik abgehandelt wird, hat seine eminent interreligiöse Seite. Dabei geht es um Fragen der religiösen Unterweisung, um schulische Probleme, um Fragen der Eheauffassungen. Es helfen die besten Dialogideale wenig, wenn in existentiellen Fragen des Zusammenlebens Besitzstandsdenken auf saubere Abgrenzungen Wert legt. Es ist eine Erfahrungstatsache, daß bei Eheschließungen von muslimischen Männern mit christlichen Frauen sich in der großen Mehrzahl der Fälle der Mann religiös durchsetzt[14]. Aus Vergleichszahlen aus den Nachbarländern kann für die Bundesrepublik angenommen werden, daß höchstens ein Fünftel der mit einem Moslem geschlossenen Mischehen im Einverständnis mit der Kirche eingegangen werden.

Mit diesen Überlegungen stoßen wir auf den Kreuzungspunkt: »Abgrenzung oder Dialog?« Ist die Praxis des Umgangs miteinander inzwischen so, daß neue Abgrenzungen aus Selbsterhaltung notwendig werden? Zwingt die Praxis etwa der Moslems, aber auch der Hindus in Indien oder der marxistisch-maoistischen Chinesen, schließlich der neureligiösen Bewegungen im Westen je auf ihre Weise die Christen, auf der Hut zu sein und die Fahnen des freundschaftlichen Dialogs wieder einzuziehen? Die Situation ist bedrohlich, gefährdet sie doch die zaghaft von vielen Seiten in Gang gesetzten Initiativen der Annäherung und Verständigung und das Ertasten möglicher Felder der Kooperation in der gemeinsamen Bemühung um wahre Menschlichkeit, Frieden und Gerechtigkeit in der Welt. Sicher ist, daß das Verhältnis der Religionen zueinander mit Eile auf eine neue Phase zustrebt. Diese dürfte durch folgende Züge gekennzeichnet sein:

(1) Die Beschäftigung mit anderen Religionen verliert den Charakter des Esoterischen, bleibt nicht mehr Sache von Theoretikern und Spezialisten, des akademischen Bereichs, sondern gewinnt eine neue Form von Öffentlichkeit.

(2) Das Bewußtsein, in einer religiös pluralen Welt zu leben, und die Wahrnehmung, daß auch die eigene Landschaft durch die religiöse Pluralität geprägt wird, nimmt dem Christentum den Charakter des Selbstverständlichen und provoziert die Bemühung um bewußtere religiöse Optionen und Identifikationen.

(3) Die existentiellere Wahrnehmung der religiösen Alternativen verführt einerseits noch stärker zur Haltung bewußterer Gleich-gültigkeit hinsichtlich der einzelnen Religionen, bedingt aber andererseits, wo eine bewußte religiöse Option vorgenommen wird, ein stärkeres Maß von Abgrenzungen.

(4) Wo die Abgrenzungen zu bewußterer Identifikation mit einem bestimmten religiösen Weg führen, sind sie zu bejahen, doch muß auf die Gefahr kommunikationsfeindlicher Abgrenzungen aufmerksam gemacht werden.

(5) Erst wo Abgrenzungen zur Errichtung feindlicher Barrieren führen und dabei in die Sackgasse der Kommunikationsfeindlichkeit geraten, kommt es zum Entweder-oder von Abgrenzung *oder* Dialog.

Gegen die Hindernisse des Dialogs

Damit wird zwar nicht geleugnet, daß es auch im christlichen Bereich Gruppierungen gibt, die sehr glücklich wären, wenn die Grenzlinien wieder klarer gezogen würden, weil das Schicksal von klar getrennten Brüdern und Schwestern mehr Selbstvertrauen gibt als das unsichere Wagnis, das in jeder freundschaftlichen Nähe und Solidarität liegt. Und doch sind das Bemühen um Kommunikationsfähigkeit und das Angebot grundsätzlicher Kommunikationsbereitschaft vielleicht die heutige Weise, das universale Heilsangebot überzeugend zu demonstrieren.

Das vorausgesetzt, können wir feststellen: Gewiß kann niemand, der einen Dialog ablehnt, zum Dialog gezwungen werden. Die tatsächliche Kommunikation hängt niemals nur von einer Seite, sondern von allen möglichen Partnern ab. Es kann folglich im konkreten Fall aufgrund der gegebenen Verhältnisse die Antwort auf die Frage »Abgrenzung statt Dialog?« nur lauten: Hier ist in der augenblicklichen Situation leider kein oder fast kein Dialog möglich. Es fragt sich aber auch dann noch: Muß nicht alles versucht werden, was einer Verbesserung der Verhältnisse dienen und somit das Klima so verbessern kann, daß ein sinnvoller Dialog in seinen unterschiedlichen Tiefengraden möglich wird? [15]

Man mag das China einen nichtreligiösen Gesprächspartner des Christentums nennen. Da aber auch im Bereich nichtreligiöser Weltanschauungen das Verhältnis zu den Religionen neu bedacht wird und hierfür die Volksrepublik China ein wichtiges Beispiel abgibt, kann auch das christliche Ringen um einen neuen Dialog mit China als ein Exempel des hier Gemeinten angesprochen werden [16]. Noch sind die Zeichen der Kommunikationswilligkeit Chinas gegenüber der römisch-katholischen Weltkirche eher schwach, doch zu behaupten, es gebe sie gar nicht, wäre ebenso falsch. Was nur beschämend beim begonnenen Gespräch Westeuropas mit China auffällt, ist die Tatsache, daß das Schwergewicht des Gesprächs heute weithin dort liegt, wo auch nach marxistischer Auffassung die eigentlichen Entscheidungen fallen: beim wirtschaftlichen Bereich der Produktionsverhältnisse. Wo sind bei uns die Männer und Frauen der Öffentlichkeit, die wissen, daß der Friede zwischen den Völkern in mehr besteht als in wirtschafts- und machtpolitischem Gleichgewicht, und denen auch bei politischen Gesprächen der *Geist* der Freiheit, der Gerechtigkeit und der Menschlichkeit unverzichtbar ist?

Ein wichtiges Hindernis bei der aus den Höhen der Theorie in die Niederungen des Alltags herabgefallenen Begegnung mit nichtchristlichen Zeitgenossen besteht darin, daß wir ihnen selbst nicht als Christen begegnen und in ihnen folglich auch nicht Angehörige einer nichtchristlichen religiösen Gemeinschaft, sondern Ausländer, Gastarbeiter, ausländische Studenten u.ä. sehen. Lange genug hat in unserer bürgerlichen Gesellschaft Religion als Privatsache gegolten. Wenn aber für Mitbürger wie die Moslems die Religion eine gesellschaftlich geprägte und prägende Angelegenheit ist und eine solche Sicht sich bei uns auszuwirken beginnt, muß eine sachgerechte Beschäftigung mit den Lebensgewohnheiten und Glaubensüberzeugungen von Angehörigen nichtchristlicher Religionen ein Gebot der Stunde werden. In unseren Schulen geschieht auf diesem Gebiet inzwischen vieles mit unterschiedlichem Erfolg. Wo die Praxis nach sachgerechtem Verhalten gegenüber den Angehörigen anderer Religionen ruft, darf allerdings dann die theologische Reflexion nicht nachhinken. Eine christliche Theologie muß heute so kommunikativ veranstaltet werden, daß sie einmal die Zeitgenossen, auch die nichtchristlichen, in ihr Nachdenken einbezieht, sodann aber in einer solchen Sprache spricht, daß sie auch diese Zeitgenossen erreicht. Hier aber ist zu beachten, daß Kirche und Theologie uns nicht in abstrakter Weise begegnen; wir leben, denken und handeln in der Kirche Europas und in den Sprachen Europas. Sowohl in der Theorie wie in der Praxis des alltäglichen Umgangs mit Nichtchristen sind den Europäern aber die Christen anderer Länder und Kontinente voraus. Entsprechend können und müssen wir für unseren Umgang mit Moslems, mit Hindus und Buddhisten, vielleicht gar mit den Anhängern neureligiöser und nichtreligiöser Bewegungen von den Christen Asiens, des Nahen Ostens, Nord- und Mittelafrikas lernen. Die Frage nach »Abgrenzung und/oder Dialog?« stellt sich auch dort. Die Antworten des Christen außerhalb Europas könnten für uns daher lehrreich sein.

Das rasante Tempo, in dem Entwicklungen im hochzivilisierten und -technisierten Westen einander ablösen, verführt dazu, auch im Falle des Verhältnisses zu den Religionen die eine

Phase an die Stelle der anderen treten zu lassen, – also heute Feindschaft, morgen statt Feindschaft Dialog, übermorgen statt Dialog neue Abgrenzung und so immer weiter. Das »statt« ist verräterisch. Ein bedächtigeres Tempo verdrängt das »statt« und lädt das »und« ein. Christen anderer Kontinente lehren uns: Christen sollen ihre Identität als Christen leben, aber so, daß ihr Glaube eine Einladung an alle anderen auf ihren Wegen bleibt. Sie sollen in Kommunikation leben mit allen, die in dieser Welt den Weg der Wahrheit, Liebe und Gerechtigkeit zu finden sich bemühen.

Ein eigentümlicher Weg der Kommunikation, auf dem asiatische Völker es zu besonderer Meisterschaft gebracht haben, ist die wortlose Kommunikation, die vor allem dort eine neue Offenheit schafft, wo zwischenmenschliche Worte (noch) versagen. Das zu Beginn dieses Kapitels erwähnte Gebetstreffen in Assisi war auch eine Einladung zur wortlosen Kommunikation, die in der Hinwendung zu Gott und in der Offenheit für Ihn auch eine neue Transparenz für den Nachbarn schafft.

II Erfahrung der Grenze zwischen Wort und Schweigen

4 Der Dialog mit dem Zen-Buddhismus
Eine Herausforderung für die europäischen Christen

Vorüberlegungen

Die Thematik ist »frag«-würdig. Denn in der Begegnung mit dem Zen-Buddhismus zeigt sich sehr bald, daß der »Dialog« im Sinn eines Wortaustausches nicht im Vordergrund stehen kann. Zen ist eine Praxis. Demgegenüber ist jedes Wort vorläufig oder nachträglich. Es ist gar zu fragen, ob Worte ohne Praxis das Wesen von Zen überhaupt zu erreichen vermögen. Die Erfahrung der Zenpraxis aber meint eine an sich oder mit sich selbst, d.h. mit dem eigenen Selbst von Körper, Seele und Geist gemachte Erfahrung. Wo solche Erfahrungen fehlen, besteht die Gefahr, daß Blinde sich miteinander über das Licht unterhalten.

Nun wird aber von abendländischer Seite sehr schnell der Einwand erhoben: Auch wenn der Zugang zu Zen ein praktischer ist, kann in einer von der Bedeutsamkeit rationalen Denkens überzeugten Welt die Motivation, einen praktischen Weg zu beschreiten, nicht an der Ratio, d.h. am Denken vorbei erfolgen. Das gilt um so mehr, als schwerlich ein christlich motiviertes *sacrificium intellectus*, ein Verzicht auf Denken, durch ein buddhistisches ersetzt werden kann. Da aber die Offenbarung des Vernünftigen nicht ohne Sprache zu haben ist, muß auch bei der Bestimmung des Verhältnisses von Zen-Buddhismus und Christentum das Sprechen und damit der Dialog zugelassen werden. Doch fragt es sich, was das Sprechen dabei auszurichten hat. Die erste Überlegung wird also diesem Thema gewidmet sein: *die Rolle der Sprache im Verhältnis von Zen-Buddhismus und Christentum.*

Eine zweite Überlegung schließt sich dem an: Zen-Buddhismus und Christentum stehen sich – religionsgeschichtlich gesehen – als zwei Weisen der Verwirklichung einer religiösen Grunderfahrung gegenüber. Beide haben ihren historischen Anfang und dann ihre je eigene Geschichte nach sich gezogen; dementsprechend stehen sie sich heute alternativ-konkurrierend gegenüber. Würde es sich dabei vorrangig um zwei alternative Weisen, die Welt und ihren Sinn zu *erklären*, handeln, so könnte man sich mit einem theoretischen, eher philosophischen Vergleich beider Versuche begnügen. Tatsächlich handelt es sich aber nur in abgeleiteter Hinsicht um Sinn*erklärungs*versuche; vordringlich geht es um praktische Sinn*vermittlung*. Die Frage, die jedoch nicht allein theoretisch gelöst werden kann, lautet: Lassen sich Zen und christlicher Glaube zueinander hin vermitteln? Oder einfacher gefragt: Kann – im Sinne von »darf« – ein Christ Zen üben? Mit anderen Worten, ist Zen derartig von seinem buddhistischen Grund ablösbar, daß der Christ durch die Übung von Zen seine Identität nicht verliert, sondern vielleicht sogar seine eigene christliche Glaubensüberzeugung in neuer Weise findet? Oder muß der Christ damit rechnen, daß·er in der Zenübung seine christliche Identität in Richtung auf eine Konversion zum Buddhismus verliert? Noch einmal anders gefragt: Was geschieht mit der Zenübung, wenn ein Christ sie übt? Verliert am Ende die Übung selbst ihre Identität? In der zweiten Überlegung geht es folglich um *Zen-Buddhismus, Zenübung und Christentum*.

Hier aber stellt sich noch einmal, drittens, die Frage nach Wort und Wortlosigkeit. Ist die Sprache nur das Trennend-Unterscheidende, das in der Sprachlosigkeit der Übung überwunden werden muß? Gehört die Option für das Christentum und damit zugleich gegen den Buddhismus oder für den Buddhismus und damit zugleich gegen das Christentum nur in den Bereich des Vorläufigen? Und ist demgegenüber mystische Sprachlosigkeit die endgültige, alle historische Zerstreuung durchbrechende und überholende Weise der Einigung und Einheit? Oder muß nicht – bei aller Herausforderung des abendländischen Christentums durch den Buddhismus – doch am Ende auch von der ärgerlichen Provokation des Christentums die Rede sein? In diese Provokation gehört die Rede von Jesus Christus, gehört nicht nur die Rede der Menschen *über* Gott, sondern auch die Rede des Menschen *mit* Gott. In diesem Sinne ist dann Dialog zwar stets Sache von Menschen, im Christentum – in analoger Weise – aber auch Sache zwischen Gott und Menschen. Wenn Berichte über einen Besuch des Dalai Lama in den USA zutreffen, hat er dort bei allen irenischen Äußerungen über das Verhältnis von Christentum und Buddhismus doch eine scharfe Trennungslinie gezogen: »Niemand, der an einen einzigen persönlichen Gott glaube, könne gleichzeitig Buddhist sein.«[1] Das sollte Anlaß sein, schließlich doch – wenn auch zögernd – vom sammelnden Logos als der aus der Sprachlosigkeit Gottes quellenden göttlichen Gestalt des Wortes zu sprechen. Die Überlegungen würden damit in die Herausforderung an die europäischen Christen einmünden, *wieder von Gott zu sprechen*. Die Frage kommt dringlicher zurück: Können wir das noch?

Die Sprache in Zen-Buddhismus und Christentum

Die Sprache spielt im Buddhismus auf den ersten Blick eine untergeordnete, wenn auch notwendige Rolle. R. Okochi beschreibt sie wie viele Buddhisten so:

»Die absolute Wahrheit liegt einerseits über der sprachlichen Äußerung, sie ist dem sprachlichen Verstehen enthoben: deshalb heißt es im Zen-Buddhismus: ›Ohne Abhängigkeit von Wort und Sprache; Überlieferung außerhalb der Lehre‹. Andererseits ist es nicht möglich, ohne sprachliche Mitteilung die Wahrheit zu erfahren. Das, was über der sprachlichen Mitteilung steht, muß Sprache werden. Durch die Sprache erst wird es erfahren, d.h. es verwirklicht sich selbst. ›Sprache ist‹, heißt es im Buddhismus, ›Zeigefinger‹. Ohne Zeigefinger sieht man nicht, wo und was der Mond ist; wenn man jedoch nur die Zeigefinger sieht, weiß man wieder nicht, wo und was der Mond ist. Sich sprachlich benennen, heißt, sich sprachlich konkretisieren, begrenzen, bestimmen, verneinen, um sich zu verwirklichen.«[2]

Die Sprache ist der Finger, nicht der Mond[3]. Oder wie K. Nishitani es formuliert:

»Die gewöhnlichen Arten der Kommunikation durch Gebärden, Worte, Gefühlsausbrüche usw. bleiben immer etwas Halbes und Unvollkommenes. Wenn sie sich zur Vollendung bringen wollen, müssen sie immer über sich hinausgehen und zu *jener* Weise der Kommunikation zurückkommen, die eigentlich keine Kommunikation mehr ist.«[4]

Die vorrangige Funktion der Sprache ist für den Ostasiaten der Hinweis, nicht die Aussage. Die Aussage grenzt ein, verneint, trennt, der Hinweis dagegen eröffnet, schafft Raum und Weite. Demgegenüber steht die klassische abendländische Definition der logischen Wahrheit: Wahrheit ist die im Sprechen, Feststellen und Urteilen geschehende Angleichung des Verstandes an die Wirklichkeit (*»adaequatio intellectus ad rem«*). Genau betrachtet, bezeichnet diese Definition eine Tendenz, ohne daß die Garantie des Gelingens der Angleichung ohne weiteres mitbehauptet wird. Dennoch ist die *Dynamik* der Wahrheitssetzung im Satz im durchschnittlichen abendländischen Verständnis dem Bewußtsein der *Setzung* und *Feststellung* der Wahrheit gewichen.

Wir sprechen von »Ortho-doxie«, »Recht-gläubigkeit«, und haben diese lange Zeit mit der Wiederholung der »richtigen« Formel und Formulierung gleichgesetzt. Doch bedeutet es eine Blickverengung, nur auf die sprachlich formulierten Aussagen beispielsweise des Dogmas zu achten und in ihnen die eigentliche Gestalt christlichen Sprechens zu erblicken. Gebet, Erzählung, Appell, Gebot sind andere Sprachgestalten, die beim Nachsinnen über die Funktion der Sprache neben der »dogmatischen« Lehraussage Beachtung verdienen. Neben der Skepsis gegenüber der Entsprechung von Aussage und Sache beobachten wir die Sorge, daß die Sprache nicht verbindet, sondern trennt. Setzungen, »Definitionen« grenzen ab, entzweien. Doch es gibt eine Stelle, an der die Definition zugleich zur Ermöglichung der Kommunikation wird: der eigene Name. Denn:

»... wie kann der Mensch genannt werden ohne Name? Wie kann er ohne Name in die Beziehung zum anderen Menschen treten? Das Menschsein ist erst durch die Beziehung möglich, es ist nichts anderes als Beziehung (M. Buber). Der Name ist zwar nicht der Träger des Namens und doch zugleich er selber. Name ist das not-wendige Mittel, der not-wendige Weg zum Menschen.«[5]

Hier wird das Menschsein definiert als Bezogenheit; als Bezogenheit aber ist es Eröffnung. Was also sprachlich Abgrenzung zu sein scheint, wird tatsächlich als Weg der Eröffnung von Bezogenheit zur Definition des konkreten Menschseins. Der Name verbindet, ehe er das Eigentümliche *dieses* Menschen bezeichnet. So können wir es auch dem bekannten Beispiel des Hekiganroku entnehmen:

»Kyōzan fragte Sanshō: ›Was ist dein Name?‹ Sanshō antwortete: ›Mein Name ist Kyōzan.‹ ›Kyōzan‹, sagte dieser, ›das bin doch ich!‹ ›Gut‹, antwortete Sanshō, ›dann ist mein Name Sanshō.‹ Kyōzan brüllte vor Lachen.«[6]

Im merkwürdigen Namenstausch kommt es zu einem eigenartigen Ereignis: Die Selbstbenennung mit dem fremden Namen bezeichnet die gelungene Kommunikation zwischen beiden. In einem Kommentar zu diesem Text heißt es: »(Sanshō) raubte zur selben Zeit den Namen und das Sein«, und K. Nishitani fügt hinzu: »Jemanden nach seinem Namen fragen bedeutet auch, sich sein Sein zu eigen zu machen.«[7] Damit aber ist, wo »Ich« bin, das »Du«, und wo das »Du« ist, auch das »Ich«. Die Verschränkung ist so eng, daß am Ende das Ich erst in ihr, im Du als dem Nicht-Ich, wahres Ich wird. Die paradoxe Sprache zeigt hier in der Loslösung vom Ich zugleich den Weg zur wahren Identität an: Ich- und Selbst-losigkeit erweisen sich als wahres Ich und Selbst. Was hier angesprochen wird, ließe sich in zwei Richtungen vertiefen:

(1) Es ließe sich zeigen, daß die eigentümliche paradoxe Sprache des Zen, wie sie im Kōan oder auch im Mondō[8] offenkundig wird, stets im Dienste der Eröffnung von tieferer Kommunikation steht. Diese aber ist nicht ohne Loslösung zu erlangen. (2) Es ließe sich in gleicher Weise zeigen, daß sich das Moment der Eröffnung größerer Tiefendimensionen auch in den Redeweisen Jesu, seinen Gleichnissen, aber auch in seinen die Plausibilitätsstrukturen sprengenden »Großtaten«, den Wundern, kundtut. Die Antwort, die sich K. Nishitani auf das paulinische Wort des Galaterbriefes: »Nicht ich lebe, Christus lebt in mir« (2,20) und auf seine Anfrage im Anschluß an dieses Wort: »Darf ich Sie fragen: Wer spricht da?« von deutschen Theologen erhoffte, dürfte ebenfalls in dieser Richtung zu suchen sein[9].

Doch anstatt sofort dem Gefälle dieses Gedankenganges nachzugeben, soll zunächst erneut die kritische Ausgangsüberlegung aufgegriffen werden. Wir tun dies im Rückgriff auf das »Gespräch von der Sprache«, das M. Heidegger als »Dialog zwischen einem Japaner und einem Fragenden« aufgezeichnet hat[10]. Dort heißt es:

»*F(ragender):* Benötigen Sie Begriffe?
J(apaner): Vermutlich ja, denn seit der Begegnung mit dem europäischen Denken kommt ein Unvermögen unserer Sprache an den Tag.
F: Inwiefern?
J: Es fehlt ihr die begrenzende Kraft, Gegenstände in der eindeutigen Zuordnung zueinander als wechselweise über- und untergeordnete vorzustellen.
F: Halten Sie dieses Unvermögen im Ernst für einen Mangel Ihrer Sprache?

J: Bei der unausweichlich gewordenen Begegnung der ostasiatischen Welt mit der europäischen verlangt Ihre Frage gewiß
eine eindringliche Überlegung.

F: Sie rühren jetzt an eine Streitfrage, die ich mit Graf Kuki oft
erörterte, die Frage nämlich, ob es für die Ostasiaten nötig und
berechtigt sei, den europäischen Begriffssystemen nachzujagen.

J: Es scheint so, als gäbe es angesichts der modernen Technisierung und Industrialisierung aller Erdteile hier kein Auswei-
chen mehr.

F: Sie reden vorsichtig und sagen: Es scheint ...

J: Allerdings. Denn immer bleibt noch die Möglichkeit, daß,
von unserem ostasiatischen Dasein her gesehen, die uns mitrei-
ßende technische Welt auf das Vordergründige sich beschränken muß und ... daß ...

F: ... dadurch eine wahrhafte Begegnung mit dem europäischen Dasein trotz aller Angleichungen und Vermischungen
doch nicht geschieht.

J: Vielleicht gar nicht geschehen kann.

F: Dürfen wir dies so unbedingt behaupten?«

Auch dieses Gespräch endet letztlich im Hinweis auf das
Schweigen. Dabei wird das Wesen der Sprache im Anklang an
die japanische Vokabel für »Wort«, »*kotoba*«, beschrieben als
»Blütenblätter, die aus der lichtenden Botschaft der hervor-
bringenden Huld gedeihen«. Um dorthin zu gelangen, müssen
jedoch die Sprechenden aus der in Heideggers Gespräch ange-
sprochenen Situation abgeholt werden.

Dieser Aufgabe widmet sich seit Jahrzehnten die Reflexion
einer Reihe von neuzeitlichen japanischen Philosophen, zumal
der Kyōto-Schule. Sh. Ueda zitiert aus dem Frühwerk Nishidas, des Gründers dieser Schule, den Satz:

»Ich möchte versuchen, alles dadurch zu erklären, daß die einzig wirkliche Wirklichkeit die reine Erfahrung ist.«[11]

In diesem Satz findet Ueda eine Bewegung am Werk, die drei
Ebenen durchläuft:

A Im innersten Kern die Ebene der reinen Erfahrung als Ereignis: Sehen, Hören …

B Die Ebene der erkenntnismäßigen Realisierung dessen, was die reine Erfahrung ist. Diese Realisierung geschieht in der Form eines Ur-Satzes. Als Zen-Spruch könnte er lauten: »Unendliche Weite, nichts ist verborgen.« In Nishidas philosophischer Sprache lautet er: »Die einzig wirkliche Wirklichkeit ist die reine Erfahrung.«

C Die neue Ebene der Philosophie, das heißt des Versuchs, »alles dadurch zu erklären, daß die einzig wirkliche Wirklichkeit die reine Erfahrung ist«. Von dem in B artikulierten Ur-Satz her geschieht der Ausgriff auf das Ganze, eröffnet sich die Möglichkeit eines Weltentwurfs und einer entsprechenden Logik. Mit dem Anspruch, eine prinzipielle Wissenschaft des Ganzen zu entfalten, verwirklicht Nishida das Wesen der westlichen Philosophie.

Ueda macht nun darauf aufmerksam, daß der Zusammenhang von A–B–C von A nach C und C nach A zweimal durchlaufen werden kann:

Einmal kann der Weg von der Zenerfahrung über die Selbstartikulierung der Erfahrung in einem Ur-Satz weitergetrieben werden in den Bereich des Nicht-Zen und dort zu einem zeninspirierten Versuch der Welterklärung und -gestaltung führen.

Es kann aber auch der umgekehrte Weg versucht und in der Richtung C–B–A gedacht werden. In diesem Fall besteht zwischen der C- und B-Ebene insofern eine Ähnlichkeit, als beide sich satzhaft und somit als gedacht präsentieren. Dagegen eröffnet sich von B nach A eine Kluft, die die Einladung in sich birgt, »das Un-denkbare durch das Nicht-denken zu denken«. Damit gelangt das philosophische Denken an den Rand des Undenkbaren; das philosophische Sprechen kündet das Unaussprechliche an.

Auch die christliche Theologie kennt die gleichen beiden Bewegungen:

Vom Hören und Sehen (A) führt der Weg zur Kunde (B) und von dort unter Verwendung philosophischer Begriffe und Formeln zum dogmatischen System (C)[12]. Für den durchschnittlichen abendländischen Christen gehört der Nachvollzug dieser Bewegung zu den großen Nöten, die ihn heute plagen. Immer hörbarer wird die Frage gestellt, welche Wirklichkeit bzw. Erfahrung dem System und der Kunde des Christentums entspricht. Die Not mit den Formeln offenbart sich bei genauerer Prüfung als eine Not der grundlegenden Erfahrung. Das aber hat den Blick für die Tatsache geschärft, daß der Ruf nach einer Hinführung zum ursprünglichen Geheimnis existentiell von größerer Bedeutung ist als das Verständnis der dieses Geheimnis zur Sprache bringenden Formeln.

Die Theologie geht demnach nicht nur den Weg von A nach C, sondern muß sich heute umgekehrt in viel stärkerem Maße um den Weg von C – den Sätzen – nach A – der Erfahrung – bemühen. Mit K. Rahner können wir die Theologie im zweiten Sinne »mystagogisch«, das heißt Wegweisung ins Geheimnis, nennen[13]. Einer Theologie, die sich selbst im Her und Hin, das heißt vom unsagbaren Geheimnis zur Sprache in dieser Welt und von der Sprache dieser Welt zum unsagbaren Geheimnis hin vollzieht, wird auch das Gespräch mit dem Buddhismus leichter. Denn in diesem Hin und Her erweist sich die Theologie als ein theoretisches und zugleich praktisches Geschehen. Es konkurriert nicht mehr eine systematisch-theoretische Theologie christlicherseits mit einem reinen Praxisvollzug buddhistischerseits. Vielmehr stehen christliches Denken und buddhistisches Tun in gleicher Weise im Dienste der grundlegenden Inspiration, sei diese Inkarnation Gottes oder Erleuchtung genannt. Die Herausforderung des Buddhismus läge an dieser Stelle darin, daß er die Christen an das notwendige Mühen um die Mystagogie erinnert. Umgekehrt erinnern aber die Christen die Buddhisten daran, daß ihr Weg der Erleuchtung ein Weg ist, dessen Licht auf den Marktplatz der Welt fällt und sich dort in der Vielfalt der Menschen und Dinge, ihrer Worte und Taten widerspiegeln möchte.

Dieses vorausgesetzt, muß dann die Frage zugelassen werden, wie sich die Zenübung zu Christentum und Buddhismus verhält[14].

Zenübung zwischen Zen-Buddhismus und Christentum

Ohne Zweifel ist die Verbreitung der Zenübung in Europa ein wesentliches Moment, das zur Erneuerung einer meditativen Praxis in Europa beigetragen hat. Diese Tatsache verbindet sich mit folgenden Beobachtungen:

(1) Die Meditation erscheint nicht mehr ohne weiteres als religiöses, gott-orientiertes Geschehen.

(2) Die Meditation erscheint weithin als anthropologische Vertiefung, Erneuerung, Innenschau, Selbsterkenntnis und Selbstbegründung.

(3) Die Meditation fügt sich damit in den Prozeß autonomer Selbstverwirklichung ein und wird entsprechend vielfach als eine Technik der Einübung solcher Selbstverwirklichung propagiert.

(4) Eine als Technik verbreitete Meditationsübung, die im Dienste der Entfaltung des ganzen Menschseins steht, kann zugleich das Augenmerk auf besonders gefährdete Stellen des Menschseins, wie die psycho-somatischen Verknotungen, die Gesundheit, die Nüchternheit des Denkens, die Überprüfung der Emotionen und Antriebskräfte, den Kommunikationsprozeß und ähnliches, richten.

(5) Der Eindruck reiner Technik wird dadurch vertieft, daß bewußt Abstand gesucht wird von allen zerstreuenden und zertrennenden Inhalten und das Ideal dann in der Überwindung der vielen Worte, Wörter und Vorstellungen bzw. in der Sammlung im Gegenstandslosen und Sprachlosen besteht.

(6) Die Gegenstandslosigkeit und Wortlosigkeit der Übung macht die so geübte Meditation zu einem für alle Menschen begehbaren Weg, unabhängig von ihrer religiösen Herkunft und Zugehörigkeit.

Die hier gemachten Beobachtungen lassen sich erläutern an Yoga und Zen, aber auch an einigen Gruppierungen der neueren religiösen Szene wie der Transzendentalen Meditation oder der Scientology Church, die alle je auf ihre Weise den Anspruch weltanschaulicher Neutralität, aber wissenschaftlicher Verankerung erheben. Yogakurse werden seit langem an vielen Volkshochschulen angeboten. Die Transzendentale Meditation wird auf Ärztekongressen ebenso diskutiert wie auf Volkshochschulveranstaltungen. Die Scientology trägt ihren Wissenschaftsanspruch in ihrer Selbstbezeichnung und ist hier zu nennen, auch wenn das Moment der Meditation zunächst weniger auffällt[15].

Es mag auf den ersten Blick befremdlich erscheinen, Zen in diesem Zusammenhang zu nennen. Doch auch eine »ungegenständliche Meditation«[16] wie Zen wird in einem bestimmten historischen und kulturellen Kontext geübt. Dieser aber ist trotz der in der ganzen Welt zu beobachtenden Tendenz zu einer einheitlichen Weltzivilisation in Japan und Europa nicht derselbe.

In Japan steht die Zenübung von ihrer Herkunft her in einem eindeutigen buddhistisch orientierten Horizont. Der dem Bodhidharma zugeschriebene Grundsatz gilt auch heute noch:

»Eine besondere Überlieferung außerhalb der Schriften,
unabhängig von Wort und Schriftzeichen:
Unmittelbar des Menschen Herz zeigen –
die eigene Natur schauen und Buddha werden.«

Nicht die Absage an Überlieferung überhaupt steht also zur Debatte, sondern die Berufung auf eine von Geist zu Geist vermittelte Überlieferung, die durch einen Meister auch im Schüler in der Stunde seiner Erleuchtung den Meister erkennen läßt. Die Treue zum Ursprung macht es verständlich, daß im heutigen Japan Zen gleichsam auf zwei Ebenen verhandelt wird, ohne daß diese hinreichend zueinander vermittelt werden:
– auf der Ebene der reinen Übung,
– auf der Ebene philosophischer Reflexion.

Andererseits haben Christen wie Enomiya-Lassalle, Kadowa-ki und andere jahrelang als Christen Zen geübt, und etliche von ihnen erfreuen sich in ihren Erfahrungen der Anerkennung durch Zenmeister. Entsprechend dem Prinzip, daß gegen Tatsachen Argumente nichts vermögen, müßte der Tatsachenbeweis ausreichend erscheinen.

Nun leben wir aber in einer Welt, in der es kein Frageverbot gibt. Der moderne europäische Mensch sieht es gar als sein Privileg an, alles fragen zu dürfen, jeden fragen zu dürfen und selbst falsch gestellte Fragen fragen zu dürfen. Wer nicht als intolerant, arrogant, autoritär oder auch unbarmherzig erscheinen will, muß sich den Fragen stellen. Die Frage nach der Vereinbarkeit von Zenübung und Christentum ist somit nicht einfach mit dem Verweis auf die Praxis ausgeräumt. Denn:

(1) Selbst wenn die ungegenständliche Meditation eher als eine Methode im Sinn einer Technik anzusehen wäre, setzt eine solche Methode einen Ausgangspunkt voraus, der auf jeden Fall in der Welt der Gegenstände liegt.

(2) Die Beschreitung eines Weges setzt voraus, daß entweder das Ziel einladend erscheint oder doch der Aufbruch aus anderen Gründen sinnvoll oder notwendig ist. Der Buddhist geht diesen Weg, weil er die Welt als leidvolle und leidschaffende wahrnimmt, zugleich aber um die Begründung des Leidens weiß und schließlich den Aufbruch aus dem Leiden als sinnvoll erkennt. Er handelt folglich aus einem bestimmten Welt- und Menschenbild heraus, das aber nicht ohne weiteres das Welt- und Menschenbild des Christen ist.

(3) Die rechte Motivation, den Weg zu beschreiten, die also der Übung vorausgeht, ist verbunden mit einer ethisch zu nennenden Grundhaltung, die sich einmal der Wirklichkeit stellt, wie sie ist, die sodann die Bereitschaft zu notwendiger Veränderung in sich trägt, die man selbst vornimmt oder aber auch an sich geschehen läßt und die deshalb die Fähigkeiten der Loslösung, der Öffnung und Hingabe entfaltet.

In einer relativ homogenen Kulturlandschaft, deren religiöse Situation von einer nicht problematisierten einheitlichen

Grundstimmung durchzogen ist, werden Selbstverständlichkeiten dieser Art selten genannt; sie geben einfach den Rahmen der Übung ab. In einer sogenannten pluralistischen Gesellschaft wie der unseren sind die Fragen nach Welt- und Menschenbild, nach Sinngebungen und ethischen Grundprinzipien aber nicht mehr einfach vorauszusetzen. Sie dürfen auch im Hinblick auf die meditative Praxis nicht übersprungen werden. Auf keinen Fall aber darf der Eindruck erweckt werden, als ob eine erlernte Technik allein, deren korrekte Beobachtung dann gar noch mit Hilfe technischer Überprüfungen wie EKG, EEG u.ä.[17] sichergestellt wird, zur Wiedererlangung des verlorenen wahren Menschseins führe.

Hier aber zeigt sich der Berührungspunkt, wo sich die Zenübung vor dem Hintergrund neuer religiöser Erfahrungen selbst bewähren muß, will sie sich nicht mißverständlicherweise im Brei säkularisierter Selbstfindungsmethoden wiederfinden. Es bedarf der Antwort auf die Vermutung J. van Bragts, Zen könne »wahrscheinlich als die am radikalsten säkularisierte geistliche Bewegung auf der Welt bezeichnet werden«[18]. Vorausgesetzt, diese Vermutung würde stimmen, dann würden die vielfach beigebrachten Analogien in der Geschichte der christlichen Mystik nichts mehr einbringen. Die Frage ist in der Tat: Als was wird Zen *heute* in Europa rezipiert?

Es bedarf der Antwort auf die Frage, was es bedeutet, daß bislang nur Zen-Buddhisten Zenmeister waren, aber heute, wie es scheint, der Meisterstab von buddhistischen Meistern aktiven Christen weitergereicht wird. Analog zur bekannten christlich-theologischen Frage nach der Heilsmöglichkeit *trotz* nicht-christlicher Religionen, *in* ihnen oder sogar *durch* sie, wäre hier zu fragen: Wenn zum Beispiel P. Enomiya-Lassalle seine Anerkennung als Zenmeister erlangt, ist er es *trotz* seines Christseins, *in* seinem Christsein oder sogar *durch* sein Christsein?

Wir kommen in anderem Zusammenhang auf die psychologischen Gefährdungen zu sprechen, denen Menschen ausgesetzt sind, die sich ohne Überprüfung ihrer ethischen Grundeinstellung einem gegenstandslosen Bewußtsein öffnen[19]. Wir haben auch zu zeigen versucht, daß die Zenübung selbst offen sein *kann* für den Vollzug des christlichen Glaubens[20], und darauf hingewiesen, daß diese Aussagen nicht durch die Berufung auf Grenzgänger vom Christentum zum Buddhismus und umgekehrt zurückgewiesen werden können. Es muß aber der europäische Christ dem Zen-Buddhisten die Frage vorlegen dürfen, ob es in seinen Augen noch genuines Zen ist, wenn der Christ als Christ auch in der Zenübung nicht aufhört, Gott anzurufen. Es muß auch, wenn diese Frage Gott zu sehr als Objekt vorstellen sollte, die Frage erlaubt sein, warum der Christ sich in seiner Schweigegestalt in der Gegenwart *Gottes* fühlen darf. Sind das aber nicht Fragen, die die Gemeinsamkeit von christlichem und buddhistischem Zen stören oder gar zerstören?

Wir geraten hier in der Tat wieder in jenen delikaten Bereich, wo unbedachte Worte zerstörerisch wirken können, weil sie trennen und unterscheiden und eben nicht sammeln. Gibt es aber nicht auch eine notwendige *Auseinander*setzung, um sich dann erst recht *zusammen*setzen zu können? Muß nicht der Buddhist ebenso wie der zenübende Christ in jene Haltung der Barmherzigkeit gerufen werden, wo das eigentliche Nicht-Denken nicht zur Denkfaulheit wird?[21] Der christliche Theologe und Verkünder ist oft gemahnt worden, nicht das göttliche Geheimnis dort ins Spiel zu bringen, wo der Mensch eingeladen ist, nachzudenken. Es kann aber dann dem abendländischen Menschen die kritische Nachfrage gegenüber der Meditationseinladung nicht verwehrt werden, die er sonst im religiösen Bereich heute zu stellen gewohnt ist.

Wir stoßen hier erneut auf die gegenläufige Bewegung, der wir bereits im ersten Teil, als von der Rolle der Sprache die Rede war, begegnet sind: Der abendländische Christ fordert mit der ihm vertrauten Haltung des Nachfragens und Nachdenkens den ostasiatischen Buddhisten heraus, über den eigenen Kulturkreis hinaus kommunikationsfähig zu werden, indem er sich müht, Maßstäbe für das rechte Handeln nicht nur zu finden, sondern auch auszusprechen. Denn es ist ja nicht zu übersehen, daß es durchaus praktische Weisen von Unterscheidungen gibt, die aber bislang eher als Regeln orthopraktischer Art denn als ausformulierte Regeln der Orthodoxie und des rechten Sprechens zu verstehen sind.

Auf der anderen Seite darf der Christ über seinen vielfältigen Fragen nicht die Einladung zur schweigenden Übung überhören. Diese ist ja keineswegs nur eine Übung des Sitzens; vielmehr zeigen die japanischen »Wege« des Schreibens – *Shodō* –, der Verteidigung – *Kendō* – oder der Zielverfolgung – *Kyūdō* –, daß im Grunde genommen alle Verrichtungen des menschlichen Lebens zu Wegen werden können. Es muß also der Abendländer die Zucht des Schweigens wieder lernen, das jedoch kein stummes Schweigen, sondern ein erfülltes Schweigen ist.

Die christliche Rede von Gott und die zen-buddhistische Absage an das Heilige

Wir können als Christen keinen Dialog mit Zen-Buddhisten führen, ohne Gott zur Sprache zu bringen, weil es unser Glaube ist, daß unser Gott selbst als Wort in die menschliche Gemeinschaft eingetreten ist. Die christliche Rede vom Unaussagbaren mündet in die Rede von Gott, der Wort ist (Joh 1,1). Christen sprechen daher weniger vom Verhältnis von Wort und Nicht-Wort, sondern vom Wort in den Wörtern, vom Wort selbst im Nicht-Wort des Schweigens, folglich von der Tiefendimension der Rede vom Wort, das selbst im Unsagbaren und im Schweigen noch *zur Sprache* kommt.

Nun wird niemand dem Buddhismus vorwerfen, daß das Wort Gottes in seinem Vokabular fehlt. Wohl wird man der Absage an Gott, wie wir sie in der Feststellung des Dalai Lama vernommen haben, oder auch der Rede von einem buddhistischen Atheismus begegnen müssen[22]. Die Frage ist einmal: Was bedeutet das Fehlen oder Ablehnen des Gottesnamens im Buddhismus? Sodann vertiefend: Welcher Gott wird in unserer Zeit verneint?

Zur Klärung der Frage können wir auf das Eingangskapitel des Hekiganroku zurückgreifen, das zwar nicht von Gott, wohl aber vom Heiligen spricht[23]:

»Wu-Di von Liang fragte den Großmeister Bodhidharma:
Welches ist der höchste Sinn der Heiligen Wahrheit?
Bodhidharma sagte:
Offene Weite – nichts von heilig.
Der Kaiser fragte weiter:
Wer ist das ›Uns-gegenüber‹?
Bodhidarma erwiderte:
Ich weiß es nicht.«

Das Wort erinnert an die achte Station eines anderen klassischen Zentextes, der den Weg der Erleuchtung als Ochsenpfad darstellt. Auf dem achten Bild sind Ochs und Hirt verschwunden. Was bleibt, ist ein leerer Kreis, Zeichen der Überwindung aller Unterscheidungen, der Einheit und Vollkommenheit, der Leere und Fülle. Im 3. Lobgesang zu diesem Bild heißt es[24]:

»Heiliges, Weltliches spurlos entschwunden.
Im Unbegangenen endet der Weg.«

Sh. Hisamatsu hat diese Verneinung des Heiligen in Zusammenhang gebracht mit der christlichen Rede von Gott[25]. Gott aber ist für ihn wie für viele seiner Kollegen in Kyōto der Gott, wie er in der Dialektischen Theologie vorgestellt wird: der Ganz-Andere, der als Absoluter total von seiner Welt Getrennte, der Transzendente, das Gegenüber, in diesem Sinne das »Obiectum«, wörtlich: das dem Menschen »Entgegengeworfene«. »Heilig« ist hier Gegenbegriff zum »Profanen«, zum Außer- oder Nichtgöttlichen. Die Trennung von *fanum* und *pro-fanum*, Heiligtum/Tempelbezirk und Nicht-Tempel/Welt wird hier ausgehoben, weil das einzig Wirkliche überall gegenwärtig ist. Gott bzw. das Göttliche kann in dem Sinne

84

auch kein radikales Gegenüber des Menschen sein, als es keine von der Welt radikal getrennte Wirklichkeit ist.

Sh. Ueda hat aber darauf hingewiesen, daß das buddhistische Nicht-Unterscheiden von »heilig« und »profan« in der modernen Gesellschaft in eine zerstörerische Nicht-Unterschiedenheit umzuschlagen droht[26]. Die neue Nicht-Unterschiedenheit stammt aus der Verbindung der buddhistischen Nicht-Unterscheidung mit dem aus der westlichen Welt übernommenen »subjektiven Selbstverständnis des Menschen und der technisch-technologischen Weltbemächtigung«: Es »verkehrt sich das ursprüngliche Un-Unterscheiden, das Selbst selbstlos nicht vom Anderen zu unterscheiden, zum Un-Unterscheiden, das Andere selbstisch nicht vom Selbst zu unterscheiden.«

Es gibt also ein Nicht-Unterscheiden, in dem einer *in »Selbstlosigkeit«* – das Wort hat für den Buddhisten einen ontologischen wie einen ethischen Beiklang[27] – sich nicht (mehr) vom Anderen unterscheidet, sondern sich mit ihm identifiziert: Haltung des Erbarmens, des Mitleidens und der Solidarität mit aller Kreatur. Es gibt aber auch ein Nicht-Unterscheiden, in dem einer sich in *selbstsüchtig-egoistischer* Weise des Anderen bemächtigt und ihm seine Identität raubt: Gefahr der Zerstörung jener Nicht-Unterscheidung, die das Ideal des ursprünglichen Buddhismus vor Augen hatte.

Diese Warnung gehört in das Gespräch um Gott und das Heilige hinein, will man nicht zu voreiligen Fehlschlüssen kommen. Denn diese Warnung bezeugt erneut: Der Leerraum oder die Offenheit, der der Meditierende ausgesetzt ist, bleibt für den Außenstehenden ambivalent. Christlich gesprochen kann die Leere un-heilig, heil-los, gott-los sein; der Verdacht, Zen sei eine radikal säkularisierte geistliche Bewegung, würde sich dann bestätigen. Sie kann aber auch die selbst-lose Offenheit der leeren, offenen Hände sein, das reine Herz, die reine Erwartung, die reine Erfahrung, in der das aktive Ich untergegangen ist und alles Dürre zu blühen beginnt – so wie das letzte Bild des Ochsenpfades den Mann mit den offenen Händen beschreibt, der den Marktplatz der Welt betritt:

»Mit entblößter Brust und nackten Füßen kommt er herein auf den Markt.
Das Gesicht mit Erde beschmiert, den Kopf mit Asche über und über bestreut.
Seine Wangen überströmt von mächtigem Lachen.
Ohne Geheimnis und Wunder zu mühen,
läßt er jäh die dürren Bäume erblühen.«[28]

Wer in Europa Zen propagiert, sollte sagen, wie er es sieht; denn wir leben kaum noch in der ursprünglichen Natur, wie sie war; diese ist vielmehr durch Kulturen überlagert, die die Natur nicht lassen, wie sie ist, sondern so machen, wie Menschen sie haben wollen. Ist aber die entgöttlichte, zum Material menschlicher Gestaltung degradierte Natur wirklich die Natur, von der es in den konkreten Erfahrungssätzen des Zen heißt: »Die Blumen blühen, wie sie blühen« oder »Die Weide ist grün, die Rose ist rot«? Hier verstellen »weltliche« Sätze wie die gerade zitierten mehr, als sie eröffnen. Denn sie kommen jener abendländischen Welteinstellung entgegen, die einerseits mit Namen wie Säkularisierung, Entmythisierung, sodann aber auch als Hominisierung, Urbanisierung, Technisierung, Automatisierung, jedenfalls als ein Prozeß der Bemächtigung der Welt durch den Menschen beschrieben wird.

Inzwischen beginnt aber auch bereits ein gegenläufiger Begriff zu wirken. Gar manch einer spürt, daß die Absetzung Gottes unweigerlich die Absetzung des Menschen nach sich zieht. Unter den Trümmern der vom Menschen noch nicht ganz zerstörten Naturwelt entdecken wir verschüttete Wirklichkeiten und Werte. Es gibt Erinnerungen an andere Möglichkeiten der Welteinstellung, etwa die franziskanische Einstellung, in allen Dingen der Natur Brüder und Schwestern zu entdecken, oder die ignatianische Haltung, »Gott zu finden in allen Dingen«. Ist nicht der tolle Mensch Nietzsches immer noch unterwegs und sucht mit der Laterne am hellichten Tag nach den Spuren Gottes? Das Requiem Gottes wird jedenfalls verhaltener gesungen.

In dieser Situation sind Christen gefragt, von ihrer Hoffnung Rechenschaft zu geben. Sie können, wollen sie sich nicht als Christen verleugnen, nicht anders, als auf je ihre Weise von Gott zu sprechen. Dabei geht es angesichts der Zen Übenden nicht um theologische Aussagen, die – wenn nachträglich formuliert – oft genug die Wirklichkeit verstellen. Es geht nicht um die Rede von Ferne und Nähe, Transzendenz und Immanenz, Absolutheit und ähnliches, auch wenn sie zunächst im Sinne der Abwehr verengter Gottesbilder und -vorstellungen verstanden wird. Wohl kann auch eine solche – nach unseren früheren Ausführungen auf der Ebene C anzusiedelnde – Rede als eine wegeröffnende Rede verstanden werden, die von dem, was nicht Gott ist, spricht, um so erst recht Raum zu schaffen für das Vernehmen der Kunde (B) und die Einweisung in die je neue Erfahrung (A) dessen, was in buddhistischer Logik dann als »Wort-qua-Nicht-Wort, Nicht-Wort-qua-Wort« oder auch »Wort, deshalb Nicht-Wort, Nicht-Wort, deshalb Wort« anzusprechen wäre[29]. Dabei geht es dann nicht mehr um die Rede *über* Gott, wohl aber um die Weise der Zuwendung.

In der Grabeskirche der Hildegard von Bingen in Eibingen hängt über dem Hochaltar die Kopie jenes Bildes, das Hildegard zur zweiten Schau des 2. Buches von »Scivias«, ihrem Hauptwerk[30], entworfen hat: mandalaförmig ein großer Kreis, der sich nach innen hin in kleineren, wellenförmigen Kreisen verjüngt, außen silberfarben: »überhelles Licht«, innen goldfarben: »funkelnde Lohe«, im Zentrum licht- und feuerdurchflutet eine Menschengestalt: für Hildegard Bild des dreifaltigen Gottes. Nur wer eine gewisse Ahnung von dem hat, was hier – symbolhaft – ausgesagt wird, kann vielleicht ein behutsames Gespräch über das achte Bild des schon genannten Ochsenpfades der Erleuchtung: den großen, leeren Kreis, der auch wie eine Sonne leuchtet, beginnen und dann die folgenden zwei letzten in das Gespräch einbeziehen. Jenes Gespräch wäre dann von seiten des Christen eine aus der Gottbegegnung überfließende Weise der Liebe und von seiten des Buddhisten in der Erleuchtung geborene Barmherzigkeit.

5 Wort und Schweigen

Ein Vergleich von Buddhismus und Christentum

Lächelndes Schweigen

In der berühmten Kōan-Sammlung des chinesischen Zen-Buddhismus Wumen-kuan (»Schranke ohne Tor«) steht folgende für den Buddhismus des Großen Fahrzeugs bedeutsame Geschichte[1]:

»Als einst der Welterhabene auf dem Geierberg weilte, hob er mit den Fingern eine Blume empor und zeigte sie der versammelten Schar (der Mönche). Damals schwiegen alle. Nur der ehrwürdige Kāśyapa verzog sein Gesicht zu einem Lächeln. Der Erhabene sprach: ›Ich habe das wahre Dharma-Auge, den wunderbaren Geist des Nirvāṇa, die formlose wahre Form, das geheimnisvolle Dharma-Tor, das nicht auf Worten und Buchstaben beruht, eine besondere Überlieferung außerhalb der Schriften. Diese vertraue ich dem Mahākāśyapa an.‹«

Das lächelnde Schweigen zwischen dem Erhabenen, dem Buddha, und seinem Lieblingsschüler, dem großen Kāśyapa, wird hier zum Ausdruck tiefsten Einverständnisses und höchster Kommunikation. Mit seinem lächelnden Schweigen erwirbt sich Kāśyapa das Siegel der Erleuchtung und wird er zum ersten Zen-Patriarchen.

An den Anfang des Weges erinnert auch die dem Bodhidharma, dem legendären Begründer des chinesischen Zen, zugeschriebene vierzeilige Strophe[2].

»Eine besondere Überlieferung außerhalb der Schriften,
Nicht abhängig von Wort und Schriftzeichen:
Unmittelbar des Menschen Herz zeigen –
Die Selbstnatur schauen und Buddha werden.«

H. Dumoulin berichtet in seinem Kommentar zum Kōan
»Buddha zeigt eine Blume«, daß die beiden ersten Zeilen des
Gedichtes des Bodhidharma in den frühesten Reden von der
Geistübertragung des Buddha an seinen Schüler noch fehlen
und somit erst in späterer Zeit hinzugefügt sein müssen, als
über die Wortlosigkeit und das Schweigen bereits reflektiert
wurde. Diese Beobachtung findet sich bestätigt, wenn wir die
im Zen-Buddhismus beliebte Lehrschrift Vimalakīrtis zu Hilfe
nehmen[3]. Zweierlei macht diese Schrift deutlich: (1) Allen
Menschen steht der Weg zur Erleuchtung offen. (2) Diese
kommt im Vollzug des Schweigens zur Vollendung. In der
Schrift ist es ein Laie, Vimalakīrti, der diese Lehre durch seine
Schweigegestalt vorträgt. Nachdem er 32 Bodhisattvas nach
ihrer Erklärung der Lehre von der Nicht-Zweiheit gefragt hatte, gab schließlich Mañjuśri die Antwort:

»Wo es weder Worte noch Sprache, weder Offenbarung noch
Bewußtsein gibt – solch einen Zustand des Geistes nennt man
die Erlangung der unvergleichlichen Wahrheit des Buddhismus.«

Als dann Vimalakīrti seinerseits aufgefordert wird, seine Ansicht zu formulieren, verharrt er im Schweigen. Darauf sagt
Mañjuśri:

»Gut gemacht! Ich habe vom ›Nicht-Wort‹ gesprochen, doch
du hast es mit deinem Leibe geoffenbart.«

Nicht das Reden vom Schweigen ist das Letzte, sondern das
Schweigen selbst. Die Schweigegestalt nimmt denn auch eine
zentrale Stelle in der Zenunterweisung ein. Da aber beginnt sie
zu sprechen und zu wirken. In einer Geschichte desselben
Wumen-kuan hebt der Meister immer, wenn er nach dem Zen

gefragt wird, seinen Finger[4]. Als einer seiner Schüler ihm den Gestus nachmacht, haut er ihm den Finger ab. Die Geschichte endet:

»Der Knabe lief vor Schmerz schreiend davon. Chü-chih rief ihm nach. Als der Knabe den Kopf zurückwandte, hob Chü-chih wieder den Finger. Da faßte der Knabe plötzlich die Erleuchtung.«

Bekannt ist, wie häufig die reflektierende Erörterung abgeschnitten wird. Auf die Frage nach der Buddhanatur des Hundes antwortet der Meister:

»›Mu‹ (= ›nicht–‹)[5];«

auf die Frage nach dem Buddhaweg:

»Geh und wasch deine Eßschale«[6];

auf die Frage nach dem Wesen des Buddha:

»Drei Pfund Hanf«[7];

auf die Frage nach Sprechen und Schweigen:

»Immerfort denke ich an Ching-nan, wo im März die Rebhühner singen und hundert Blumen duften.«[8]

Wer den Weg der Erleuchtung des Buddha gehen will, sollte nach Auskunft des großen japanischen Meisters Dōgen das Lächeln Kāśyapas nicht »hinter-fragen« und in ihm eine verborgene Lehre vermuten[9]. Wer der Heilung bedarf, ruft in seiner Krankheit den Arzt, der ihn von der Krankheit befreit, nicht aber kommt, um mit dem Patienten über metaphysische Fragen zu sprechen. So erklärt der Buddha selbst im Gleichnis sein Schweigen[10].

Ehe wir nun das, was uns in Bildern und Geschichten nahegebracht wird, eingehender bedenken, soll auch in das Christentum und sein Umfeld hinein nach Erfahrungen des Schweigens gefragt werden.

Schweigende Götter – schweigende Propheten

Wie eine Provokation und ein Jubelruf zugleich klingt dagegen der Satz des Psalmisten:

»Unser Gott schweigt nicht;
er wird kommen und seine Stimme erheben« (Ps 50 [49], 3)

Zu den eindruckvollsten Szenen religiöser Auseinandersetzung gehört im Alten Testament der Wettkampf zwischen Elia und den Baalspriestern (vgl. 1 Kön 18,21-40). Beide Seiten bereiten ihr Opfer vor, beide rufen ihren Gott an. Die Baalspriester beginnen:

»Da nahmen sie den Stier, richteten ihn zu und riefen den Namen Baals an vom Morgen bis zum Mittag, indem sie flehten: ›Baal, erhöre uns!‹ Aber – kein Laut, keine Antwort. Und sie hinkten um den Altar, den sie gemacht hatten. Als es Mittag war, spottete Elia ihrer und sprach: ›Ruft doch lauter! Er ist ja ein Gott; er ist wohl in Gedanken oder abseits gegangen oder auf Reisen; vielleicht schläft er auch und wird dann erwachen.‹ Und sie riefen laut und machten sich nach ihrem Brauch Einschnitte mit Schwertern und Spießen, bis das Blut an ihnen herabrann. Als der Mittag vorbei war, gerieten sie ins Rasen, bis um die Zeit, wo man das Speiseopfer darzubringen pflegt. Aber kein Laut, keine Antwort, keine Erhörung.« (18,26-29).

Dann beginnt Elia zu rufen. Sein Rufen aber findet Erhörung: Gottes Feuer verzehrt sein Opfer.

In der Erzählung steht Baal gegen Jahwe. Baal hört nicht, Jahwe hört. Baal schweigt, genauer gesagt: Er bleibt stumm. Sein Schweigen ist Zeichen seiner Ohnmacht, letztlich vielleicht gar Zeichen seiner Nicht-Existenz. Jahwe seinerseits erweist sich einmal mehr als mächtiger Gott, dessen Mächtigkeit vor allem Volke offenbar wird. Er ist ein ansprechbarer, lebendiger Gott, der seinerseits nicht stumm ist, sondern redet.

Nun gibt es aber auch im jüdischen Volk die Erfahrung, daß Jahwe schweigt. Wie ein negativer Refrain auf die Eliaszene klingen die Worte des 22. Psalmes:

»Mein Gott, mein Gott, warum hast du mich verlassen! Warum bist du fern meinem Flehen, dem Ruf meiner Klage!

Ich rufe am Tage, o Gott, und du hörst nicht; ich rufe in der Nacht, und du hast für mich keine Antwort.

Und doch bist du der Heilige, der in den Preisungen Israels wohnt.

Auf dich haben unsere Väter gehofft, sie hofften, und du hast sie befreit.

Sie riefen zu dir und wurden gerettet, sie vertrauten auf dich und wurden nimmer zuschanden.« (22,2-6)

Zwar spotten auch hier all die, die sehen, wie der Beter ruft, ohne daß Gott ihn erhört. Dennoch ist die Situation eine andere als in der Eliaszene: Gott ist nicht stumm; er schweigt. Das Schweigen Gottes aber ist kein Zeichen von Ohnmacht. Gottes Mächtigkeit ist dem Beter vielmehr aus der Geschichte seines Volkes wohlbekannt. Gott existiert. Warum aber schweigt er? Der Grund liegt offensichtlich im Verhalten des Volkes seinem Gott gegenüber. Eine dritte Szene vermag das zu verdeutlichen.

Sprachrohre Gottes sind die Propheten. Was aber bedeutet es, wenn Propheten nicht mehr reden, sondern schweigen? Das eindrucksvollste Beispiel ist der Prophet Ezechiel. Gott beruft ihn und gibt ihm den Auftrag, in seinem Namen zum Hause Israel zu reden (vgl. Ez 3). Doch zugleich muß er ihn vorwarnen:

»Das Haus Israel wird nicht auf dich hören wollen: denn sie wollen nicht auf mich hören. Das ganze Haus Israel hat eben eine harte Stirne und ein verstocktes Herz. Siehe, nun mache ich dein Angesicht hart gleich ihrem Angesicht und deine Stirn hart wie ihre Stirn.« (3,7f.)

Gott schweigt nicht, aber das Volk Gottes schweigt, und erst weil dieses Volk schweigt, schweigt auch Gott. Das Schicksal des Propheten wird hier zu einem Spiegelbild. Zunächst bemerken wir, wie die Rede Gottes ihm in seiner Betroffenheit die Rede verschlägt; sieben Tage ist er wie betäubt (vgl. 3,15).

Doch Gott spricht weiterhin mit ihm und deutet ihm sein Schicksal: Er wird in seinem Haus gefesselt, so daß er nicht in der Öffentlichkeit reden kann (vgl. 3,24f.); das Volk widersetzt sich. Doch auch Gott läßt ihn nicht reden, sondern macht ihn stumm:

»Ich werde dir die Zunge am Gaumen kleben lassen, daß du stumm bleibst und ihnen nicht ein Strafprediger seist. Denn sie sind ein widerspenstiges Geschlecht. Aber wenn ich mit dir rede, dann will ich deinen Mund auftun, und du sollst zu ihnen sagen: ›So spricht Gott der Herr!‹ Wer dann hören will, der höre, und wer es lassen will, der lasse es!« (3,26f.)

An die Stelle der Worte des Propheten treten dann Zeichenhandlungen. Das Schweigen des Propheten wird in seinen Taten zu einem beredten Schweigen. Insofern aber als in dem erlittenen Schweigen des Propheten sich die Hoffnung auf Heil ankündigt, erlangt das Leiden des Propheten selbst den Charakter der Heilsverheißung, ja der Heilsvermittlung. Ezechiel selbst wird zum Heilszeichen:

»An jenem Tag, wenn der Entronnene kommt, wird dir der Mund aufgetan werden, und du wirst reden und nicht mehr stumm sein; und du wirst ihnen zum Zeichen werden, und sie werden erkennen, daß ich derHerr bin.« (24.27)

Mit Angabe des Datums wird dann in Kap. 33 die Ankunft des aus Jerusalem Entkommenen berichtet, der den Verbannten die Eroberung der Stadt mitteilt. In dieser Stunde des Untergangs erhält Ezechiel seine Stimme zurück (vgl. 33,22)[11]. In der Stunde tiefster Erniedrigung keimt in der Rede des Propheten neue Hoffnung.

Wir brechen an dieser Stelle die Beschäftigung mit dem Schweigen des Echeziel ab. Wer es beachtet, fragt von selbst nach dem Schweigen anderer Propheten weiter und entdeckt dann, daß Gott Propheten zum Reden wie zum Schweigen ruft (vgl. z.B. auch Jes 8,16f.; Jer 14,11f. u.a.). Ezechiels Leiden weckt aber zugleich die Erinnerung an das stellvertretende Leiden des Gottesknechtes in Jesaja 53:

»Er ward mißhandelt und beugte sich und tat seinen Mund nicht auf wie ein Lamm, das zur Schlachtbank geführt wird, und wie ein Schaf, das vor seinem Scherer verstummt.« (Jes 53,7)

Prophetenschicksal wie Leiden des Gottesknechtes als des Lammes Gottes verweisen uns aber miteinander auf das Schicksal Jesu, der das Schicksal der Propheten geteilt hat und im Neuen Testament als *der* Gottesknecht und *das* Lamm Gottes angesprochen wird.

Jesus, »aus dem Schweigen hervorgetretenes Wort« (Ignatius von Antiochien)

Viele Motive, die wir zuvor angesprochen haben, finden sich im Leben Jesu wieder. Es gibt das Schweigen im Leben Jesu. Er schreibt auf die Erde, wo Pharisäer eine Ehebrecherin vor ihn hinstellen und sein Urteil herauszufordern suchen (Jo 8,6). Er schweigt vor Kajaphas (Mt 26,63), vor Herodes (Lk 23,9), vor Pilatus (Mt 27,12.14; Jo 19,9). Er wird selbst zum Beter des Psalmes 22, der die bitterste Verlassenheit am Kreuze erfährt und Gottes Stimme nicht vernimmt (Mk 15,34 par.). Der Spott, der alle verfolgt, die einen schweigenden Gott anrufen, weil ein solcher Gott nach dem Denken vieler tot ist und gar nicht existiert, trifft auch Jesus am Kreuz.

Doch wichtiger als all das erscheint der Anfang des Johannesevangeliums, das trotz des schrecklichen Todes Jesu eben diesen scheinbar von Gott so Verlassenen als *das* Wort schlechthin anspricht:

»Im Anfang war das Wort,
und das Wort war bei Gott,
und Gott war das Wort.« (Jo 1,1)

Ohne uns hier auf die verzweigten Überlegungen zur Herkunft des johanneischen Logos-Verständnisses einzulassen[12], darf aber doch betont werden, daß das Wort sich abhebt vom Schweigen. Das ist der Fall, wenn wir im Buch der Weisheit 18,14 f. lesen:

»Während tiefes Schweigen alles umfing und die Nacht in ihrem schnellen Laufe bis zur Mitte vorgerückt war, da sprang sein allmächtiges Wort vom Himmel her, vom königlichen Thron...«

Davon spricht auf seine Weise der Römerbrief, wenn in Kap. 16,25 die Rede ist von der »Offenbarung des Geheimnisses, das ewige Zeiten hindurch verschwiegen war«.

Entsprechend erhebt schon bei Ignatius von Antiochien »über dem Wort das Schweigen sein Haupt, in so endgültigen Formeln, daß sie christlich nie überholt, kaum je eingeholt worden sind«[13]. Das Wort Jesu kommt aus dem Schweigen des Vaters, »der sich geoffenbart hat durch seinen Sohn Jesus Christus, der sein aus dem Schweigen hervorgegangenes Wort ist«[14]. Insofern als das Schweigen die Gegenwart des Vaters repräsentiert, kommt ihm im Leben der Gläubigen und der Kirche hohe Bedeutung zu. Vom Bischof sagt Ignatius von Antiochien[15]:

»Je mehr einer einen Bischof schweigen sieht, um so größere Ehrfurcht soll er vor ihm haben.«

Zwar hat sich die Vätertheologie die gnostischen Gottesbezeichnungen »Schweigen« (gr. *Sigē*) und »Abgrund« (gr. *Bythos*) nicht oder doch nur mit großer Zurückhaltung zu eigen gemacht, doch gewinnen verwandte Gedanken bei Klemens von Alexandrien, Origenes, den Kappadokiern, dem Areopagiten, bei Augustinus und dann in der späteren negativen Theologie Raum[16]. Beachtet man aber, wie sehr es bei den genannten Theologen der Väterzeit der Logos ist, der das Mysterium Gottes in seiner unaussprechlichen Unergründlichkeit erst aufleuchten läßt, dann dürfte H. Urs von Balthasar zu Recht bemerken[17]:

»Auf diesem ganzen Weg ist gewiß das griechische Denken, das hierin Echo ganz Asiens oder einfach der menschlichen Sehnsucht ist, in die christliche Theologie eingedrungen und hat darin die Funktion übernommen, die Räume der göttlichen Unendlichkeit offenzuhalten.«

Wird man aber der Tatsache einsichtig, daß das geschichtlich gewordenc, Fleisch gewordene Wort Gottes es ist, das uns in den »unaussprechlichen Seufzern« (Röm 8,26) des Geistes den Zugang zur Unendlichkeit und Unerforschlichkeit – christlich gesprochen – des Vaters, – allgemein religiös gesagt – des göttlichen Grundes eröffnet, dann ergibt sich auf dieser Ebene tatsächlich die Möglichkeit zu einem wahren Gespräch zwischen dem Christentum und den anderen Religionen. Denn[18]:

»Das ›Wort‹ mag in der Offenbarung noch so positiv, historisch und gesetzhaft wirken, es ist dennoch überall und von Anfang an Ausdruck des gottmenschlichen connubiums, dessen Vollzug notwendig das Wortlose ist, im Allerletzten nicht das Ich-Du, sondern der Blitz des Zusammenfalls.«

Diese kühnen Worte H. Urs von Balthasars geben uns nun die Möglichkeit, unmittelbar zum Vergleich von Buddhismus und Christentum zurückzukehren.

Logik, Sigetik, Mystagogie

Rückblickend auf die zwei Gedankengänge in buddhistischer und jüdisch-christlicher Tradition, ist festzustellen, daß dem Schweigen in beiden Bereichen ein hoher Stellenwert zukommt. In den buddhistischen Texten stand die Schweigeübung im Dienste der Schweigewirklichkeit, westlich formuliert: das asketische Schweigen im Dienste des metaphysischen. Der Stellenwert des Wortes erschien eher unbedacht, wenngleich auch nicht negativ angesprochen. Demgegenüber trat in den jüdisch-christlichen Texten das Wort in den Vordergrund. Das Schweigen war ihm gegenüber eher ambivalent. Einmal gilt es zu unterscheiden zwischen Stummsein und Schweigen, Verstummen und Schweigen, Schweigen und Verschweigen. Bei all dem scheint Schweigen einen Sprachbezug zu haben; im Sinne einer Nicht-Sprache ist es eher negativ bestimmt. Zum anderen aber eröffnet sich das Wort seinerseits in einen wort- und sprachlosen Hintergrund hinein, der selbst noch einmal als Schweigen angesprochen werden kann.

G. Mensching hat *Logos* und *Sigē*, Wort und Schweigen, als Gotteswege angesprochen[19]. Auch wenn radikale Unterscheidungen hier nicht möglich sind, denkt man etwa an das christliche Verständnis des *Deus revelatus*, der auch als solcher der *Deus absconditus* bleibt, so möchte er doch im Gegenüber von Logos und Sigē zugleich den Unterschied von Prophetie und Mystik angesiedelt sehen. Die Frage ist allerdings, ob mit der Unterscheidung von »prophetisch« und »mystisch« der Unterschied zwischen den Abrahamsreligionen und den beiden großen asiatischen Religionen des Hinduismus und des Buddhismus wirklich eingefangen ist. Müßte nicht intensiver nach Wort und Schweigen auf *beiden* Seiten, konkret hier in Christentum und Buddhismus gefragt werden?

Zweierlei muß uns im Umgang mit den beiden Religionen klar werden: Das Schweigen erreicht den Menschen nicht ohne das Wort. Das Wort aber verliert seine Tiefe, wo es nicht in seiner Herkünftigkeit aus dem Schweigen und in seinem bleibenden Bezug zum Schweigen gesehen wird. Von L. Wittgenstein gibt es das vielzitierte Wort[20].

»Wovon man nicht sprechen kann, darüber muß man schweigen.«

Dem Satz 7 des »Tractatus« geht aber der Satz voraus:

»Es gibt allerdings Unaussprechliches. Dies *zeigt* sich, es ist das Mystische.«

F. Stier hat in seinen Aufzeichnungen Wittgensteins Satz folgendermaßen kommentiert[21].

»›Wovon man nicht sprechen kann‹, hat einer gesagt, ›darüber muß man schweigen.‹ Aber die Wissenschaft könnte, und ich meine, sie *sollte*, wenigstens davon sprechen, daß sie darüber schweigen muß, weil sie davon nicht sprechen kann. Dann müßte sie sich, der Grenzen ihrer Kompetenz bewußt, zum wenigsten zugeben, daß das zu Beschweigende nicht nicht ist...«

Tatsächlich ist in zwei Richtungen zu fragen: Angesichts des betonten Schweigens stellt sich die Frage nach der Kommunikation und Vermittlung des Schweigens. Angesichts des betonten Redens ist nach Ortung und Orientierung des »Redeflusses« zu fragen.

Unbestritten ist, daß in der abendländischen Geistesgeschichte der Mensch sich seit Aristoteles als *zōon logon echon* versteht. M. Heidegger hat dazu bemerkt[22].

»Wir können, ja wir müssen sogar *anthrōpos: zōon logon echon* übersetzen mit ›der Mensch ist jenes Lebewesen, dem das *Wort* eignet‹. Wir können statt ›das Wort‹ sogar ›die Sprache‹ sagen, gesetzt daß wir das Wesen der Sprache hinreichend und ursprünglich denken, nämlich aus dem Wesen des recht verstandenen *logos*.«

Legein, *logos* meint für ihn aber »in der griechischen Wesensbestimmung des Menschen jenes Verhältnis, auf dessen Grunde erst Anwesendes als solches um den Menschen und für ihn sich versammelt«[23]. Das Bemühen um den *logos* hat entsprechend im Abendland zur Ausbildung der »Logik« als der Kunst des Denkens und Sprechens bzw. der Wissenschaft seiner Gesetze geführt. Interessanterweise erreicht diese aber in der Gegenwart – zwar vielleicht weniger in der analytischen Philosophie, dafür jedoch bei M. Heidegger – den Punkt, an dem sie in »*Sigetik*«, die Kunst des Schweigens, umschlägt[24]. Diese ist aber dann für unseren Kulturbereich nicht nur im Sinne philosophischer Reflexion, sondern mehr noch praktischer Verwirklichung ein hohes Postulat.

Wenden wir das Verhältnis von Logik und Sigetik auf das Bemühen der buddhistischen Gesprächspartner an, so zeigt sich schnell, daß zumindest der meditative Buddhismus in hohem Maße der Einübung ins Schweigen, damit der Kunst des Schweigens, der Sigetik, verpflichtet ist. Das bedeutet nicht, daß es für den Buddhisten Logik nicht gibt. Allerdings wird stets auf die Andersartigkeit der buddhistischen Logik hingewiesen. So sprechen die buddhistisch orientierten Vertreter der Kyōto-Philosophie von der Logik des *Sokuhi*.

Das japanische *soku*, zumeist übersetzt mit dem lateinischen *qua* oder *sive*, verbindet zwei Gegensätze, A und NichtA, miteinander; *hi*, ein Verneinungspräfix, steht in der Formel *sokuhi* für die Verneinung des ersten Gliedes A. In der Logik des A = Nicht-A oder A *sive* Nicht-A wird vordergründig das Widerspruchsprinzip durchbrochen, indem von demselben A und Nicht-A, Form und Nicht-Form, Leben und Tod, Sein und Nichts u.a. ausgesagt, die Gegensätzlichkeit von A und Nicht-A aber tatsächlich in eine höhere Einheit hinein aufgehoben wird. Die Frage der Aufhebung des Widerspruchsprinzips wird bei Berücksichtigung des dynamischen Charakters dieser Logik selbst noch einmal fragwürdig. K. Nishitani hat diese Logik am Beispiel des Auges, das sieht, weil es sich selbst nicht sieht, erläutert[25].

»Ein Auge ist ein Auge, weil es Dinge sieht. Wo aber das Auge auf dem Grund seiner selbst ist, ist es in seinem Wesen *Nicht-Sehen*. Könnte das Auge das Auge selbst sehen, so wäre es nicht imstande, irgend etwas anderes zu sehen. Das Auge würde aufhören, Auge zu sein. Das Auge ist Auge aufgrund jenes wesentlichen Nicht-Sehens, und aufgrund des wesentlichen Nicht-Sehens ist Sehen möglich. Nicht-Auge-Sein (Nicht-Sehen) ist die Ermöglichung des Auge-Seins (Sehen). Aus diesem Grund läßt sich das Sein des Auges … nur so zum Ausdruck bringen: Das Auge ist Auge, weil es nicht Auge ist.«

Und er fügt hinzu:

»Das bedeutet: Die Ermöglichung der Existenz des Seins ist die Leere.«

Mit »Leere« ist das Sanskritwort *śūnyatā* bzw. das japanische Wort *kū* übersetzt worden, das besser als die gängige Rede vom »absoluten Nichts« in die Tiefe asiatischer Spiritualität verweist[26]. *Śūnyatā* geht etymologisch auf die Wurzel *śvi* = schwellen zurück, verbindet sich von daher mit den Vorstellungen der Höhle, der Leibeshöhle, des Mutterschoßes[27]. *Kū* bezeichnet dagegen mehr die Öffnung, den leeren Himmel, den Horizont, die Weite und Leere des Firmaments. In unterschiedlichen Lesarten und Kombinationen erlangt es sodann positive wie negative Bedeutungsinhalte[28].

Weiß man um die Herkunftsgeschichte der »Leere«, so verliert der Begriff viel von seiner Negativität. Das zeigt sich bei Nāgārjuna, dem »großen Philosophen« (K. Jaspers) des 2. nachchristlichen Jahrhunderts, der in gewissem Sinne einer der Väter der Logik des *Sokuhi* ist[29]. Es gilt auch für den großen Advaita-Denker des Hinduismus Śaṅkara, in dessen Denken es um die »Erfahrung des Unerfahrenen« ging[30]. Die Dynamik dieses Denkens geht auf Ablösung und Ver-*nicht*-ung[31] alles dessen, was der Erfahrung der Leere, die dann ihrerseits besser als eine »in Nichterfahrung bestehende Erfahrung«[32] angesprochen wird, im Wege steht. Die Logik steht also im Dienste der Vermittlung und Rechtfertigung der Erfahrung des Unaussprechlichen, anders gesagt: des gründenden Schweigens. Logik bedeutet hier Sigetik.

K. Rahner hat 1937 unter dem Titel »Worte ins Schweigen« Meditationen vorgelegt[33]. Er hat später wiederholt von *Mystagogie* als einer grundlegenden Aufgabe der Theologie gesprochen[34]. Beachtet man den Zusammenhang von Logik und Sigetik mit der spirituellen Seite menschlichen Lebens, dann wandelt sich Logik als Sigetik in Mystagogie: Die Kunst des Schweigens weist ein in die Haltung der Offenheit für das Geheimnis, das uns trägt, in dem wir leben, uns bewegen und sind (vgl. Apg 17,28). Zweifellos gibt es hier einen Treffpunkt zwischen Christentum und Buddhismus. Hebt sich aber hier der Unterschied zwischen Buddhismus und Christentum auf?

Schweigendes Nichts – sprechender Gott

Christen haben im Gespräch mit Asien nicht selten die Sorge, ihre christliche Identität zu verlieren, wenn sie sich zu sehr dem Bodenlosen des Nichts anvertrauen. Ich habe selbst vor Jahren den Versuch gemacht, dem christlichen Gott als dem sprechenden das buddhistische Nichts als das schweigende gegenüberzustellen[35]. B. Welte hat seinerseits mehrere Überlegungen zu Gott und Nichts vorgelegt. So schreibt er in einem »Versuch zur Frage nach Gott«[36]:

»Das Nichts ist nicht leeres Nichts. Die ethische Grundentscheidung belehrt uns darüber, daß es trägt, wahrt und entscheidet, von ihr geht der Appell aus: Vertraue dich an, betritt das Bodenlose und Schweigende des Nichts, und glaube. Es trägt. Seine lautlose Macht ist größer, ohne Konkurrenz größer gegenüber allem, was sonst groß und mächtig erscheint.«

In einer weiteren Studie greift B. Welte das Motiv eines kleinen Gedichtes auf, das der 1975 verstorbene Philosoph W. Weischedel, der bis zu seinem Tode um das Verständnis des europäischen Nihilismus gerungen hat: Das Licht des Nichts. Die vier Zeilen Weischedels lauten[37]:

»Im dunklen Bechergrund
Erscheint das Nichts des Lichts.
Der Gottheit dunkler Schein
Ist so: Das Licht des Nichts.«

Hier wird eine Kehre in der Wahrnehmung signalisiert: Dunkelheit ist Fehlen des Lichts, »Nicht des Lichts«. Kann sie aber nicht zugleich der An-schein, die An-sage göttlichen Lichts, »Licht des Nichts« sein?

Es ist naheliegend, daß B. Welte bei solchen Überlegungen in die eigene Geschichte der negativen Theologie, aber auch asienwärts schaut[38]. Wir greifen die in Fernost vielbedachte Zengeschichte »Der Ochs und sein Hirte« auf, in der sich in der 8. Station folgende Lobgedichte finden[39].

1

»Peitsche und Zügel, Ochs und Hirt sind spurlos zu Nichts geworden. In den weiten und blauen Himmel reicht niemals ein Wort, ihn zu ermessen.

Wie könnte der Schnee auf der rötlichen Flamme des brennenden Herdes verweilen?

Erst wenn ein Mensch in diesen Ort gelangt ist, kann er den alten Meistern entsprechen.

2

Schande! Alle Welt wollte ich bisher retten.

Erstaunen! Es gibt keine Welt mehr zu retten.

Kein Wort vermöchte zu sagen, wie es dem Hirten in dieser Lage zumute.

Vorgänger – Nachfolger:

beides gibt es hier nicht.

Rätsel! Wer kann diese Wahrheit erben,

wer sie vererben?

3

Mit einem Schlag bricht jäh der große Himmel in Trümmer.

Heiliges, Weltliches spurlos entschwunden.

Im Unbegangenen endet der Weg.

Vor dem Tempel leuchtet der helle Mond und es rauscht der Wind.

Alle Wasser von allen Flüssen münden im großen Meer.«

Die Lobgesänge beschreiben Nirvāṇa, die Erfahrung, die als Erlöschen, Ver-nicht-ung, Befreiung, Erleuchtung *an*-gesprochen wird und doch mit keinem Wort *aus*-gesprochen werden kann. Kein Wort kann diese Erfahrung ermessen, alle Unterscheidungen brechen zusammen, Ochse und Hirte, Himmel und Erde, Heiliges und Weltliches, Vergangenheit und Zukunft. Dennoch gibt es vielleicht gerade deshalb hier An-sage, An-spruch, Ent-sprechung, Erleuchtung, »Lichtung«, Unendlichkeit, Feuersglut, Weite des klaren blauen Himmels. Doch dann heißt es: »Erst wenn ein Mensch in diesen Ort gelangt ist, kann er den alten Meistern entsprechen«. Dieser Satz aber ist auch umkehrbar: Der Ort, in dem sich das Gesagte ereignet, ist der Mensch. In ihm eröffnet sich das Nichts als Abgrund und Ungrund, als Lichtung und Erleuchtung.

Die Doppelsinnigkeit der Rede vom Nichts ist aber auch dort gegeben, wo M. Heidegger die *Alētheia* als »Lichtung« anspricht. K. Tsujimura, dem wir die deutsche Übersetzung der zitierten Zengeschichte verdanken, hat dieses Verständnis in Beziehung zu fernöstlichem Denken gebracht. Ursprünglich ist eine »Lichtung« »der Ort, der inmitten des Waldes gelichtet, frei und offen ist«. Wie zur *Alētheia* als der »Entbergung« die *Lēthē* als das »Sichverbergen« gehört, ist auch die »Lichtung« »Lichtung des Sichverbergens«. Im Sinne der Logik des *Sokuhi* kann man dann sagen[40]:

»Die Lichtung ist so die Lichtung *und* Verbergung.«

Wo aber in der »Lichtung« die »Verbergung« zur Sprache kommt, gilt:

»Das Denken der Wahrheit kehrt ins tiefste Schweigen zurück, das aber wie der größte Donner tönt.«[41]

Damit stoßen wir auf die paradoxe Feststellung, daß das schweigende Nichts als schweigendes zu sprechen beginnt, wenngleich dieses Sprechen ein wortloses Sprechen ist. Offensichtlich kommt hier das Gespräch um Wort und Schweigen in Buddhismus und Christentum erst richtig in Gang.

Einmal kann man fragen: Ist nicht die paradoxe Rede von einem schweigenden Nichts, dessen Schweigen »wie der größte Donner tönt«, letzten Endes durch die Rede von einem sprechenden Gott bedingt? Lockt nicht die christliche Rede vom Wort Gottes die Gegenrede von einem schweigend-sprechenden Nichts erst voll heraus? Versetzt uns umgekehrt eine Aussage wie die am Anfang des Hebräerbriefes:

»Viele Male und auf vielerlei Weise hat Gott einst zu den Vätern gesprochen durch die Propheten; in dieser Endzeit aber hat er zu uns gesprochen durch den Sohn, den er zum Erben des Alls eingesetzt und durch den er auch die Welt erschaffen hat.« (1,1f.)

nicht erst in die Lage, auch die Stimme des schweigenden Nichts zu vernehmen, weil auch sie eben doch zur Vielfalt göttlichen Sprechens gehört?

Doch dann ist auch die andere Frage zulässig: Kommt nicht die Rede von Erleuchtung, »Lichtung«, Befreiung, Weite und Offenheit jenem Überstieg über das Wort in den Geist näher, von dem eine pneumatologisch akzentuierte christliche Theologie, also eine solche, die ihre Geistvergessenheit überwindet, zu sprechen weiß? Erinnern nicht die Bilder des Nirvāṇa an die wort- und gestaltlosen, in gewissem Sinne »unpersönlich persönlichen« (K. Nishitani)[42] Züge des Heiligen Geistes, der deshalb wortlos und gestaltlos ist, weil er kein Wort und keine Gestalt zu geben vermag, die nicht die des Logos sind? H. Urs von Balthasar hat den Gottesgeist den »Unbekannten jenseits des Wortes« genannt und dann zu bedenken gegeben[43]:

»Dieser Geist ist Atem, nicht Umriß, daher will er uns nur durchatmen, sich uns nicht vergegenständlichen; er will nicht gesehen werden, sondern sehendes Auge der Gnade in uns sein, und es kümmert ihn wenig, ob wir zu ihm beten, wenn wir nur mit ihm beten: Abba, Vater, nur einwilligen in sein unaussprechliches Seufzen auf dem Grund unserer Seele. Er ist das Licht, das man nicht sehen kann außer auf dem beleuchteten Gegenstand: und der ist die in Jesus erschienene Liebe zwischen Vater und Sohn.«

Sprecht: »Vater!« (Lk 11,2) – und Jesus schrie (Mk 15,37)

Von Plutarch gibt es das Wort:

»Das Schweigen lernen wir von den Göttern,
das Reden von den Menschen.«

M. Picard kommentiert dieses Wort in seinem einfühlsamen Buch »Die Welt des Schweigens«[44].

»In der antiken Tragödie hört man das Schweigen der Götter in den Reden der Menschen. Der Mensch redet, um dieses Schweigen zu hören, er stirbt, um es zu hören.«

Diese Beobachtungen zur antiken Tragödie gelten auch heute noch. Denn es ist das Reden der Menschen, in dem das Schweigen des unsagbaren Abgrundes zur Sprache kommt. Doch diese Feststellung beantwortet nicht die Frage: Wie kommt aus dem Schweigen das Wort? Zu Recht bemerkt dazu M. Picard[45].

»Niemals wäre der Mensch selbst imstande gewesen, aus dem Schweigen das Wort zu schaffen. Das Wort ist so sehr etwas ganz und gar anderes als das Schweigen, daß niemals der Mensch selbst den Sprung vom Schweigen ins Wort hätte machen können.«

Deshalb ist auch die Kunde von einem sprechend-handelnden, ja ansprechbaren Gott eine so staunenerregende Botschaft, daß sich die einen ihr durch Unglauben und Zweifel zu entziehen suchen und andere schon wieder meinen, mit Gott wie mit ihresgleichen umgehen und über ihn verfügen zu können. Für die einen bleibt das Schweigen Gottes unüberwindlich und undurchbrechbar; Gott selbst kann es nicht überwinden. Für die anderen ist er so durch und durch Wort, daß das Geheimnis Gottes ausgegossen auf den Straßen der Welt liegt.
Dabei ist beides wahr: Das Wort Gottes kommt aus dem unergründlichen Schweigen und lebt in den vielfältigen wortlosen Erfahrungen des göttlichen Geistes unter uns. Zugleich liegt das Geheimnis Gottes wie der Kelch des Blutes ausgegossen

auf den Straßen der Welt; gerade deshalb aber bleibt es erst recht wieder uneinholbar.

Auch der Buddhist hat von Buddha keine Botschaft von einem ansprechbaren Gott erhalten. Es ist der menschliche Mund Jesu von Nazaret, der uns lehrt zu sagen: »Vater!« Folglich darf der Christ dem Buddhisten auch nicht verschweigen, daß er unter dem Gesetz lebt, Gott »Vater« zu nennen. Sache der Buddhisten ist es, mit dieser »Vater«-Rede der Christen fertig zu werden, so wie wir Christen bemüht sein müssen, die Einladung zu schweigen zu verstehen.

An dieser Stelle ist zwar nicht das Gebet des Herrn in seinen Inhalten nachzuzeichnen und auszuloten. Sicher ist jedoch, daß zum jesuanischen Gottesglauben das Wissen um die Ansprechbarkeit Gottes gehört und daher auch die Nachfolger Jesu sich im Ansprechen Gottes zu üben haben; ja die Nachfolge Jesu vollzieht sich im geistgewirkten Abba-Sagen. Der Blick in die unauslotbaren Tiefen Gottes verbindet sich aber im Kreuzungspunkt unserer Welt- und Lebensgeschichte mit eben dieser Welt. Denn der Abba-Sagende kann nicht an den Mitmenschen vorbei, weil sie angesichts des Vaters zu Schwestern und Brüdern werden und ihr Hunger, ihre Friedlosigkeit und ihre Gefährdung durch das Böse in das Vater-Sagen mithineingenommen werden.

Das ist selbst da der Fall, wo der Christ seinerseits im Tode Christi Gottes »Leere« erlebt. Der Philipperbrief 2,7 spricht von der »Kenose« Gottes; er sagt von Gott aus, daß er sich selbst entäußerte, »leer machte« (gr. *ekenōsen*), in das Anderssein seiner selbst eintrat und Nicht-Gott – Mensch – wurde. Die Steigerung dieser Selbstentäußerung ist die Stunde des Todes. Das Markusevangelium berichtet darüber:

»Jesus schrie laut auf.

Dann hauchte er den Geist aus.

Da riß der Vorhang im Tempel von oben bis unten entzwei.« (15,37f.)

Das Matthäusevangelium füllt gleichsam den Schrei Jesu auf mit dem Anfang des schon zitierten Psalmes 22: »Mein Gott, mein Gott, warum hast du mich verlassen?« (27,46) Dieser Aufschrei aber ist paradox: Einerseits ist Gott fern, ohnmächtig, gleichsam nicht-existent, ver-*nicht*-et. Andererseits hält der Schrei Jesu die *An*sprache dieses ver-*nicht*-eten Gottes durch; indem Jesus ihn anruft, setzt er aber den abwesenden Gott in ganz neuer Weise gegenwärtig.

Der wortlose Schrei Jesu aber erschüttert die Welt. Apokalyptische Bilder – die Auflösung der Trennung von heilig und profan, Erdbeben, Auferstehung der Toten, die Heilige Stadt (vgl. Mt 27,51-53) – künden von der »radikalen«, an die Wurzeln der Weltgeschichte reichenden Wirkung des Todes Jesu. Selbst der Fremde, der Heide, erkennt im wortlosen Schrei Jesu Gottes Nähe, wenn er bekennt:

»Wahrhaftig, dieser Mensch war Gottes Sohn.« (Mk 15,39)[46]

Am Ende liegen Worte und Schweigen, Nähe und Ferne, Stille und Donnerschall näher beieinander, als Buddhisten und Christen es auf den ersten Blick vermuten möchten. Zwar wird jeder sich bemühen müssen, den anderen zunächst den sein zu lassen, der er sein zu müssen glaubt. Der Buddhist bekennt von sich nicht, das Wort eines Gottes vernommen zu haben. Sein Wort verstummt im Schweigen, weil kein Du ihm entgegengetreten ist und ihn angesprochen hat. *Der* Ganz-Andere erscheint antlitz- und namenlos als *das* Ganz-Andere. Demgegenüber bekennt der Christ sich zu einem Gott, der seinen Namen kundgetan, der in Jesus von Nazaret ein Antlitz erhalten hat und als Logos offenbar geworden ist. Ihn anzurufen ist der Christ aufgefordert, auch wenn Gottes Antlitz sich ihm oft genug wieder verbirgt.

»Außerhalb des Tores« – »auf dem Markt mit offenen Händen«

Mehrfach haben wir erlebt, wie sich die Wege von Buddhismus und Christentum trotz allem kreuzen. Zwei Beobachtungen mögen zur Einladung werden, solche Kreuzungen auch weiterhin zu suchen, um herauszufinden, wohin der gemeinsame Weg führt.

Der Christ spricht von der Menschwerdung Gottes. In Jesus Christus findet Gott in seiner Unbegreiflichkeit eine greifbare Gestalt, die in der Gewalttätigkeit des Kreuzestodes zerschlagen und wieder gestaltlos wird. Gott der Unendliche sucht unter uns einen endlichen Ort und wird doch zugleich wieder ortlos in dieser Welt: Sein Kreuz steht »außerhalb des Tores« (Hebr 13,12), damit überall.

Die buddhistische Geschichte vom Ochsen und Hirten aber endet nicht im Schweigen der 8. Station, sondern im Gerede und Gelächter der 10. Station auf dem Markt: Ihn betritt der Erleuchtete mit offenen Händen. Dort spricht er in den Sprachen der Welt, bald hunnisch, bald chinesisch, und sein Wort ist ein treffliches Wort: Es springt dem anderen mit Kraft ins Gesicht und möchte ihn mitnehmen auf dem Weg durch das Tor zum Palast[47].

»Gerad ins Gesicht springt aus dem Ärmel heraus der eiserne Stab.
Bald spricht er hunnisch, bald chinesisch,
mit mächtigem Lachen auf seinen Wangen.
Wenn es ein Mensch versteht, einem Selbst zu begegnen
und unbekannt ihm zu bleiben –
Wird sich weit das Tor zum Palast öffnen.«

Schweigende Herkunft, eröffnender Logos und bleibendes Mysterium sind eins. Schweigende Herkunft – »Gott« als anrufbarer Name –, eröffnender Logos – fleischgewordenes Wort in Jesus Christus –, bleibendes Geheimnis – bei uns bleibende geheime Präsenz des göttlichen Geistes – weisen christlich in das Geheimnis des dreifaltigen Gottes ein. Doch auch buddhistisch kann niemand an der Dreiheit von Schweigen – Wort – Geheimnis vorbei, da nur aus der Einheit dieser Dreiheit das Lächeln Kāśyapas erblüht und das Schweigen Buddhas auf dem Markt der Welt zu sprechen beginnt.

III Wege und Abwege der Meditation

6 Der moderne Mensch und die Meditation

Was verstehen wir unter »Meditation«?

Wer sich mit der Meditation beschäftigt[1], wird sehr bald merken, daß das Wort in einer großen Bedeutungsbreite Verwendung findet, unter der sich vieles unterbringen läßt. Der Rückgriff auf die etymologische Ableitung des Wortes vom lateinischen *meditatio, meditari* = »nachdenken« hilft nicht sehr viel. Denn:

– Einerseits ist von hier aus eine Abgrenzung gegenüber der »Betrachtung« oder »Beschauung« und anderen Formen und Stufen der christlichen Meditation nur schwer zu rechtfertigen. Warum soll ich nicht sagen können, daß ich bei der »Betrachtung« eines Wortes, eines Bildes, einer Landschaft, einer Szene der Heiligen Schrift jeweils diesem »nach-denke«?

– Andererseits läßt sich »nach-denken« sehr leicht im Sinne von Reflexion, einem der Erfahrung nachfolgenden Bedenken der Erfahrung mißverstehen. Damit würde aber gerade das verfehlt, was mit »Meditation« gemeint ist, nämlich ein unmittelbares Zugehen auf die Sache selbst, die unmittelbare Erfahrung und das Leben aus ihr.

Wir wollen daher von vornherein den Bedeutungsumfang des Wortes möglichst weit fassen. Meditation wäre dann der – zumeist, aber nicht unbedingt methodisch geordnete – Versuch, einer Sache »innezuwerden«. Ein solches »Innewerden« aber setzt verschiedene Grundeinstellungen voraus:

– Der Mensch muß sich (auf die Sache) konzentrieren, seine Kräfte auf ein neues »gemeinsames Zentrum« richten.

– Der Mensch muß sich von falschen Zentren, zumal der Ego-zentrik, der Verlegung des Zentrums in das eigene Ich, lösen; er muß sich loslassen.

– Der Mensch muß sich öffnen für das, was ist, da ist, und in sich die Bereitschaft wecken, zu empfangen und anzunehmen, was ihm entgegenkommt, ihm geschenkt wird, u.U. auch sich ihm aufdrängt, weil es vorher verdrängt war.

– Der Mensch muß den Primat des Geschehens über allem eigenen Tun annehmen und daher seine eigenen Absichten und Zwecke zurückstellen bzw. zurücktreten lassen, damit überhaupt etwas an ihm geschehen kann.

Diese Formen der Bereitschaft sind bewußt so formuliert, daß deutlich wird: Hierbei handelt es sich keineswegs um bestimmte, an eine Religion gebundene Grundeinstellungen, sondern sowohl der religiös gebundene wie der religiös ungebundene Mensch kann sich in gleicher Weise auf den Versuch sinnvoll einlassen. Zu den Grundeigenschaften des modernen Meditationsinteresses gehört denn auch die Tatsache, daß die Meditation vielfach unabhängig von der religiösen Bindung gesehen und praktiziert wird.

Das Interesse findet aber seine Begründung vorzüglich darin, daß das Zauberwort »Meditation« auf eine Vielzahl menschlicher Probleme und Fragen zu antworten scheint.

Das Weltinteresse des westlichen Menschen und der Ruf nach innen

Die Geschichte der abendländischen Neuzeit ist in hohem Maße geprägt von der radikalen Hinkehr zur Welt als dem Objekt menschlicher Entdeckung, Erforschung und Eroberung. Wenn irgendwann, dann wurde in diesen Jahrhunderten das Genesiswort 1,28 Wirklichkeit: »Machet euch die Erde untertan!« Das Wort ist weithin in Erfüllung gegangen.

Die technische Eroberung der Welt hat aber dazu geführt, daß die Welt immer weniger Ort der Andacht, der religiösen Erbauung, der Gottfindung ist, sondern Material menschlichen Schaffens, entgöttlicht, entzaubert, eben »weltliche Welt«[2].

»Beweise« Gottes tun sich in ihr schwerer als je zuvor. Die Welt erscheint nicht mehr – wie auf mittelalterlichen Bildern – als offenes Fenster in eine »überirdische« Welt, sondern als »geschlossene Gesellschaft«. Und doch machen gerade die drohende Unfreiheit und das tödliche Aus in einem nihilistischen Nichts dem Menschen die Welt »unheimlich«. Wo kann er in dieser Situation noch eine Heimat finden?

Der Rat, sich in sich zu kehren und sich aufgrund dieser Kehre in sich selbst erstmals wirklich selbst zu erkennen, kommt dem Menschen gelegen. Mit dem Verlangen nach Einkehr verbinden sich dann zumeist der Wunsch und die Neugier:

– die Neugier zu erfahren, wie es wirklich um den Menschen steht,

– der Wunsch, sich lieber selbst zu beherrschen als sich beherrschen zu lassen.

Die Selbstbeherrschung erscheint in dieser Situation als eine große Möglichkeit des Widerstandes gegen jede Form von Fremdbeherrschung, sei es die Beherrschung durch traditionelle Kräfte wie die Kirchen, Religionen und Ideologien, sei es die Beherrschung durch die neuen Mächte gesellschaftlicher Art, politische, wirtschaftliche, soziale Zwänge, aber auch die anonymen Kräfte vielfältiger Indoktrination durch Schulungen, Presse und Funk. Somit schwingt im Ruf nach innen zugleich der Ruf nach Freiheit, Mündigkeit und Emanzipation und damit die Hoffnung auf die Ideale neuzeitlichen Denkens mit.

Programmiertheit und Spontaneität

Die abendländische Welteroberung und -gestaltung ist gekennzeichnet durch eine alles ergreifende Hektik und Aktivität. Kreislaufstörungen und Herzinfarkte gehören zu den schrecklichen Krankheitserscheinungen unserer Tage. Die Aktivität vieler Menschen ist deshalb so hektisch, weil es in ihrem Leben immer weniger zu einem gesunden Wechsel von Arbeit und Ruhe – ähnlich dem benediktinischen Wechsel des *Ora et labora* – kommt, sondern sich ihr ganzer Tages-, Wochen- und Jahresablauf unter das Diktat der Programmierung gestellt sieht. Denn vielfach ist nicht nur die Arbeitszeit in ihren Abläufen programmiert, sondern selbst die sogenannte »Freizeit« und der Urlaub unterliegen bestimmten vorgegebenen Spielregeln. Freizeitkonzerne übernehmen ihre Planung, wecken Bedürfnisse und Erwartungen und decken sie ab. Die Information, das Fernsehen, der Sport, gesellschaftliche Verpflichtungen und vieles andere fordern ihren Tribut, werden zur Pflicht.

Nicht umsonst wird der Ruf nach neuer Spontaneität und Kreativität laut. Diese aber bedürfen der schöpferischen Pause, des wirklichen Einhaltens und Nichtstuns, der Ruhe, in der sich die Kräfte des Menschen »rekreieren«, erneuern, »neugeschaffen werden«, sich sammeln.

Hier kommen dem Menschen Hinweise auf meditative Haltungen in der Tat entgegen: Meditation ist wesentlich ein Aufbruch zur Stille.

Zur Ruhe kommen muß der *Körper*. Deshalb ist die körperliche Grundhaltung der Meditation in der Regel eine Ruhehaltung, ein Stillsitzen, in der freien Pose des Sich-Hinhockens, des Sitzens auf der Erde, mit angezogenen oder untergeschlagenen Beinen, im Schneider- oder im Fersensitz oder auch im gekonnten Lotussitz, der demjenigen, der viel und früh am Boden gesessen hat, relativ leichtfällt und zumeist vor allem denjenigen Schwierigkeiten bereitet, die ihn erst in späterer Zeit eigens als Meditationssitz zu lernen sich bemühen. Ruhehaltungen sind aber auch das Liegen, auf dem Rücken oder auf dem Bauch, zumal wenn man leicht aufgestützt dabei ins Land hinein oder auf einen beruhigenden Punkt hinschaut. Eine relative Ruhe kann sich schließlich auch noch bei einem langsamen Spaziergang, einem absichtslosen Bummel einstellen. Gar manch einer »dreht seine Runden« am Morgen oder am Abend um den Häuserblock herum, um Luft zu schöpfen, den

Hund auszuführen, weil der Arzt es angeraten hat oder auch weil es ihm einfach gut tut.

Das erholsame Laufen ist aber oft genug auch ein Ausdruck dafür, daß der Mensch die absolute Ruhe im Sitz oder in der Liege nicht ertragen kann, weil der *Geist* nicht zur Ruhe kommt. Grund dafür sind nicht nur Nervosität und Übersensibilität für vielfältige Sinneseindrücke, die Fliege im Zimmer, die Geräusche im Nebenzimmer, im Nachbarhaus, das Ticken der Uhr, die Autos, die Kinder auf der Straße, sondern mehr noch die wandernden und nicht zur Ruhe kommenden Gedanken, der innere Spielfilm, besser noch die innere Tagesschau mit ihren wechselnden Szenen, ihren Erlebnissen, ihren ungelösten Aufgaben, auch den tiefer schlummernden Bedrängnissen, den Sorgen, die man sich macht um Menschen, die einem verbunden sind, um Schwierigkeiten, die man nicht bewältigt, im Beruf, in der Familie, mit Menschen, die man nicht ändern kann, mit sich selbst.

Meditation möchte aber *Ruhe für den ganzen Menschen* vermitteln, damit er aus der Ruhe heraus in gesammelter Kraft sich frei auf sein Leben einlassen, sich frei in ihm entfalten kann. Solange diese Ruhe nicht gegeben ist, mag es zwar zu unkontrollierten Reaktionen im Leben kommen, doch Reaktionen sind niemals das, was mit schöpferischer Spontaneität und Potenz gemeint ist. Nur aus gesammelter Ruhe heraus sind freie Taten und Handlungen möglich, so wie aus meditativer Ruhe der Bogenschuß und der Schwertstoß oder auch das Kunstwerk des Blumensteckens möglich werden. Die Verbindung der ritterlichen Künste Japans mit der Übung des Zazen kann hier beispielhaft wirken[3].

Die Suche nach dem wahren Selbst

Jede Religion sucht dem Menschen von seinem Ursprung, den Ahnen, den Schutzgöttern, dem Schöpfergott her oder auf andere Weise Würde zu verleihen. Wo aber der Mensch sich dieser Würde beraubt sieht, weil die Götter stürzen, bleibt er nur noch ein Produkt dieser Erde, Ergebnis der Evolution, – konkret als dieser Mensch das Ergebnis eines zufälligen Zusammentreffens von zwei Menschen in einem bestimmten geschichtlichen, sprachlich, wirtschaftlich, kulturell, politisch, vielleicht religiös geprägten Milieu irgendwo und irgendwann auf dieser Erde. Er mag durch die genannten Faktoren und einige mehr statistisch erfaßbar sein, und dennoch taucht er gleichsam gesichtslos auf und geht nach einigen Jahrzehnten genauso gesichtslos wieder unter.

Gesichtslosigkeit läßt sich vielerorts erleben: im Gedränge der sich in kurzem Abstand jagenden Züge und Untergrundbahnen Tokios – in den Elendsvierteln Kalkuttas – wo man sich sprachlos auf einem asiatischen oder afrikanischen Flugplatz wiederfindet und es schwerfällt, die Nationalitäten derer zu bestimmen, die neben einem herlaufen – auf einem Fußballplatz der Bundesliga mit seinen »liturgischen« Abläufen, den Fahnen, den Sprechchören und Freudentänzen oder auch der erregten »Volkesstimme« – in einer Werkhalle, in der die Beschäftigten wie in einem Gefängnis in einheitlicher Kleidung nach festgelegtem Ritual bestimmte Handgriffe ausführen.

Wo der Mensch wie ein Rädchen am Getriebe Werk, Büro, Krankenhaus, Staat, selbst Kirche lebt, kann er in doppelter Weise reagieren:

– Er kann einerseits den Zustand mit einem Gefühl der Sicherheit und Geborgenheit quittieren und im Bewußtsein leben, zu einem größeren Ganzen zu gehören und auch in diesem untertauchen zu können.

– Er kann andererseits die Frage stellen, ob dieses Gefühl der Sicherheit und Geborgenheit nicht häufig zu teuer bezahlt wird, zumal wenn es dabei zum Verlust des eigenen Ichs und zur Aufgabe grundlegender Freiheiten kommt, der Mensch am Ende nicht mehr er selbst ist.

Über diese beiden Reaktionsmöglichkeiten ließe sich lange und ausführlich diskutieren. Es genügt jedoch, hier festzustellen, daß die Meditation als ein Weg zur Findung des wahren menschlichen Selbst angeboten wird. Wenn irgendwo das Wort gilt: »An ihren Früchten werdet ihr sie erkennen«, dann ist es auf die Meditation anwendbar. Nicht nur im Abendland, sondern auch in Asien zeigen die Bilder von Meistern und ernsthaften Jüngern der Meditation ausdrucksvolle, ausgeprägte Persönlichkeiten: Menschen mit Gesichtern. Es sei deshalb auch an dieser Stelle angemerkt, daß nur Unkenntnis oder ein falsches christliches Überlegenheitsgefühl formulieren kann:

»Oberstes Ziel asiatischer Meditation ist es, sich selbst aufzugeben, somit der Verlust der eigenen Person. Im Abendland geht es dagegen darum, sich selbst zu finden und zu verwirklichen.«

Wer so argumentiert, macht es sich zu leicht. Immer geht es in der Meditation um die Verwirklichung des wahren Selbst, die aber nur durch den Prozeß der Ab- und Loslösung, durch das Sterben des Weizenkorns hindurch sich vollzieht[4]. Daß dieser Prozeß, wo er in radikaler Konsequenz vollzogen wird, jedoch nicht ohne Gefährdungen ist und der Übende daher des begleitenden Meisters bedarf, wird später noch deutlicher gesagt werden.

Gottlosigkeit und neue Sinnfrage

Wo es um die Findung des wahren menschlichen Selbst geht, stellt sich auch die Frage nach dem Sinn von Mensch und Welt neu. Die Antwort »Gott« als Lösung des abgründigsten Rätsels fällt dem Menschen im Ausblick auf eine Welt, die immer weniger »Natur«, dafür immer mehr vom Menschen umgestaltete Welt, Geschichte und Gesellschaftsgefüge, wird, ausgesprochen schwer. Nietzsches Wort von der Tötung Gottes liegt als epochale Anklage und Feststellung auf der ganzen Menschheit[5].

Karl Rahner hat dazu zu bedenken gegeben: Wenn das Wort »Gott« wirklich verschwinden würde, würde das zugleich bedeuten, daß der Mensch das Ganze seiner Welt und seinen Grund vergessen und zugleich vergessen hätte, daß er vergessen hat; die Sinnfrage wäre dann erloschen: »Was wäre dann? Wir können nur sagen: Er würde aufhören, ein Mensch zu sein. Er hätte sich zurückgekreuzt zum findigen Tier. Wir können heute nicht mehr so leicht sagen, daß dort schon Mensch ist, wo ein Lebewesen dieser Erde aufrecht geht, Feuer macht und einen Stein zum Faustkeil bearbeitet. Wir können nur sagen, daß dann ein Mensch ist, wenn dieses Lebewesen denkend, worthaft und in Freiheit das Ganze von Welt und Dasein vor sich und in die Frage bringt, mag er auch dabei vor dieser einen und totalen Frage ratlos verstummen. So wäre es ja vielleicht – wer vermag es genau zu wissen – auch denkbar, daß die Menschheit in einem kollektiven Tod bei biologischem und technisch-rationalem Fortbestand stirbt und sich zurückverwandelt in einen Termitenstaat unerhört findiger Tiere[6].«

Dieses Argument aber ist auch umkehrbar. Man kann sagen: Dort, wo die Sinnfrage radikal gestellt wird, öffnet sich, wenn der Mensch sich nicht selbst im Wege steht, ein neuer Zugang zu Gott. Das aber führt uns zu jener Stelle, wo das neuzeitliche Bemühen der Theologie um die »Fest-Stellung« Gottes im Gottesbeweis sich wandelt in das Bemühen um Gotteserfahrung und um Wegbereitung in die Begegnung mit dem unsagbaren, unbegreiflichen Geheimnis Gott, über das der Mensch nicht mehr sachhaft, dinghaft, folglich begrifflich verfügen kann, sondern höchstens in der Weise der Mitteilung dessen, was er nicht ist, stammelnd sprechen kann[7]. Kein Wunder, daß nach einer Zeit der Geschwätzigkeit angesichts des erahnten Mysteriums nicht wenige unserer größten Denker es vorziehen, über Gott zu schweigen[8].

Das Stichwort »Erfahrung« aber verbindet die Meditation mit der Sinnfrage und mit der Gottesfrage[9]. Dabei geht es nicht

noch einmal um einen rein rationalen Vorgang, um eine denke-
rische Leistung, sondern um den Einsatz aller leibseelischen
Kräfte in der Erfassung der Wirklichkeit, wie sie ist. Wir werden im Verlauf der weiteren Überlegungen zeigen, wie die Meditation zwar nicht immer die letzte Wirklichkeit im Auge zu
haben braucht, aber doch – recht vollzogen – stets ein offener,
letztlich unabgeschlossener Prozeß ist. Es läßt sich aber hier
bereits erahnen, daß dort, wo der Mensch sich in seiner Offenheit nicht selbst wieder verschließt und den Prozeß des Sich-
Loslassens eigenmächtig zurücknimmt, indem er ihn irgendwo
ängstlich abbricht, er sich nur für die letzte Wirklichkeit öffnen
kann, ja er bereits in der Wirklichkeit ist, die der christliche
Glaube »Gott« nennt[10].

Dieser Ausblick ist um so bedeutsamer, als wir in den Überlegungen zur Meditation uns bewußt nicht auf einen Begriff von
Meditation beschränkten, der von vornherein immer schon die
religiöse oder gar die christliche Meditation meint. Meditation
behält aber, auch wenn sie nicht-religiös vollzogen wird, ihre
Offenheit für die religiöse Dimension.

7 Das Asiatische Angebot und der Westen

Herkunftsmäßig orientiert sich die Meditation heute an öst-
lich-asiatischen Methoden, will sie zur Selbstfindung, zur Bewußtseinserweiterung, zu einem neuen Bewußtsein[1], zur Konzentration, zu leib-seelischer Gesundung führen. Im Vordergrund steht nicht die Reflexion, sondern das Verlangen nach
unverstellter Erfahrung, nach Erleben. Der Mensch möchte
wieder unmittelbar er selbst sein. Er will wissen, ob er wirklich
nichts anderes ist als das kranke Produkt von Biogenetik, Milieu, Erziehung und sozio-ökonomischer Umwelt. Die Erwartungen, die an die Meditation gestellt werden, liegen deshalb
vordergründig oft im psychologisch-psychotherapeutischen,
manchmal gar im medizinischen Bereich. Sie sind anthropolo-
gisch orientiert, indem der Mensch sich neu in seinen Welt- und
Geschichts-, aber auch seinen Naturbezug eingewiesen sieht.
Erst in der letzten Spitze der Erfahrung, wenn der Mensch in
neuer Weise die Tiefe seines eigenen Selbst erlebt, wird ihm
vielleicht auch offenbar, daß er nicht aus sich heraus, sondern
von woandersher lebt: Er verliert sein falsches Ich, und die tragende Weite und Tiefe des Sinngrundes – gleichgültig, ob er
nun Gott genannt wird oder nicht – wird spürbar.

Der Ruf nach Meistern

»Wer wissen will, wie Reis schmeckt, muß Reis essen.« Meister
der Meditation halten in der Regel nicht viel davon, über das zu
reden, was Meditation ist und will. Sie weisen in die Übung der
Meditation ein. Schon das aber lehrt, daß der Mensch nicht dadurch ein Erfahrener wird, daß er viel über Erfahrung spricht,

sondern dadurch, daß er sie macht. Diese Tatsache war dem heiligen Ignatius von Loyola noch durchaus bewußt; ein Blick in das Exerzitienbüchlein würde zeigen, wie sehr ihm am rechten Verhalten der Exerzitien-, d.h. der »Übungs«-Meister gelegen war[2].

Die Intellektualisierung unseres christlichen Frömmigkeitslebens, die sowohl in der Zweigleisigkeit von wissenschaftlicher Theologie und Spiritualität wie auch in der Gegenüberstellung von Askese und Mystik offenkundig ist und erst heute langsam überwunden wird, hat dahin geführt, daß die Meister des geistlichen Lebens mehr und mehr zu Rhetorikern wurden, die über dieses Leben sprachen und sich immer weniger als Lehrer der Einübung und Einweisung in die Wege dieses Lebens erwiesen. Vor allem aber wurde jenes Charisma viel zu wenig gepflegt, das in der Anleitung und im Umgang mit Übenden eine entscheidende Bedeutung hat: die Unterscheidung der Geister, die allerdings nur aufgrund eigener Erfahrungen gewonnen und sodann im Blick auf die lange Geschichte der Unterscheidungsregeln vertieft werden kann[3]. Die Folge davon ist, daß es uns im Abendland weithin an Meistern der Einübung des inneren Lebens fehlt. Dafür findet die Wiederentdeckung der Innenseite des Menschen dann außerhalb des christlichen Raumes in der Welt psycho- und sozialtherapeutischer Techniken, in Gruppendynamik, autogenem Training, in Yogakursen, manchmal in psychodelisch-okkulten Zirkeln statt.

Hier wird zum erstenmal die Bedeutsamkeit der östlichen Meditation und ihre tatsächliche Überlegenheit gegenüber dem Westen offenbar. Im Osten, in Indien mit seinen hinduistischen Meditationspraktiken, im Buddhismus mit seinen großen Zweigen, in den Ländern des Theravada-Buddhismus, Sri Lanka/Ceylon, Birma, Thailand, in den Himalajaländern mit den Traditionen des Diamantenen Fahrzeugs, schließlich im heute bedeutsamsten Land des Mahāyāna-Buddhismus, Japan, leben noch Meister der Übung, wenn auch hier unterschiedliche Qualifikationen, ja man möchte meinen: auch Tendenzen zur Verflachung festzustellen sind. Viele der ernster zu nehmenden Meister fürchten selbst für ihre Tradition in ihren Ländern, weil sie dort keine hinreichende Beachtung mehr findet. Viele asiatische Länder halten sich in unserem technischen Zeitalter angesichts der Entwicklungen im modernen Westen selbst für rückständig. Sie imitieren die Arten und Unarten der westlichen Welt, jagen den Fortschritten der Zivilisation und Technik, dem Komfort der Industrialisierung und Urbanisierung nach und übersehen den drohenden Verlust ihrer Seele. Es ist deshalb kein Wunder, daß eine Anzahl dieser Meister heute in den Westen geht, weil sie hoffen, dort auf offene Ohren und Sinne für ihre Botschaft von der Praxis der Meditation zu stoßen.

In der Tat könnte die Begegnung der westlichen Welt mit der meditativen Erfahrung des Ostens heilende Kräfte in beide Richtungen auslösen. Einerseits hat das wachsende Interesse an asiatischen Meditationspraktiken bei uns zur Folge, daß diese auch in ihren Ursprungsländern wieder neue Beachtung erfahren. Zum anderen ist nicht zu leugnen, daß sie einer geistig-geistlichen Not des westlichen Menschen hilfreich entgegenkommen.

Betonung der Übung

In der westlichen Welt der Neuzeit wird das Verhältnis von Theorie und Praxis, von Reflexion und Erfahrung zusehends zugunsten des Primats der Praxis und der Erfahrung bestimmt. In der christlichen Theologie beobachten wir eine analoge Diskussion um das Verhältnis von Orthodoxie und Orthopraxie, von Christologie und Christopraxie. Auch die Einladung der Meister zur Übung ist eine Einladung zur Orthopraxie.

An dieser Stelle soll jedoch zunächst einem Einwand gewehrt werden. Wer die Theorie, die Reflexion, weltanschaulich-religiöse Zusammenhänge und philosophische Erörterungen zurückstellt, hat sie damit noch nicht geleugnet. Wohl betont der-

jenige, der den Menschen zur Übung auffordert, daß es vielerlei im Leben des Menschen gibt, was nicht in Theorie und Reflexion, auch nicht im Gespräch oder zumindest im sprachlichen Ausdruck eingeholt werden kann. Er weiß vielmehr, daß es Dinge gibt, die der Mensch nur in der Einübung eines ursprünglichen, neuen Verkostens der Dinge – im *sapere* und *gustare*, von dem die mittelalterlichen Lehrer der inneren Sinne sprachen –, im *satori*, wie der Japaner die Erleuchtung des Zen-Buddhismus nennt, in einem neuen Sehen – in Japan spricht man von *kenshō*, der Wesensschau –, in einer Erfahrung des allen und allem gemeinsamen Grundes erfahren und erlangen kann. Es geht um den »Durchbruch« – der japanische Religionsphilosoph Sh. Ueda gebraucht wie auch K. Nishitani gerne dieses Wort Meister Eckeharts – des Menschen zum gemeinsamen Grund[4]. Darum müssen auch die trennenden Unterscheidungen zurücktreten, ohne daß sie geleugnet werden; über ihre Deutungen beginnt dann anschließend der Streit.
Dabei führt die meditative Übung im Erreichen des gemeinsamen Grundes zugleich in die Konkretheit des Lebens und der Welt zurück. Zenmeister erinnern an die Worte Dōgens: »Geist ist nichts anderes denn Berge und Flüsse und die große weite Erde, als die Sonne, der Mond und die Sterne[5].« Bei Angelus Silesius steht ganz ähnlich der Satz: »Die Ros' ist ohn' warum; sie blühet, weil sie blühet[6].«
Hier ist aber eine weitere Korrektur fällig; Sosehr auch der Mensch aufgefordert wird zu üben, so wenig kann doch das Erreichen des Zieles im eigentlichen Sinne als Ergebnis der Übung angesprochen werden. In der Literatur über den Zen-Buddhismus wird vielfach dem Zen-Buddhisten im Sinne der Religionsgeschichte des japanischen Mittelalters ein Heilsverlangen auf dem Wege des »*jiriki*«, d.h. des eigenen Krafteinsatzes, zugeschrieben. Demgegenüber scheint der Anhänger des Amida-Buddhismus das Heil auf dem Wege des »*tariki*«, d.h. des Vertrauens auf eine andere Kraft, nämlich Amidas, zu erlangen. Überhaupt wird dem Buddhismus in unseren Breiten nicht selten deshalb Sympathie geschenkt, weil der Buddha

nicht den Glauben an einen Gott und das Vertrauen auf dessen Gnade gelehrt, sondern statt dessen zur Übung, zum eigenen Tun aufgerufen hat.

Eine solche Sicht der Dinge ist jedoch kaum zu halten. Zwar wird in Asien, wo immer zur Meditation eingeladen wird, die Übung betont, doch das Ergebnis läßt sich nicht erzwingen. Hier sollte man auf marktschreierische Versprechen von falschen Meistern und Scharlatanen, die für teures Geld in kurzer Zeit großartige Erfolge verheißen, genauso skeptisch reagieren wie auf den Vergleich von meditativ-mystischen und drogengesteuerten Erfahrungen.

Wer sich nicht mit vordergründigen Ergebnissen zufriedengeben will, muß auch in Asien warten können; er muß sich loslassen. Er wird sich in Gelassenheit üben und erfahren, daß der Mensch erst dort wieder zu sich selbst findet, wo er sich als ein Beschenkter erlebt, ja wo das Geschenktsein von neuem zur Selbstbestimmung des Menschen wird.

Diese Bemerkungen müssen aus zwei Gründen vorausgeschickt werden. Einmal geht der in die Irre, der den Sinn der Meditation durch falsche Leistungserwartungen pervertiert, indem er die alltägliche Lebenseinstellung in den Bereich innerer Erfahrung überträgt und die Meditation gleichsam wie eine Art Expedition mit dem Ziel seelisch-menschlicher Tiefseeforschung antritt. Zweifelhaft erscheinen darum auch Meditationsveranstaltungen, die Begleiterscheinungen meditativer Übungen zum Hauptziel erheben und etwa – wie es in Japan heute vorkommt – mit Hilfe von Zenübungen anstreben, die Leistung durch Konzentration oder auch das Klima eines Betriebs durch den Abbau von Aggressionen bei den Betriebsangehörigen zu verbessern. Gerade wenn der Mensch den Gefahren der Technik entrinnen will, darf er Meditation nicht auch noch zu einer reinen Technik und Methodik erniedrigen[7].

Zum anderen ist vor dem Irrtum zu warnen, als seien die asiatischen Meditationsübungen nichts anderes als Techniken menschlicher Selbstbefreiung und als solche von Natur aus nicht nur religiös neutral, sondern am Ende gar religionsfeindlich. Zwar wird derjenige, der den Ochsenpfad der Meditation gegangen ist und am Ende das Ziel erreicht, zumeist das Gefühl haben, einen langen, mühsamen Weg hinter sich gebracht zu haben. Doch wird die Freude über das erreichte Ziel, das er schließlich bei einer letzten Wegebiegung vor sich hat, immer auch die Überraschung des »ganz Anderen«, des Nicht-Erwarteten, des So-nicht-Erwarteten, damit auch des Unaussprechlichen und Inkommunikablen – warum sollten wir nicht sagen dürfen: des Gnadenhaften, –, an sich tragen. Im übrigen wird man auch in Asien fragen dürfen, ob ein Mensch wirklich je das unüberbietbare Ziel seines Lebens innerhalb dieses Lebens erreicht. Während Christen gewohnt sind, daß die Überzeugungen christlichen Glaubens hinsichtlich der Gestalt Christi und ihrer Rolle im Ablauf der Menschheitsgeschichte in Frage gestellt werden, ist die Gestalt des Buddha und ihre Rolle bislang kaum in ähnlich radikaler Weise befragt, geschweige denn in Frage gestellt worden.

Elemente der Übung

Die Meditation muß den Menschen dort abholen, wo er sich befindet. So übt die asiatische Meditation in der Regel den Menschen ein, indem sie sich mit dem Menschen selbst beschäftigt. Der Mensch ist aber zunächst Leib; dieser aber ist nicht nur Instrument, sondern immer auch Ausdruck des Menschen. Wir selbst müssen zurückfinden von dem Wissen »Der Mensch *hat* einen Leib« zu dem Bewußtsein »Der Mensch *ist* Leib«[8].
Zu den Grundelementen meditativer Praxis gehören daher zunächst die Beachtung körperlicher Haltungen, das Erleben des Atems, von da aus die Überprüfung der geistigen Verfaßtheit, der rechte Blick, die Öffnung der Sinne für die Erleuchtung. Die Meditation formt den *ganzen* Menschen, erneuert, verändert ihn. Für den westlichen Menschen ergeben sich dabei un-

ter der Anleitung asiatischer Methodik eine Reihe von Wiederentdeckungen. Wir betonen: *Wieder*entdeckungen; denn es soll keineswegs geleugnet werden, daß die gemeinten Elemente als menschliche Urelemente auch im Abendland ihren Ort gehabt haben. Wohl sind wir der Ansicht, daß es Schätze gibt, die verschüttet sind. Was aber sollte den abendländischen Menschen hindern, sich bei der Bergung dieser Schätze helfen zu lassen, zumal wenn ihm kundige Hilfe von erfahrenen Kennern angeboten wird? Auch der Hochmut des Abendländers sollte das letztlich nicht verhindern können.

Leib als Symbol des ganzen Menschen

Es gehört zu den fundamentalen Irrläufen abendländischer Spiritualität, daß sie betont »Spiritualität« geworden ist unter zunehmender Mißachtung des »Bruders Leib«. Diese These gilt, wenn man die Fakten betrachtet und nicht alle möglichen theoretischen Einwände gegen sie gelten läßt.

Natürlich kennt die Heilige Schrift den ganzen Menschen, ist sie nicht leibfeindlich. Doch weder der Manichäismus des jungen Augustinus noch der Platonismus mit seinen vorderasiatischen Ursprüngen kann in der Nachfolgegeschichte als Entschuldigung vorgebracht werden. Man braucht auch nicht allein auf die Geschichte der Einstellung zur Sexualität im christlichen Abendland zu achten; auch der Zerfall der Symbolik und des liturgischen Spiels ist hier zu nennen wie der Verlust der »heiligen Zeichen«[9].

Wo Theologie und Philosophie der Neuzeit vom Menschen sprechen, fallen die Stichworte »*Seel*sorge« und »*Psycho*logie«. Lange Zeit wehrten sie sich gegen eine materialistisch-naturwissenschaftliche Sinndeutung des Menschen und dessen Reduzierung auf die psycho-physischen Abläufe des menschlichen Organismus ebenso wie gegen eine Ableitung des Menschen aus dem Untermenschlich-Biologischen und die Reduzierung des einzelnen Menschen zu einer Funktion gesellschaftlicher Zusammenhänge. Dabei darf aber gerade in den einseitigen Überspitztheiten der Neuzeit der implizite Angriff auf über- bzw. zugunsten von unterrepräsentierten Seiten des Menschseins nicht übersehen werden. Heute sprechen wir mit einer gewissen Selbstverständlichkeit von Anthropologie und Anthropozentrik. Dabei bemerken wir oft gar nicht, welche geistesgeschichtliche Revolution bereits in der Wahl neuer Begriffe liegen kann.

Nun kann es in diesem Zusammenhang nicht unsere Aufgabe sein, die Vielfalt asiatischer Meditationswege in ihrer Einspannung des Leiblichen vorzuführen. Das ist schon insofern unnötig, als es darüber inzwischen eine reichgestaffelte Literatur gibt, die nicht nur in die Yoga- und Zenpraxis, die beiden im Westen bekanntesten Formen asiatischer Meditation, einführt, sondern in wachsendem Maße auch in die tantrische Tradition der tibetischen Meditation wie auch in verschiedene modernere Ansätze[10]. Hier kommt es darauf an, auf jene gemeinsamen Grundzüge aufmerksam zu machen, die in angepaßter Form auch der Erneuerung und Vertiefung der abendländischen Tradition des Meditativen dienen können.

Das Urbild des Meditierenden ist fast im ganzen asiatischen Raum der im Lotossitz, d.h. mit seinen überkreuzten Beinen auf der Erde fest aufsitzende Buddha. Vielleicht ist diese Gestalt nicht die älteste Darstellung des Buddha, doch zeigt die Ikonographie der Jahrhunderte, daß es die verbreitetste und wohl auch wirkungsvollste ist: Der Buddha ist da er selbst, wo er im Sitzen die Erleuchtung empfängt[11].

Die Haltung des Sitzens bringt Ruhe. Das Sitzen auf der Erde verbindet mit dem Grund, aus dem wir leben, der »Natur«, der »Mutter Erde«, wie der Mensch sie oft genug zärtlich angesprochen hat. Die Verschränkung der Beine zum Lotossitz aber schafft einen neuen Schwer- bzw. Zentralpunkt im Menschen: »Hara«, wie Graf Dürckheim ihn trefflich mit dem japanischen Wort umschreibt[12], »Bauch«, oder *rechem*, wie die Hebräer den »Mutterschoß« nannten, oder *viscera* (lat.) und *splagchna* (griech.), »Zwerchfell und Eingeweide«, die übrigens im Neuen Testament immer dort im Wort erscheinen, wo Jesus »vom Mitleid gerührt« wurde (vgl. Mt 14,14; 15,32).

Hara liegt im Schnittpunkt der horizontalen und der vertikalen Linie, die ihrerseits sowohl die Erd- und Welteingebundenheit und -verhaftetheit wie auch die Hinordnung auf die Tiefe und die Möglichkeit des Ausbruchs in die Höhe versinnbildlichen. Der Mensch geht nicht, wie wir noch zeigen werden, in der Einheit mit seinem Werdegrund auf. Er ist in der Lage, ja er versucht es immer wieder, sich über ihn zu erheben, und darf sich doch nicht von ihm lösen. Die Möglichkeit der Subjekt-Objekt-Spaltung und die Sehnsucht nach der ursprünglichen Einheit aller Dinge finden in der Haltung des Lotossitzes ihr Symbol. Wer sitzt, bewegt sich nicht, doch im Gegensatz zur liegenden Haltung bietet der Sitzende den Eindruck gesammelter Kraft, die jederzeit in Bewegung übergehen kann.

Das stille Sitzen macht dem westlichen Menschen nicht geringe Schwierigkeiten. Diese rühren zum Teil daher, daß er in seinem beruflichen Leben in vielfacher Hinsicht – oft bis in seine körperliche Haltung hinein – angebunden ist; Sitzen wird dann für ihn zu einer Erfahrung der Unfreiheit. Die Erfahrung der Freiheit macht er folglich, wo er sich in der Freizeit frei bewegen kann, sich ungebunden gibt. Es ist kein Wunder, daß nicht nur der Gang um den Häuserblock oder der abendliche Spaziergang als Meditationsmöglichkeit entdeckt werden, sondern auch die Meditation bei Veranstaltungen wie den Exerzitien vielfach im Gang durch den Garten oder im Auf- und Abgehen gemacht wird.

Auch wenn man dieser Haltung ihren Sinn zuerkennt, sollte man allerdings wissen, daß der heilige Ignatius dort, wo er in seinen Geistlichen Übungen die vom Übenden einzunehmenden Haltungen aufzählt, alle möglichen Körperhaltungen kennt mit Ausnahme des Gehens[13]. Ähnlich wie die Zenmeister erwähnt Ignatius das Gehen erst für die Zeit der »Reflexion« auf die in einer Ruhehaltung vollzogene Meditation[14]. Bei der Zenübung ist es so, daß auf eine Periode des Zazen, der Sitzübung, eine kurze Periode des Schreit-Zens folgt, bei der

der Übende in einem bestimmten Rhythmus die Halle innen umschreitet und dabei die Übung selbst innerlich fortsetzt.

Es darf also die Haltung des Sitzens oder der Ruhe nicht so einseitig betont werden, daß in der Haltung des Gehens kein Sinn mehr erblickt wird. Für den Asiaten ist das Sitzen Ausdruck intensivster Sammlung. Zugleich aber wird immer wieder aufgefordert, die Meditation zu üben, wo immer man sich befindet und was immer man tut. Auch die Yogaübungen sind auf den Sitz der Ruhe hingeordnet, doch wechselt er sowohl mit dem Variantenreichtum körperlicher Bewegungen und Positionen ab, wie er durch ihn vorbereitet wird. Den bewußten Einsatz des Gehens finden wir auch überall dort, wo Bonzen und einfache Gläubige die Tempelpagode oder den Stūpa umschreiten, Gebete rezitieren, die Gebetsmühlen oder auch die rosenkranzähnlichen Gebetsschnüre drehen. Dabei ist dann zugleich auf die kosmische Symbolik der Tempelanlagen zu achten, die zumal im Formenreichtum des Mahāyāna-Buddhismus die Erfahrung der Fülle in der Erfahrung der Leere widerspiegeln.

Es fällt aber auf, daß in den asiatischen Meditationsübungen auch die Bewegungen stets geordnet und zentriert sind. Wo die totale Freiheit der Bewegung zu einem meditativen Weg erhoben wird, kann es nur geschehen, wenn ein Prinzip wie das »Gott finden in allen Dingen«[15] im Hintergrund steht. Dennoch ist auch dann die Gefahr des Verlustes des Meditativen groß, es sei denn, diese Haltung werde immer wieder bewußt kontrolliert und als Haltung der Meditation eingeübt.

Welt ein- und ausatmen

Die Ganzheit des Menschen spiegelt sich auch in dem zweiten Übungselement wider, das wir in allen bedeutenderen Meditationsformen Asiens wiederfinden: in der Beobachtung und Regulierung des Atmens. Was als äußerliche, körperliche Übung beginnt, erweist sich recht bald als eminent ganzheitlich-menschlicher Vollzug. Auch über die Atemtechnik gibt es heute bereits die verschiedenartigsten Anweisungen von der einfachen Beobachtung des Ein- und Ausatmens über die Zählung der Atmungsvorgänge bis hin zu den gesundheitlich nicht ungefährlichen Formen der Verlangsamung des Atmens und des Atemanhaltens; darüber soll hier nicht näher gesprochen werden[16]. Doch sollten alle diejenigen, die in der Meditation unterweisen, wissen, daß sie es hier mit einem Bereich zu tun haben, in dem die asiatische Meditationspraxis ungemein anregend ist. Sie werden dabei, soweit sie die christliche Tradition vor Augen haben, herausfinden, daß Jesusgebet, Litaneien, überhaupt alle kurzen Wiederholungsgebete – etwa die sogenannten »Stoßgebete« –, ausdrücklich auch die Anleitungen zu den drei Arten des Gebetes im ignatianischen Exerzitienbüchlein[17] einen Bezug zur Atmung haben.

Wenn wir den eigenen Atem beobachten, stellen wir fest, daß es Zeiten gibt, in denen er schneller geht, Zeiten, in denen er stockt. Selten geht er ganz gleichmäßig. Viele Menschen sind kurzatmig, andere nennen wir langatmig und meinen es nicht unbedingt als Kompliment. Es gibt offensichtlich ein mittleres Maß. Wer außer Atem ist, ist selten verhandlungsfähig. Wer ruhig atmet, ist auch im ganzen ruhig. Oft genug werden wir aufgefordert, tief durchzuatmen. Dann merken wir, daß unser Atem vielfach oberflächlich oder auch zu hektisch ist. In der Zenpraxis wird der Übende angeleitet, mit dem Zwerchfell zu atmen, ruhig einzuatmen, etwas zu verharren und langsam wieder auszuatmen.

Dabei erfährt der Übende, wie der Atem den ganzen Körper durchdringt und belebt. Es wird aber zugleich einiges andere spürbar. So stellen wir fest, daß nicht alles, was wir einatmen, uns erfreut. Es gibt Situationen, in denen wir uns am liebsten die Nase zuhalten und nach frischer Luft verlangen. Oder aber wir befinden uns in einem Wald und haben das Gefühl, wir könnten nicht genug von der Luft, die uns umgibt, einatmen. Der Atem schafft eine eigentümliche Kommunikation mit der Welt, die um uns ist. Wir atmen Welt ein, nehmen an ihr teil, identifizieren uns mit ihr, ja müssen uns auch manchmal mit ihr identifizieren, wo wir am liebsten der konkreten Atmosphäre dieser Welt entfliehen möchten.

Diese Beobachtung kann eine sprachliche Erinnerung vertiefen. Die Worte für »Geist«, die uns aus den großen klassischen Traditionen des Abendlandes geläufig sind – im Griechischen »pneuma«, im Lateinischen »spiritus« –, haben ihre unübersehbare Beziehung zum Wehen des Windes, den wir hören, zur Luft, die wir einatmen. Die Hintergründigkeit des Wortes hat das Johannesevangelium eingefangen, wenn es Jesus sagen läßt: »Das ›Pneuma‹ – der Wind, der Geist – weht, wo er will, und du hörst sein Sausen; aber du weißt nicht, woher er kommt noch wohin er geht« (3,8).

Hier fragt es sich: Ist uns die Wirklichkeit des Heiligen Geistes nicht auch deshalb so fern gerückt, weil wir den Geist entweltlicht haben? Tatsächlich ist die Luft, die wir einatmen, atmosphärisch von vielerlei Elementen besetzt, guten wie bösen, zuträglichen wie unzuträglichen, heilenden wie krank machenden.

Die Atmung bringt uns aber in Verbindung mit jenen Geistern, die es nach Paulus zu prüfen gilt (vgl. »Prüfet alles, das Gute behaltet!«, I Thess 4,21) und die die Klassiker der Unterscheidung der Geister seit der Zeit der frühen Patristik und der mönchischen Wüstenväter sehr ernst genommen haben. Wir mühen uns heute darum, den Umweltschmutz, den verhangenen Himmel über unseren Industriegebieten, somit die physische Luft, die wir einatmen, in den Griff zu bekommen und zu reinigen.

In gleicher Weise müßte ein Ringen um die Geister der Zeit, die ebenfalls atmosphärisch wirken und in die der sogenannte »Zeitgeist« wieder aufgebündelt werden müßte, einsetzen. Das Ringen mit den Geistern aber ist dann kein einseitig intellektuelles Unterfangen, sondern ein meditatives, vom ganzen Menschen in all seinen Fähigkeiten, als Leib und als Seele, zu leistendes Werk. Zugleich wird sich der Meditierende dann fragen, ob es wirklich ein Werk im eigentlichen Sinne ist, das er zu vollbringen hat, oder ob der Mensch sich hier nicht mit einer

Mit-Wirkung mit stärkeren Mächten zufriedengeben muß. Jedenfalls ordnet die Atmung den Menschen in einen größeren Zusammenhang ein.

Der Mensch atmet Welt ein, er atmet aber auch Welt aus. Was für das Einatmen physo-psychisch entfaltet wurde, gilt auch hier. Der Mensch atmet Ungutes aus, gibt Gutes und Ungutes hinein in den komplexen Kommunikationsprozeß der Welt, ist mitverantwortlich an dem, was die »Atmosphäre« und den »Zeitgeist« dieser unserer heutigen Welt ausmacht. Oft genug klagen wir über die Zeit, ohne den Beitrag zu bedenken, den wir selbst leisten können und tatsächlich auch leisten.

Natürlich dürfen all diese Bemerkungen, die hier zum Ein- und Ausatmen gemacht werden, nicht dahin mißverstanden werden, als sollten und würden sie reflektiert den Atmungsvorgang begleiten. Wir werden vielmehr später noch zeigen, daß Reflexionen aus dem Meditationsvorgang selbst möglichst auszuschalten sind. Dennoch ist es nicht falsch, in der Reflexion auf den Vollzug der Meditation etwas von dem sichtbar zu machen, was den Hintergrund eines bestimmten Übungsfaktors ausmachen dürfte. Einerseits tritt darin die Bedeutsamkeit eines bestimmten Vollzugs zutage, andererseits wird doch nichts von dem vorweggenommen, was der Vollzug selbst erst vermitteln kann. Alles Nachdenken über den Vollzug ersetzt den Vollzug der Übung selbst nicht.

Noch ein Letztes kann am Ablauf von Ein- und Ausatmen abgelesen werden: Ohne Ein- gibt es kein Ausatmen. Die Priorität des Ein- gegenüber dem Ausatmen ist eine unbestreitbare Erfahrungstatsache. Damit ist aber auch der Primat des empfangenden Beschenktwerdens gegenüber dem gebenden Schenken erfahrungsmäßig greifbar.

Von hier aus ist es dann auch leichter zu verstehen, warum einer Haltung der Ruhe in der Meditation der Vorzug zu geben ist gegenüber einer Haltung der Bewegung. Die Einübung des Atmens läßt sich besser mit einer Haltung der Ruhe und der Passivität wie dem Sitzen verbinden als mit Bewegung und Aktivität. Zugleich wird aber im Hinhorchen auf den Vollzug des Atmens und die darin gegebene Kommunikation mit Welt deutlich, daß es ein hintergründiges Miteinander von Passivität und Aktivität gibt, das in der ständigen Beschäftigung mit vordergründiger Aktivität weithin unbeachtet bleibt und dennoch diese vordergründige Aktivität und Passivität erst ermöglicht.

Die Übung der Ein- und Ausatmung zeigt, daß im tiefsten Grund des Menschen sich Passivität und Aktivität in einzigartiger Weise vereinen. Doch das Tun des Menschen entspringt dem Anstoß, dem Empfang, der *In-spiration*, dem Einatmen. Hier aber könnte man fragen: Von wessen Atem ist die Rede, wenn wir von In-spiration sprechen? *Wer* atmet uns seinen Atem ein? Keiji Nishitani hat in ähnlicher Weise im Anschluß an das Wort im Galaterbrief 2,20: »Ich lebe, doch nicht mehr ich, Christus lebt in mir« einmal gefragt: »*Wer* spricht denn diesen Satz, wenn nicht mehr ich es bin?«[18]

Der Mensch im Schnittpunkt von Weite und Tiefe

Die beiden Fragen nach dem »*Wer*« von Atmung und Ausspruch erinnern je auf ihre Weise an jenes Element asiatischer Meditationspraxis, das uns vor allem aus dem Umgang mit der Praxis des Zen bekannt geworden ist: das sogenannte *Kōan*. Darunter versteht man ein Problem, zumeist ein Problem- oder Rätselwort, das der Meister dem Übenden zu lösen aufgibt[19]. Das Wort hat zur Folge, daß nicht nur der Körper gebunden, sondern auch der Geist in den Bann genommen wird. In der Regel handelt es sich um ein Problem, an dem sich der Übende, will er es mit Hilfe der Logik des diskursiven Denkens lösen, förmlich die Zähne ausbeißt: »Höre den Ton der *einen* Hand!«[20] Zugleich ist es ein Weg, im Menschen selbst Zweifel zu wecken an den Alltagsorientierungen, mit denen er sich in der Regel zufriedengeben möchte. Wer tage- und wochenlang am japanischen Wort *Mu!* = »Nicht–!« kaut, ahnt, was das bedeutet[21].

Schon die Besinnung auf die Leibhaftigkeit des Menschen und seine Atmung haben bewiesen, daß Meditation es stets mit dem ganzen Menschen zu tun hat. Diese Ganzheit aber ist nicht voll ausgesagt, wo der Mensch nur als Leib angesprochen wird. Der Mensch ist Leib *und* Geist, auch wenn Leib und Geist nicht dualistisch getrennt oder gar gegeneinander ausgespielt werden dürfen. Das gestörte Verhältnis des Menschen zu sich selbst als ganzem belastet ihn sowohl als Leib wie als Geist. Die Hypertrophie der Geistbetontheit und das einseitige Verständnis des Geistvollzuges als diskursives Denken oder als Wollen hat zu einer grundlegenden Störung des ganzen Menschen geführt.

Der Schweizer Psychiater B. Staehelin hat die These aufgestellt, daß die offizielle Naturwissenschaft, in die große Teile der Medizin, Psychologie und Parapsychologie einzuordnen sind, seit mehr als dreihundert Jahren als unumstößliches Prinzip vertreten hat, daß jedes einzelne Lebewesen durch die drei Konstanten Zeitlichkeit/Räumlichkeit/Lebensgeschichte bestimmt ist, die jedem individuell und damit in Unterscheidung von jedem anderen Lebewesen zu eigen sind und es gegen alle anderen begrenzen[22]. Mit anderen Worten: Der neuzeitliche Mensch lebt vordringlich im Bereich und aufgrund der von ihm selbst erkannten Lebens*bedingungen*. Diese breiten sich vor ihm und um ihn herum aus. Diese sucht er – hin- und herlaufend, *diskursiv* – zu erforschen, indem er sie vergleicht, verändert, wiederum vergleicht, in ihren Reaktionen beobachtet und mißt. Dieser Lebensbedingungen sucht sich der Mensch schließlich zu bemächtigen, er sucht sie zu beherrschen – oft genug im Bewußtsein, damit dem Auftrag des biblischen Schöpfungsberichtes nachzukommen: »Machet euch die Erde untertan!« (Gen 1,28).

Daß der Mensch mit einer solchen Selbsteinschätzung immer mehr oberflächlicher Horizontalität verfällt, daß er geistig verflacht, daß sein Denken an »Tiefgang« verliert, gehört zu den allmählich wachsenden Einsichten unserer Tage. B. Staehelin möchte denn auch, daß der Mensch der zweiten, unbedingten Wirklichkeit die gleiche Aufmerksamkeit schenkt, die er der ersten, bedingten Wirklichkeit entgegenbringt[23]. W. Johnston spricht in seinem Buch »Der ruhende Punkt« von zwei Arten des Denkens[24]. Die eine nennt er »*horizontal*«, weil in ihr Bilder und Ideen »an der Oberfläche des Geistes« vorüberziehen, die zweite »*vertikal*«, weil in ihr der Geist in immer größere Tiefen hinabsteigt und das Bewußtsein in jenen Raum der Einheit in allen Dingen vorstößt, der zugleich die Unterscheidungen des Soseins aufhebt. Dem »diskursiven« Denken steht dann die Ursprünglichkeit des »*intuitiven*« Denkens gegenüber.

Man könnte hier einwenden: Warum geht der Mensch in die Tiefe seines Selbst, wenn er – vertikal – nach der Durchkreuzung des Bedingten durch das Unbedingte sucht? Warum sucht er die Durchkreuzung, wie es die im aufrechten Sitzen symbolisierte Haltung des Menschen auch nahelegen könnte, nicht in der Höhe, zumindest in der Ekstase aus sich selbst?

Diese Frage, die die Frage eines westlichen Menschen ist, kann inzwischen auch eine »westliche« Antwort finden. Wenn nämlich auch in unseren Breiten das Sprechen von der »Tiefe« mehr Verständnis findet als das Sprechen von der »Höhe«, so ist der Grund dafür im Selbstverständnis des modernen Menschen bzw. in der neuzeitlichen Wende vom kosmozentrischen zum anthropozentrischen Denken zu suchen[25]. Der Zerfall des naiven Weltverhältnisses, in dem die Welt als ein auf Gotteserkenntnis hin transparenter Kosmos betrachtet werden konnte, hatte zur Folge, daß der Mensch nur noch in der Hinkehr zu seinem eigentlichen Selbst eine neue Offenheit für die Frage nach Gott und die Hoffnung auf einen Sinngrund in der Tiefe des Menschen finden konnte. Was außerhalb des Menschen nicht mehr zu finden war, mußte, wenn überhaupt noch, dann innerhalb des Menschen gefunden werden. Wir werden uns aber die Frage zu stellen haben, ob nicht gerade in der Hinkehr zum eigenen Selbst in neuer Weise die Möglichkeit für »*Metanoia*«, eine »Kehre« des Denkens, ein neues Denken, und damit verbunden für »*Ekstase*«, den »Ruf nach ›Ergriffenheit‹«, wie wir es zuvor genannt haben[26], gewonnen wird.

Ehe daß wir diesen Fragen näher nachgehen, sei aber auf den Ertrag verwiesen, den die Beschäftigung mit dem zen-buddhistischen Kōan für den westlichen Menschen haben kann. J.B. Lotz hat mit Recht darauf aufmerksam gemacht, daß jedes Leben sein Kōan enthält. Er selbst hat es an dem Beispiel der Vereinsamung durchgespielt[27]. Es ließen sich auch das Sterben und Totsein[28], die Ungerechtigkeit der Welt und der Anspruch der Gerechtigkeit Gottes, das Böse und das Schweigen Gottes, die Krankheit, das Altwerden u.a. nennen. Im Kōan des Lebens begegnet der Mensch jener ungeschminkten Wirklichkeit, die nicht mehr rational auflösbar und zu glätten ist. Er schaut der Verzweiflung ins Antlitz, sagen wir ruhig auch: dem Unglauben. Vielleicht und hoffentlich aber wachsen ihm darin auch die Kräfte der Heilung, der befreienden Hoffnung, neuer Zuversicht zu.

Schließlich ist auch ein Leben im Bedingten und Begrenzten nur erträglich, wo immer wieder der Blick auf das Unbedingte und Unbegrenzte gelingt. In einer Seminarübung über das Geheimnis, aus der K.P. Fischer zitiert[29], hat K. Rahner trefflich formuliert:

»Der Blick rutscht wirklich unvermeidlich zwischen den Dingen hindurch irgendwo. Der Mensch muß das Gestaltete, das Konturhafte anblicken. Er kann ohne das gar nicht leben. Er würde wesentlich irgendwo zerstört werden, würde er nur in den Nebel, die Nacht, die Leere, das Grenzenlose … dauernd hinblicken. Aber es ist so, daß der Blick auf die Gestalt doch nur gelingt, indem an ihr vorbeigeblickt wird. Wo das nicht gegeben wäre, wo das Gestaltete den Blick des Menschen absolut verstellte, im selben Augenblick würde er nichts mehr sehen von dieser Gestalt. Dieser beruhigende, klärende Blick auf das Gestaltete lebt also doch immer wieder, und daran kann der Mensch nicht vorbeisehen, von dem Gleiten des Blicks an dem Gestalteten vorbei in das Unbegrenzte. Und weil es dieses Phänomen als Erlebtes gibt, kann der Mensch nicht so tun, als ob es das nicht gäbe. Er muß das auch nennen, so wenig man es nennen kann.«

Das psychologische Dilemma

Was über die Beachtung der Körperhaltung bei der Meditation, über das Bemühen um das rechte Atmen, selbst über die rechte geistige Verfassung gesagt wurde, ist alles in allem leicht einzusehen. Es wird auch im Westen als Weg zur Belebung und Erneuerung des Meditativen dankbar begrüßt. Nun kommt der Großteil derer, die die Meditation nach den Anweisungen und dem Vorbild asiatischer Meditation üben, als Anfänger zu diesen Übungen. Diesen bieten sie das Erlebnis der Ruhe, der Sammlung, neuer Konzentration, dazu manche Beobachtung und Erfahrung mit sich selbst, die gerade für einen Anfänger in der Regel beglückend sind. Der Mensch erlebt sich von einer Seite, von der er sich zumeist nur selten kennt. Er entdeckt Möglichkeiten in sich, die er für wert erachtet, sie auszubilden. Bei aller Hektik des Lebens und der inneren Zerrissenheit, die viele Menschen an sich erfahren, wirkt Ruhe wohltuend.

Da in der Meditationspraxis die Regel gilt, daß einer so weit einen anderen führen kann, wie er selbst gekommen ist, wird man auch kaum sehr viel dagegen einwenden können, daß Menschen, die auf dem Wege des Yoga oder auch des Zen eine gewisse Erfahrung in der Anfangsmethodik erlangt haben, diese weitergeben. Doch die Harmlosigkeit, mit der vielfach Übungen dieser Art angeboten werden, läßt am Tiefgang der vorausgegangenen Erfahrungen, die die Anleitenden selbst gemacht haben, zweifeln.

Die Problematik der asiatischen Übungen liegt ja nicht so sehr in der – im Hintergrund auf jeden Fall vorhandenen – weltanschaulich-religiösen Bindung und Dogmatik des traditionellen Zen, der tibetischen und birmesischen Meditation oder des klassischen Yoga. Dieser Hintergrund kann in der Tat eine Zeitlang unbeachtet bleiben, weil im Vordergrund die Orthopraxie, die korrekte Durchführung der Übung, steht. Das eigentliche Problem liegt vielmehr in den unbewältigten psychologischen Prozessen, die freigesetzt werden und nach begleitender kritischer Sondierung und Führung rufen. Wir bemerkten bereits zuvor, daß es uns nicht an Dogmatikern, wohl aber an Meistern der inneren Erfahrung mangelt.

Ein kleines Beispiel mag diese Tatsache illustrieren: Vor wenigen Jahren wurde in Deutschland sehr ernsthaft der Plan erwogen, einen modernen, wissenschaftlich fundierten Kommentar zu den Geistlichen Übungen des Ignatius von Loyola zu erarbeiten. Darin sollte die Kommentierung auf drei Ebenen erfolgen: Zunächst sollte eine gründliche Textkritik vorgenommen werden. Sodann sollte die in den Texten enthaltene Theologie erhoben werden, für die kein Geringerer als K. Rahner den Rahmen abstecken sollte. Schließlich sollten die praktischen Anweisungen in ihren psychologischen Implikationen so aufgearbeitet werden, daß sie der modernen geistlichen Führung nutzbar würden. Das Projekt scheiterte an diesem letzten Punkt, der vom Ansatz der Übungen her mit Recht für den wichtigsten gehalten wurde, denn man stellte fest, daß praktisch niemand da war, der die nötige Vorbildung und Erfahrung für ein solches Unternehmen vorweisen konnte.

Die Gefahr, die mit den bei uns verbreiteten Übungen asiatischer Meditation verbunden ist, wird deutlich, wenn man bedenkt, daß sie den Übenden langsam in größere Tiefen führt. Die Meditation ist kein in sich abgeschlossenes Ereignis, das immer wieder am Nullpunkt beginnt, sondern stellt, wenn sie korrekt durchgeführt wird, einen fortschreitenden Prozeß dar. Wir kennen auch in der abendländischen Meditationsgeschichte die Beschreibung der verschiedenen Stadien der Meditation, wie sie klassisch bei Johannes vom Kreuz oder Teresa von Avila nachzulesen sind. In der konkreten Unterweisung des Gebetslebens wie auch in der üblichen Exerzitienpraxis spielen diese Stufen aber heute eine auffallend geringe Rolle.

Nun werden auch in der Zenmeditation deutlich verschiedene Stadien auf dem Wege zur Erleuchtung unterschieden. Diese zu erkennen und die Übenden in den täglichen Besuchen durch kurze Anstöße auf dem Weg zu halten oder auf ihn zurückzubringen, ist die Aufgabe, aber auch die Geschicklichkeit des Meisters. Wir möchten hier vor allem auf jenes Stadium hinweisen, das als »Teufelsbereich«, ein Bereich der Halluzinationen und Verwirrungen – im Zen-Buddhismus »*Makyō*« genannt – angesprochen wird.

W. Johnston hat dieses Stadium psychologisch sehr gut erfaßt, wenn er schreibt[30]:

»Diese Stufe des Zen ist von großer Bedeutung, weil sie zeigt, wie diese Schweigemeditation auf der tiefsten Ebene der menschlichen Psyche arbeitet, indem sie den Teil des unbewußten Lebens berührt, der normalerweise vom diskursiven Denken verdrängt und unbeeinflußt ist. Ebenso zeigt sich hier aber auch, daß Zen seine Gefahren hat. Bekannterweise ist es eine heikle, ja sogar gefährliche Sache, sich unbefugt mit dem Unbewußten zu beschäftigen. Ein Beweis dafür ist, daß nicht jeder sich einer Psychoanalyse unterziehen kann. Nicht umsonst bestehen die Zen-Leute auf der Notwendigkeit eines erfahrenen Meisters. Die Gefahren eines Nervenzusammenbruchs sind im Zen nicht gering, besonders bei solchen Menschen, denen die Kraft fehlt, das, was aus dem Unbewußten aufsteigt, zu integrieren, oder die nicht fähig sind, sich mit der Grundangst, die aufgedeckt werden könnte, zu konfrontieren. Wahrscheinlich zielt nämlich die ganze Vorbereitung, die ich geschildert habe, besonders die Unsinnigkeit des *Kōan*, daraufhin, eine künstliche Psychose zu erzeugen, die zum ›Zen-Wahnsinn‹ führen kann, der den japanischen Ärzten zur Genüge bekannt ist, obwohl darüber nur sehr wenig außerhalb Japans geschrieben worden ist.«

Damit ist die gerade in unseren Breiten zu wenig besprochene psychologische Gefährdung, die die Meditation als einen Prozeß des Abstiegs in die Seelentiefe begleitet, deutlich gesehen. Wer etwa in Colmar vor dem Isenheimer Altar steht und die eindrucksvolle Darstellung der Versuchung des Antonius in der Wüste betrachtet, findet dort eine in das Bild projizierte Version der inneren Bedrängnisse des Wüstenvaters wieder. Er kann daraus lernen, daß dort, wo den Menschen äußere Ruhe umgibt, die verdrängte innere Unruhe, aber auch die innere

Unordnung, Schuld und Verlangen, Ängste und Widerstände, die vielen Formen der Anhänglichkeiten mit Macht ihr Gesicht zeigen. Der Mensch erlebt dann ein Ich, das sich im Alltag zumeist hinter dem maskenhaften Gehabe des Biedermannes verbirgt. Wer unvorbereitet und unbegleitet auf diese Situation stößt, steht leicht in der Gefahr, an ihr zu zerbrechen.

Der Psychotherapie ist die Macht des Unbewußten in ihrer kreativen wie zerstörerischen Gestalt durchaus bekannt. Sie sucht sich dem Unbewußten u.a. auf dem Wege über die Traumdeutung zu nähern, weil manches uneingestandene Problem sich in Träumen, also in der Dunkelheit des Schlafes und des ausgeschalteten Wachbewußtseins hervortraut und der Schlafende sich dann mit ihm auseinandersetzt, es manchmal gar löst.

Von Streifzügen ins Unbewußte, von »*mind expanding*«, »Bewußtseinserweiterung«, schwärmen auch viele Drogenerfahrene[31]. Doch ist es inzwischen hinreichend bekannt, daß auch hier unkontrollierte Streifzüge nicht nur physisch, sondern vor allem psychisch verheerende Wirkungen nach sich ziehen können.

Wenn auf diese Dinge hingewiesen wird, so geschieht es nicht in der Absicht, jemanden von der Übung der Meditation abzuschrecken. Es wäre aber unverantwortlich, würde man nicht darauf aufmerksam machen, daß der Weg der Tiefenmeditation an Abgründen und Klippen vorüberführt, die der Übende besser nicht ohne die Führung durch einen erfahrenen Meister passiert.

Gelegentlich hat man versucht, aus der Not eine Tugend zu machen. So weist K. Graf Dürckheim auf den »inneren Meister« hin, der weiterhilft, wo äußere Meister fehlen[32]. Dieser Hinweis scheint dennoch eher Ausdruck einer Verlegenheit zu sein. Gewiß gibt es Menschen, die eine derartige innere Disziplin entwickelt haben, daß sie sich aus allen Anhänglichkeiten befreien und von allen Irrwegen immer wieder auf den rechten Weg zum Ziel zurückfinden. Doch den Stand des inneren Gleichmutes und der Loslösung bringt kaum einer von Anfang an in die Meditation mit. Er will erlernt sein und bedarf der Überprüfung. Letztere aber ist um so notwendiger, je tiefer der Mensch in seine eigene Tiefe vordringt.

Dabei muß der Geist der Loslösung in guten wie in bösen Situationen geübt werden. Die Meister des mystischen Weges haben so stets davor gewarnt, sich weder von quälenden Gedanken und Vorstellungen einfangen zu lassen noch bei angenehmen visionären Zuständen stehenzubleiben. Der Prozeß der Loslösung beginnt, wo in der Meditation sich ablenkende Gedanken einstellen. Ein alter japanischer Zenmeister pflegte zu sagen: *Aite ni sezu jama ni naranai*, »Laß dich nicht auf sie ein, so stören sie dich nicht!« Diese Loslösung und Freiheit – ignatianisch gesprochen: diese Indifferenz – zu entwickeln und durchzuhalten, ist die größte Aufgabe für den, der auf dem Wege der Meditation vorankommen will.

An dieser Stelle sollten wir noch einmal zum Isenheimer Altar zurückkehren. Das Bild der Versuchung hat nämlich eine Fortsetzung in einem anderen Bild, in dem sich Antonius mit dem Eremiten Paulus in der Wüste trifft. In der Begegnung dieser beiden ebenbürtigen Männer löst sich die Versuchung des Antonius. Gott ist mit ihnen in dieser Begegnung, wie es durch das Brot versinnbildet ist, das den beiden in dieser Szene geschenkt wird.

Leere – Schweigen – Warten

Ein wesentlicher Unterschied zwischen der asiatischen Meditationsmethode, wie sie heute in der westlichen Welt propagiert wird, und der Methode, die üblicherweise im westlichen Christentum angewandt wurde, darf nicht übersehen werden, zumal durch ihn das psychologische Dilemma erst voll ins Licht gerückt wird. Gemeint ist der Unterschied zwischen dem, was gewöhnlich als objektbezogene, und dem, was als objektlose Meditation angesprochen wird[33].

»Objekt« der christlichen Meditation ist in der Regel das Wort Gottes, wie es uns in der Heiligen Schrift greifbar ist, von daher die Gestalt und das Wirken Christi, dann aber auch das Weiterwirken seines Geistes in der Kirche, in den Heiligen, ihren Worten und Taten, in den Aussagen der Kirche. Das Leben Christi in der Kirche ist Inspiration und Antrieb zur Verwirklichung des eigenen Christseins in der jeweiligen Zeit und Welt, in der der Übende lebt.

Das »Objekt« der christlichen Meditation war aber nicht nur Inspiration, sondern in zunehmendem Maße auch jenes rettende Ufer, zu dem sich derjenige zurückziehen konnte, der in der Freiheit der verschiedenen Geistesantriebe sich nicht mehr zurechtfand. Vor allem der Blick auf die Kirche und ihre authentische Lehraussage wurde dem Übenden zu dem Halt, der ihm die Sicherheit gab, im Gehorsam gegenüber dem Lehramt nicht straucheln zu können.

In diesem Zusammenhang sind auch die berühmten ignatianischen Regeln des *Sentire cum Ecclesia* zu verstehen[34]. Nur darf man nicht vergessen, daß sie im Endstadium der Abfassung des Exerzitienbuches entstanden sind. Ignatius legte in ihnen das Ergebnis seines eigenen Mühens um seinen persönlichen Glauben *innerhalb* der Kirche nieder: die Einsicht in die fundamentale Identität von unaussprechlich-meditativer Erfahrung der Freiheit und artikuliertem kirchlichem Glauben. Das Wechselverhältnis aber ist hier bedeutsam: Am Anfang steht die meditative Erfahrung; auf sie folgt die Einsicht in die Zusammenhänge. Zum anderen geht Ignatius nicht voraussetzungslos in die Meditation; er ist ein gläubiger Mensch, der deshalb nicht ohne Grund seine Ausgangsposition im »Fundament« der Exerzitien niedergelegt hat[35].

Was bei Ignatius zusammenstimmte, ist jedoch in der verflachenden Exerzitientradition der nachignatianischen Jahrhunderte einigermaßen aus den Fugen geraten. Der Exerzitienmeister wurde als Einübungsmeister schon deshalb überflüssig, weil er in der Darlegung der Meditationsobjekte bzw. der sogenannten »Meditationspunkte« nicht nur den Ungeübten Anregungen gab, sondern ganz allgemein die Übenden in ein – im schlechten Sinne dogmatisches – Korsett zwängte, das eher geisttötend wirkte und zu einer geistigen Dressur wurde, die gefährliche Ausbrüche immer weniger erwarten ließ. Was wunder, daß dabei auch die Geisteinbrüche und das Prophetische immer weniger wahrgenommen wurden[36]?

Jedenfalls muß man den hier nur angedeuteten Hintergrund kennen, um das eigentlich Revolutionäre der heutigen Meditationsbewegung zu begreifen. Sieht man, was aus der ursprünglichen Intuition des Ignatius geworden war, so versteht man, daß die objektlose Tiefenmeditation zunächst einmal eine ungeheure Revolution der Befreiung darstellt. Daß sie im Raume kirchlicher Ungebundenheit als eine solche erscheinen muß, ist selbstverständlich. Die Faszination erreicht dann dort ihren Höhepunkt, wo sie mit einem Minimum an Anweisungen angeboten wird, wie es vor allem bei der kondensiertesten Form asiatischer Meditation, der Zenübung, geschieht.

In der objektlosen Meditation geht es – bei aller Zweideutigkeit, die dieser Formel anhaftet – um eine Überwindung der Subjekt-Objekt-Spannung. Aus dem indischen Raum wird gerne die Formel »Ich bin Du« zitiert[37]. Das Bild des im weiten Meer sich verlierenden Wassertropfens, der sich ohne Wiederkehr aufgibt, wird herangezogen. Daß dennoch die Formeln der Nicht-Dualität nicht einfachhin im Sinne des Pantheismus mißverstanden werden dürfen, ist bei B. Staehelin ebenso nachzulesen wie bei H. Dumoulin und J. Cuttat[38]. W. Johnston zitiert das schöne Wort von P. Charles über die beiden großen Fahrzeuge des Buddhismus: »In keinem der beiden Fahrzeuge ist der Platz Gottes widerrechtlich vereinnahmt worden; er ist leer wie ein Sockel ohne Statue.«[39]

Was dem westlichen Menschen am ehesten einleuchtet, ist, daß es im existentiellen Bereich Wirklichkeiten und Erfahrungen gibt, die der Mensch in Begriffen und Worten nicht mehr adäquat wiedergeben kann. Gerade darum begrüßt er die Bemühungen, die diesen Bereich so erschließen, daß er am Ende mit seinen Erfahrungen dennoch nicht allein bleibt.

Um die Annäherung an diesen Bereich bemüht sich die objektlose Meditation direkter, gezielter und am Ende auch wir-
kungsvoller als eine objektgebundene Meditation. Es kommt
hinzu, daß die Erfahrung der Bild- und Wortlosigkeit, in der es
dem Menschen unter Umständen die Sprache verschlägt, um
so mehr ersehnt wird, als nur die Distanzierung von allen Bildern, Eindrücken und Wörtern, die oft zusammenhanglos und,
ohne sich zu verständlicher Sprache zusammenzufügen, unbarmherzig auf den Menschen einströmen, das Leben mit ihnen ertragen läßt.

In der Zenübung gelingt es dem *Kōan*, zumal dem Kōan *Mu*,
»Nicht–«[40], in der Regel, vor allem wenn die ständige Führung
durch den Meister hinzukommt, den Menschen in seinem Nor-
malbewußtsein so zu erschüttern, daß dieses zunächst mo-
menthaft, später vielleicht auch anhaltender durchbrochen
wird und in einem Spalt die beglückende Erfahrung reiner Leere und völligen Schweigens durchbricht.

Nun gehört das Sprechen von der Leere wie auch vom »Nichts«
in unserem Bereich noch immer zu jenen Aussageweisen, die
den Menschen in ihrer radikalen Negativität eher abschrecken
als anziehen[41]. Leere/Nichts/Schweigen/Einsamkeit/Tod gehören zu jenen großen Erfahrungen, die in der Zweideutigkeit
ihrer sprachlichen Formulierung eher negative als positive As-
soziationen wecken. Sie müssen aber in ihrer negativ-positiven
Zweigesichtigkeit ausgehalten werden, sollen sie den Menschen zu dem befreien, was in ihm ist.

Es kann an dieser Stelle nur erneut darauf aufmerksam gemacht werden, daß die sprachlich negativen Ausdrücke wie
»Leere«, »absolutes Nichts«, »Ichlosigkeit« u.ä. im asiatischen
Raum eine eminent positive Bedeutung haben. Ihnen stehen
im übrigen die viel weniger geläufigen Ausdrücke wie »Fülle«,
»wunderbares Sein«, »wahres Ich«, »wahres Selbst«, u.a. zur
Seite. Wie »Tod« und »Leben« bilden sie zwei Seiten des Selben.

Wer sich dieser Wirklichkeit nähern will, muß eine Bekehrung
des Denkens durchmachen[42]. So kann man die Frage stellen,

ob nicht die abendländische Spiritualität zumal der Neuzeit viel zu sehr von der Einübung des *Sprechens* mit Gott geprägt ist. Gebet wird bis auf diesen Tag beschrieben als ein *Sprechen* mit Gott. Wäre es aber nicht sinnvoller, das *Schweigen* des Menschen und sein *Hören* auf den sprechenden Gott einzuüben – eine Formel, die man nicht vor läuter Ängstlichkeit, der moderne Mensch würde sie als mythologisch ablehnen, vermeiden sollte? Muß nicht ein Mensch, der von Gott erfüllt sein will, tatsächlich »*leer*« von sich selbst, »*arm*« vor Gott sein[43]?

Die westliche, zunächst die katholische, inzwischen aber auch die evangelische Frömmigkeit ist aufs ganze zu sehr vom Gedanken des eigenen Tuns vor Gott, damit von der Moralität geprägt. Die Abwehr der verschiedenen Formen des Quietismus hat bewirkt, daß der Mensch sich vor dem stillen Verharren in der Präsenz Gottes fast fürchtete und die Stille seines Herzens dann durch eigenes Gerede wieder zerstörte. Wer war schon so glücklich, daß er auf einen Beichtvater oder »Seelen«-Führer stieß, der den Rat gab, ruhig vor Gott einmal zu schweigen, und seinerseits das Leiden eines Menschen an einem schweigenden Gott in der »Nacht der Sinne und des Geistes« mitdurchtrug?

Hinweise dieser Art vermögen vielleicht die Richtung anzudeuten, in der das Verständnis für die eigentümliche Sprache, genauer: die Sprachverlegenheit der objektlosen Tiefenbetrachtung zu suchen ist. Das volle Verständnis vermögen sie aber schon deshalb nicht zu vermitteln, weil hinzukommt, daß die Übersetzung der Sprachen und der Begriffswelt eines Kulturraumes in die Sprachfelder eines anderen Kulturraumes niemals voll gelingt und Übersetzungen wie »Leere« und »absolutes Nichts« nicht eindimensional, etwa als metaphysische Feststellungen gewertet werden können. Wo die meditative Komponente solcher Worte und damit die Tatsache, daß es sich bei ihnen um Annäherungsversuche handelt, mißachtet wird, wird oft schon der Anfangspunkt des Verständigungsprozesses verpaßt. Doch soll hier nicht das theoretische Verständnis der asiatischen Meditationsaussagen weiterverfolgt werden, sondern deutlich sein, daß die objektlose Meditation nicht nur dem westlichen Menschen im allgemeinen, sondern auch dem westlichen Christen im besonderen eine echte Hilfe und Vertiefung bedeuten kann.

Es wäre schon viel gewonnen, wenn nur die tragende Kraft des Geheimnisses hinter allen Dingen wieder spürbar würde[44]. Oftmals sind es die Kunst oder auch die Literatur, die eher als der rationale Nachvollzug den Sinn für das Hintergründige neu zu vermitteln vermögen. Bekannt sind die eigentümlichen chinesisch-japanischen Tuschzeichnungen, die einen Fichtenzweig, einen Bambusstrauch, eine Kirschblüte als einziges kleines Symbol des Lebendigen in den freien Raum schauen lassen und wo der Sinn der Darstellung verfehlt wird, wenn man sich wohl an diesen kleinen Zeichen erfreuen wollte und damit doch die durch diese Zeichen erst recht sichtbar gemachte Weite, Tiefe und Leere des Horizontes, der auch die kleinen Zeichen als solche erst existieren läßt, übersähe. Während wir oft genug bei dem Vordergründigen stehenbleiben, entläßt eben dieses Vordergründige den asiatischen Beschauer in das Hintergründige.

Wo dieses Hintergründige tatsächlich in den Blick kommt und der meditierende Mensch sich in das Sehen des Hintergründigen einübt, muß er jedoch einen Fehler vermeiden, der auch den theoretischen Streit zwischen Christen einerseits, Hindus, Buddhisten und Taoisten andererseits nicht zur Ruhe kommen läßt. Er darf die »Leere« nicht wie einen neuen verfügbaren Besitz festhalten wollen. Der Mensch muß ein gelöster Mensch bleiben. Er darf folglich auch über die »Leere« nicht das letzte Wort haben wollen. Er muß in der Tat vor und in der Leere schweigen.

Die Christen behaupten aus ihrem Glaubensverständnis heraus, daß es sinnvoll ist, mit »leerem« und »armem« Herzen zu warten. Daß Warten Erfüllung findet, bekennen sie im Blick auf die Gestalt Jesu Christi. Doch auch dieser Glaube an Jesus Christus kann nicht wie ein Besitz behandelt werden. Er ist eine Haltung des Weges, der Führung durch den Geist Christi, der Erfüllung durch einen »ganz Anderen«. Dabei muß der

146

Christ einüben, daß es keine Aufhebung der vielfältigen Span-
nungsverhältnisse in einer alles harmonisierenden Einheit gibt,
daß eines und alles, einer und alle zusammengehören. Die
Einübung in die »Leere« müßte um so bereitwilliger geschehen, als der Christ die »Leeregestalt« Christi (vgl. Phil 2) vor
Augen hat. Einübung der »Entleerung« bzw. der Selbstentäußerung bildet – recht verstanden – das Zentrum der Einübung
des Christseins[45].

Daß Nichtchristen, zumal Asiaten, zwar das Verlangen nach
Leere und das schweigende Lächeln – symbolisiert im schweigenden Lächeln des sterbenden Buddha – zuerkannt wird,
nicht jedoch die Bereitschaft zu warten, daß Erfüllung zuteil
wird, sollte besser nicht mit zu großer Sicherheit behauptet
werden. Auch der Verzicht auf die Beurteilung der »anderen«
gehört in den Prozeß der Loslösung hinein. Ich bin jedenfalls
nicht sicher, ob das, was nach Meinung vieler westlicher Menschen, Christen und Theologen, den Asiaten lange leichtfertig
abgesprochen worden ist: Liebe, Mitleiden, das Warten der
Offenheit in der Wüste und Leere, ihnen tatsächlich abzuspre-
chen ist. Zwar verneinen sie oft, was sie nicht verstehen, wie
auch wir manches feststellen, was wir unsererseits nicht verstehen. Doch gibt es auch die Gefahr, Menschen in falscher Weise
in Verneinungen wie Bejahungen hineinzutreiben.

8 Zwischen Asketik und Mystik

J. Zink schreibt in seinem Buch »Erfahrung mit Gott«[1].

»Der Versuch lohnt sich allemal, auch der zur Meditation. Jedenfalls sollte man vom toten Gott nicht reden, ehe man den Versuch einer Begegnung mit dem lebendigen gemacht hat; von der hoffnungslosen Verlorenheit des Menschen nicht, ehe man den Versuch gemacht hat, sich der Hoffnung der Christen anzuvertrauen; von der Sinnlosigkeit des Gebets nicht, ehe man den Versuch gemacht hat, zu hören und zu antworten.«

Im Anschluß daran erzählt er ein modernes Märchen.

»Es gibt eine Legende – ich weiß nicht, woher sie stammt – von dem modernen Menschen, der aus Angst, einem Irrtum zu erliegen, die Hand nicht mehr nach der Wahrheit ausstreckt:
Ein moderner Mensch verirrte sich in der Wüste. Unbarmherzige Sonnenglut dorrte ihn aus. Da sah er in der Ferne eine Oase. Eine Fata Morgana, dachte er. Eine Luftspiegelung, die mich narrt. Er sah die Dattelpalmen, das Gras und die Quelle. Eine Hungerphantasie, dachte er, die mein wahnsinniges Gehirn mir vorgaukelt. Er hörte das Wasser rinnen. Eine Gehörhalluzination, dachte er. Wie grausam doch die Natur ist. Einige Zeit danach fanden ihn zwei Beduinen tot. Verstehst du das? fragte der eine den anderen. Die Datteln wachsen ihm fast in den Mund. Neben der Quelle liegt er verdurstet. Da erwiderte der andere: Er war ein moderner Mensch.«

Das Märchen zeigt verschiedenes: Die Sinne des Menschen sind intakt, doch sein Denken ist verkehrt. Er sieht und nimmt doch nicht wahr. Zugleich aber ist er allein: Um ihn ist Wüste. Es ist niemand da, der den Menschen anweisen könnte, kein Freund, kein Meister. Die Beduinen, die ihn finden, sind Menschen einer anderen Welt, ihm kulturell unterlegen, und dennoch: Sie kennen die Quelle. Sie hätten ihm die Oase als solche deuten, seinen Blick korrigieren können. Es fragt sich, was der moderne Mensch getan hätte, wenn er den Beduinen noch lebend begegnet wäre.

Noch einmal: Orthopraxie und Orthodoxie

Wir haben bislang betont, daß die asiatische Meditation die Ortho*praxie* in den Vordergrund stellt. Das darf jedoch nicht so mißverstanden werden, als ob die Orthodoxie keine Rolle spielte. Allerdings ist dieses Wort insofern nicht glücklich, als es in unserem Denken bereits von bestimmten Vorstellungen besetzt ist.

»*Orthodoxie*« bedeutet zwar vom Wortverständnis her »rechte Ansicht«, »rechter Glaube«, doch akzentuiert das Wort heute stärker die Absetzung von »falschen Ansichten« und »falschen Glaubensüberzeugungen«, als daß in ihr auch die anfänglichen und unterschiedlich großen Gemeinsamkeiten der Ansichten und Überzeugungen zum Ausdruck kämen. »Orthodoxie« in unserem Verständnis trennt, ist exklusiv: Das Verbindende steht höchstens im Hintergrund.

Die »Orthodoxie«, die in der asiatischen Meditation gemeint ist, ist dagegen inklusiv. Was das bedeutet, zeigen die Beispiele jener Priester und Ordensfrauen in Indien, die unwidersprochen von hinduistischer Seite die Lebensweise und die Meditationsformen der Hindus wählen durften und dürfen[2], zeigt auch das Beispiel H. Enomiya-Lassalles, der jahrelang unter der Anleitung des großen Zen-Meisters Harada in dessen Tempel in Obama, einer kleinen Stadt am Japanischen Meer, Zen üben durfte. All diese Menschen machen aus ihrer katholischen Verankerung keinen Hehl. Enomiya-Lassalle feierte jeden Morgen im Hosshinji die heilige Messe. Wir stoßen hier an das berühmte Toleranzproblem des Ostens. Zugleich begegnen sich allerdings hier auch Absolutheitsansprüche.

Das eigentlich Unterscheidende liegt – zumindest auf den ersten Blick – darin, daß der Westen mit seinen Unterscheidungen recht behalten will. Unterscheidungen aber bestehen in einem Miteinander von Bejahung und Verneinung. Die Unterscheidung bestimmt jedenfalls das herrschende Bewußtsein so sehr, daß gegenläufige Tendenzen, wie sie sich in der mystischen Tradition finden, demgegenüber ein untergeordnetes, zum Teil sogar verdächtiges Dasein fristen. Mystiker sind so in der Regel eher mit Skepsis behandelt worden. Es konnten ja Pseudomystiker sein, fehlgeleitete, psychisch verkehrte, neurotische Menschen! So hat denn das offizielle Christentum bis auf den heutigen Tag betont, daß zur Erlangung der Heiligkeit und zur Verwirklichung des Christseins mystische Erfahrungen keineswegs notwendig sind.

Dagegen sucht der Osten in seinen meditativen Traditionen die Loslösung in einer radikalen – nicht nur begrifflichen – Verneinung, die am Ende Ja und Nein, Sein und Nichts in gleicher Weise durchbricht. In der Spitze des Vollzugs dieser Verneinung geht diese Tradition auf den indischen Philosophen Nāgārjuna zurück, der etwa zwischen der Mitte des 2. und 3. nachchristlichen Jahrhunderts in jenem Teile Indiens lebte, wo damals bereits ein lebhafter Austausch mit dem römischen Reich stattfand, und aller Wahrscheinlichkeit nach in seinem denkerischen Vollzug ein meditativ-mystischer, jedenfalls ein religiöser Mensch war[3]. Von ihm stammt die Mittelweglehre der Mādhyamikas und die damit zusammenhängende Lehre von der *Leere*, »*śūnyavāda*«, die über China nach Japan gelangte und dort bis auf den heutigen Tag in der philosophischen Kyōtoschule nach K. Nishida (1870–1945) weiterwirkt[4]. Ungeklärt ist bis heute, ob nicht dieselbe Tradition auch den Weg nach Westen angetreten hat und in der westlichen mystischen Tradition am Werke ist. Die radikale Loslösung, die in dem genannten Durchbruch erlangt wird, führt also ins »absolute Nichts« oder – um das als Gegensatzwort zum »Sein« mißverständliche Wort »Nichts« zu vermeiden – in die »Leere«.

Wo nun die Loslösung in solcher Radikalität verwirklicht wird, scheint die »Orthodoxie« ihr Kriterium zu verlieren. Dieses kann zumindest nicht mehr im Bereich der »Doxa« gesucht werden, weil »recht« und »unrecht« dort nicht mehr zu unterscheiden sind, wo Sprache und Begrifflichkeit versagen. Es muß dann in der »Praxis« liegen. Überall dort, wo die Loslösung nicht in äußerster Konsequenz vollzogen wird, ist auch die »Orthodoxie« nicht erreicht. Orthodoxie und Orthopraxie fallen letztlich zusammen.

Die Beurteilung dieser Loslösung, damit auch die Beurteilung, ob bzw. wie weit das Kriterium verwirklicht ist, kann daher auch nicht mehr von einer in Worten und Buchstaben niedergelegten, institutionell vermittelten Tradition abhängen. Dafür kennt der Osten noch heute in unvergleichlich stärkerem Maße als der Westen jene Art von Beurteilung, die K. Rahner in seinen Überlegungen zur ignatianischen »Logik der existentiellen Erkenntnis« neu erschlossen hat[5]. Danach wäre der Maßstab der Beurteilung in der Affinität von »Herz zu Herz«, von »Seele zu Seele« (P. Lippert) zu suchen – im Sinne des *cor ad cor loquitur*, »Herz spricht zu Herz«, oder der *cognitio per connaturalitatem*, einer Erkenntnis aufgrund von Ebenbürtigkeit, »Konnaturalität« oder innerer Begegnung, wie Thomas von Aquin sie vorgetragen hat[6]. Im Zenbuddhismus gibt es dafür die bekannte Formel *ishin denshin*, »Übertragung von Geist zu Geist«[7].

Damit ergibt sich im Prozeß der Verneinung und Loslösung ein neuer Kommunikationsprozeß, der zwar rational nicht mehr adäquat aussprechbar, dafür aber nicht weniger real ist. Dieser Kommunikationsprozeß wird zumeist auch dort nicht wahrgenommen, wo abendländisches und asiatisches Personverständnis diskutiert werden[8]. Dabei wird das gegenseitige theoretische Verständnis schon deshalb recht schwierig, weil der Personbegriff bereits in unserer eigenen abendländischen Tradition äußerst vielschichtig ist und so die simplifizierte Vorstellung, die davon nach Asien begrifflich-statisch vermittelt wird, auf Ablehnung stoßen muß[9]. Dafür wird aber derjenige, der seine eigene Begrifflichkeit und sein Urteil zurückzuhalten bereit ist, mit Erstaunen wahrnehmen, daß auch in der objektlosen Tiefenmeditation des Ostens der Mensch bei allen Verneinungen *Mensch* bleibt, ja mehr Mensch wird, als er es zuvor war, und seine Persönlichkeit entfaltet. Er muß nur versuchen, in jenen eigentümlichen Kommunikationsprozeß, der in einem sprachlosen, – vielleicht sollten wir sagen: – liebenden Ineinanderblick von Meister und Schüler, Meister und Meister, Mensch und Mensch stattfindet, *sym-pathisch* einzusteigen. Sh. Ueda bemerkt nicht ohne Grund in seinem japanischen Buch »Zenbukkyō« (Zen-Buddhismus), daß die grundlegende Kategorie des Zen die *Beziehung* ist[10].

Der westliche Mensch wird sich erst dann in dieser Situation zurechtfinden, wenn er in nüchterner Selbstbescheidung lernt, daß weder jeder alles beurteilen muß noch daß er überhaupt alles in distanzierter Pose beurteilen kann, daß dafür die Situation des Engagements – und auch die Loslösung ist ein existentielles Engagement – und der Erfahrung ihre eigenen Kriterien der Beurteilung mit sich bringen. Das ständige distanzierte Vorweg-beurteilen-wollen läßt den modernen Menschen am Ende selbst angesichts der belebenden Wasserquellen verdursten, wie es das von J. Zink berichtete Märchen eindrucksvoll zeigte.

Das »reine Herz« und die Erfahrung des Lichtes

In unserer Besinnung auf das, was die Meditation ausmacht, haben wir es bislang bewußt unterlassen, nach Sinn und Zweck der Meditation zu fragen. Wir haben vielmehr stets den Primat der Übung gegenüber jeder Reflexion betont. Dabei könnte gar der Eindruck entstanden sein, als seien wir wiederum in die fatale Nähe jener Karikatur von ignatianischen Geistlichen Übungen geraten, die mit Recht heute als Dressur des Menschen zurückgewiesen wird.

Zum anderen dürfte es aber manchen Menschen geben, der einen solchen Eindruck gar nicht so fatal fände. Ein moderner Mensch, der von der Überzeugung beseelt ist, sein Leben und seine Welt eigenmächtig – wenn schon nicht allein, so doch wenigstens im Kollektiv Mensch – gestalten zu können und zu sollen, wird die Anleitung zur Eigenleistung meditativer Selbstverwirklichung nicht verachten, sie eher noch begrüßen. Solche Übungen erweisen sich ja als sinnvoll für das Lebensgefühl des heutigen Menschen.

Geht man jedoch davon aus, daß im Buddhismus, in dem die asiatische Meditationspraxis ihre höchste Verwirklichung findet, nicht sinnvoll von der Meditation geredet wird, wenn diese nicht in der Buddhawerdung, d.h. in der Erleuchtung, wie sie der historische Buddha erlangt hat, endet, dann weiß man, daß die eigentliche Wirklichkeit der Meditation dort noch nicht angesprochen ist, wo man sich allein auf die Übung als solche konzentriert.

Nun wird auch in der christlichen Unterweisung stets von beidem gesprochen: von Asketik und Mystik, von der aktiven Einübung und dem passiven Verhalten und vom Prozeß der Begegnung mit dem dreifaltigen Gott. Vor allem ist immer darauf hingewiesen worden, daß der freie Gott sich in Freiheit einem Menschen mitteilt und schenkt, der mit offenem Herzen zu warten versteht. Der Prozeß der Begegnung ist dabei so gekennzeichnet, daß der aktive Einsatz des Menschen im Anfangsstadium stärker hervortritt, im weiteren Fortgang jedoch zurücktritt. Doch darf die Dialektik von Einsatz und Empfangsbereitschaft, Aktivität und Passivität nicht dahingehend mißdeutet werden, als würden Aktivität und Passivität einander wie zwei Stadien ablösen. Stets sind beide Elemente so miteinander verwoben, daß keines ganz fehlen kann. Das ist jedem geläufig, der weiß, daß jedes Tun des Menschen gnadenhaft umfangen ist und die Vorordnung des menschlichen Tuns vor eine gleichsam durch Leistung zu erarbeitende Gnadenwirksamkeit Gottes Pelagianismus besagen würde. Das apokryphe Ignatiuswort: »Es muß so gearbeitet werden, als hinge alles vom Menschen, nichts von Gott ab, und so auf Gott vertraut werden, als hinge alles von Gott, nichts vom Menschen ab« umschreibt die Dialektik in einzigartiger Weise.

Der Gesamtprozeß wird in der Regel in den drei klassischen Stufen *Reinigung–Erleuchtung–Einigung* beschrieben, die in ihrer formalen Aufzählung nicht als spezifisch christlich angesprochen werden können, sondern in den östlichen Wegen ihre Entsprechung haben[11]. In diesem Dreischritt, wobei jeweils der vorige Schritt im nächsten »aufgehoben« ist, begegnen wir jenem Stichwort wieder, das in Asien das große Ziel der Meditation bezeichnet: *Erleuchtung.* Aus der Tatsache, daß Erleuchtung in Asien das Ziel, in der abendländischen Mystik dagegen eine Durchgangsstufe zu sein scheint, darf jedoch nicht voreilig ein Gegensatz in der psychologischen Struktur der Abläufe herausgelesen werden. Tatsächlich stimmen bei der Beschreibung der Erleuchtung die Meister darin überein, daß diese Erfahrung ein Einheits- bzw. Alleinheitserlebnis von unterschiedlichem Tiefgang darstellt. Nicht jede Erleuchtung ist gleich tief. Es gibt die vertiefende Wiederholung der Erleuchtung ebenso wie die zeitlich länger andauernde, zumindest nachwirkende Erleuchtung. Es gibt ein Wachsen in der Erleuchtung.

Ehe es jedoch zur Erleuchtung kommt, ist in Asien wie im Abendland ein Prozeß der Reinigung erforderlich. Wir haben darüber in verschiedenen Ausdrücken wie Loslösung, Entleerung, Freiwerdung, Indifferenz, Gleichmut u.ä. gesprochen. Wir können ein Wort der Bergpredigt hinzufügen, das in der Geschichte der christlichen Frömmigkeit, in der Väterzeit ebenso wie noch in der Scholastik eine große Rolle gespielt hat:

»Selig, die reinen Herzens sind, denn sie werden Gott schauen« (Mt 5,8).

Dieses Wort von der *puritas mentis*, »Reinheit des Herzens«, das lange Zeit völlig unbegründet im Sinne einer eingeengten moralischen Aussage fehlgedeutet wurde, erfreut sich auch bei japanischen Zenmeistern großer Beliebtheit. So zitierte der

154

Zenmeister Mumon in einer Morgenansprache für die Schüler einer buddhistischen höheren Schule in Kyōto das Bibelwort zusammen mit zwei parallelen Formulierungen:

»Selig, die reinen Herzens sind, denn sie werden das Buddhagesicht schauen. Selig, die reinen Herzens sind, denn sie werden ihr wahres Selbst schauen.«

Das eigene Herz wird zu einem Spiegel, in dem das ankommende Licht sichtbar wird[12]. »Reines Herz« und Indifferenz – griechisch: *apatheia* – entsprechen sich. Nur kommt der Gedanke absichtsloser, sich zuwendender, »ekstatischer« Liebe hinzu, die nichts mehr für sich sucht, sondern – wie Maria, die Schwester der Martha, es allen Meditierenden vormacht (vgl. Lk 10,39) – den Menschen hingewandt dasitzen und lauschen läßt[13].

Was aber wird geschaut? Die Antwort auf diese Frage ist in der Aufreihung von Buddhagesicht/wahrem Selbst/Gott nicht ganz leicht. Sind »Buddhagesicht« und »Gott« am Ende nur Chiffren für das »wahre Selbst«? Was aber ist das »wahre Selbst«? Es ist zu beachten, daß im asiatischen Verständnis des Selbst »Ich« und »Selbst« zu unterscheiden sind. Das »wahre Selbst« erscheint erst dort, wo *muga*, »Ichlosigkeit« erreicht ist. Andererseits gibt es die Formeln »kleines Ich« und »großes Ich«, so daß auch das Ich noch einmal zu interpretieren ist.

Bestehen bleibt bei alledem, daß die Aussage*weisen* oft monistisch getönt sind. Wo jedoch Autoren auf die theoretischen Aporien des monistischen Denkens aufmerksam werden, ändern sich nicht selten ihre Ausdrucksweisen. So wechselte der japanische Philosoph M. Abe seine anfänglich monistischen Formulierungen später in nicht-dualistische um[14]. Der Wille, keine Anhänglichkeit nach irgendeiner Seite zu zeigen, ist auch hier vorherrschend. Nur wenn dieser Wille wirklich ernst genommen wird, lassen sich Fehldeutungen, mit denen der gedanklich-begrifflich vorbelastete westliche Mensch schnell bei der Hand ist, vermeiden.

Auch auf eine andere mögliche Fehldeutung sei noch aufmerksam gemacht. Wo Licht ist, ist Klarheit, Unverhülltheit, Unverborgenheit, *A-letheia*, »Wahrheit« im griechischen Verständnis von Wahrheit. Diese Klarheit darf jedoch nich im Sinne Descartes' als höchste Verwirklichung begrifflichen Begreifens mißdeutet werden. Das Licht der Erleuchtung vermag ob seiner Stärke zu blenden, neues Dunkel zu erzeugen, dem Menschen die letzte Wirklichkeit insofern ansichtig zu machen, als er sie als eine sich entziehende, nicht einforderbare Wirklichkeit erkennt[15].

Wir wissen, daß auch die Erleuchtung der asiatischen Meditation keinen Dauerzustand im Sinne eines neuen Besitzes darstellt. Vielleicht könnte das Rahnersche Sprechen von »Geheimnis« wegweisend sein[16] oder E. Przywaras *reductio in mysterium*, »Rückführung ins Mysterium«[17], zur Verständnisbrücke werden.

Das »wahre Selbst« und das Geheimnis

In seiner »Analogia entis« schreibt E. Przywara[18]:

»So ist das Mysterium als ›Geheimnis‹ der innere Sinn der ›klar gebahnten Straße‹, die zu ihm hinführt, aber als Straße notwendig vor den Türen des Geheimnisses abbricht. Die ›Straße‹ bricht vor der entscheidenden Tür (μύω) ab und geht so durch die Tür ein. In diesem Sinn führt der Begriff als Begriff ins Geheimnis.«

Und noch einmal:

»›Begriff‹ entsteht hier mithin neu vom ›Geheimnis‹ her: als ›einbegriffen‹ sein durch das ›Geheimnis‹: wie die Nacht ihr Antlitz öffnet, im Maße alles Licht erlosch ... Indem das ›Geheimnis‹ uns ›greift‹, spüren wir (passiv) seinen ›Griff‹ ... Aber das Geheimnis greift uns, um uns ein-zu-begreifen. Es führt

uns, um uns in sich hinein rück-zuführen (im *re* der *re-ductio*)
... Aber während der philosophische Begriff ins Geheimnis ab-
bricht, ist im theologischen Begriff das Geheimnis die Fülle des
Begriffs.«

Was für einen in begrifflicher Klarheit an sein Ziel getriebenen
Denkprozeß gilt, daß er nämlich im Geheimnis endet, ist auf
den meditativen Prozeß anwendbar. Es wäre eine eigene reiz-
volle Aufgabe, die hier jedoch nicht weiterverfolgt werden soll,
zu zeigen, welche Zusammenhänge zwischen philosophischen
und meditativ-mystischen Bewegungen bestehen und wie es
z.B. auch heute – vom deutschsprachigen Bereich her gesehen
– direkte und indirekte Querverbindungen gibt zwischen M.
Heidegger, K. Rahner, B. Welte u.a., aber ebenso zwischen
demselben M. Heidegger, K. Nishitani und anderen Philosophen in Kyōto oder diesen Philosophen, Y. Takeuchi, T. Ariga
und P. Tillich, zwischen den Basler Theologen, japanischen
und indischen protestantischen Theologen und buddhistischen
Religionsphilosophen, zwischen C. G. Jung und D. T. Suzuki,
zwischen J. B. Lotz, H. Dumoulin und H. Enomiya-Lassalle
u.a[19]. Diese *Cross Correspondence*, die de facto besteht, hat zur
Folge, daß heute Einsichten zutage treten, die – ohne daß sie
immer als solche ausgewiesen wären – ganz woanders beheimatet sind und zugleich – wo sie als solche erkannt und anerkannt sind – den neuen Kommunikationsprozeß ins Bewußtsein heben, der tatsächlich heutzutage zwischen verschiedenen
geistigen Hemisphären, wenn auch in unterschiedlicher Terminologie, so doch letztlich vielleicht aufgrund der Erfahrung des
»Selben« stattfindet.

Was aber die Rede vom »wahren Selbst« so schwer verständlich macht, ist der vielfach nicht beachtete Unterschied zwischen dem abendländischen und dem asiatischen Verständnis
des »Selbst«. Während die abendländische philosophische
Tradition mit diesem Begriff eine subjekthafte, genauer noch:
substanzhafte Vorstellung verbindet, ist das »wahre Selbst«
des Menschen im asiatischen Denken bis zum Verlust der »Ich-

haftigkeit«, d.h. der subjekt-substanzhaften Selbst-Ständigkeit bzw. In-sich-Ständigkeit, die sich ihrerseits dann im *Gegenüber* zu anderen Subjekten und Objekten verwirklicht, relational, »*beziehungshaft*« aufgefaßt. Die reine Relationalität, das reine »Existieren-aus/in-Beziehung«, wie wir den indischen Grundbegriff *pratītyasamutpāda*, von dem Y. Takeuchi in deutscher Sprache so eindringlich gesprochen hat[20], übersetzen wollen, ist aber letztlich erst dort erreicht, wo das »Ich« jede Selbst-Ständigkeit verloren hat.

Wird all das aber nicht mehr theoretisch-begrifflich verstanden, sondern existentiell-praktisch vollzogen, so befinden wir uns in jenem Bereich, von dem das zuvor zitierte Wort Przywaras spricht.Die Betonung des »wahren Selbst« ist dann nicht die Aufhebung jeder Kommunikation und die höchste Form der »*splendid isolation*«, sondern gerade die Frei- und Hingabe des Menschen an die ursprüngliche Kommunikation aller mit allen und allem. Sie besagt dann Hinordnung und Öffnung, Weggabe des begrenzten und begrenzenden Ich an alle und alles, »*Ek-stase*« im ursprünglichen Sinne des Wortes.

Allerdings fragt es sich dann: Weggabe – an *was*, an *wen*? Eine ähnliche Frage hatten wir im Zusammenhang mit der Beobachtung des Atems gestellt: »*Wer* atmet uns seinen Atem ein?« Und K. Nishitani hatte auf das paulinische Wort der »Ichlosigkeit« »Ich lebe, doch nicht mehr ich, Christus lebt in mir« (Gal 2,20) hin gefragt: »*Wer* spricht denn diesen Satz, wenn nicht mehr ich es bin?«[21]

»Wer«- und »Was«-Fragen sind für den Asiaten aufregend, weil sie alles Vorausgegangene zu zerstören drohen. »Wer?« – wenn nicht ich es bin, ist es ein Anderer, ein Anderes. Die naheliegende Antwort führt stets zurück in jene Unterscheidungen, Absonderungen, Trennungen, in Dualität und Pluralität, die überwunden werden sollen. Kein Wunder, daß nicht nur D. T. Suzuki und Radhakrishnan allergisch und heftig reagieren, wenn das Wertvollste, was sie zu besitzen glauben, in Gefahr gebracht wird[22]! Die Angst, zurückzufallen hinter jene radikale Offenheit-in-Einheit-mit-allem, sich durch die Bejahung eines anderen Du und Es erneut zu isolieren und so die Möglichkeit der radikalen Kommunikation mit allen und allem aufs Spiel zu setzen, ist größer als die Angst um das kleine Ich und Selbst. Der japanische Psychiater T. Doi hat die Ansicht vertreten, die Übung des Zen komme dem Bedürfnis des Menschen nach Geborgenheit entgegen[23]. Das aber gilt dann nicht nur für den Asiaten, sondern auch für den Menschen des Westens. Doi meint, der westliche Mensch erblicke heute in der asiatischen Meditation eine Chance für sich selbst, weil er bei seiner Betonung der Unabhängigkeit des Ich immer mehr in die Isolierung und Unsicherheit geraten sei und nun nach neuer Geborgenheit und Einheit mit Umwelt und Natur – »Mutter Natur«! – verlange. Damit dürfte Doi das Dilemma des westlichen Menschen gut getroffen haben.

Einmal sorgt er sich in der Tat um sein eigenes Ich, seine Person, seine Personalität und Individualität; wichtig ist, daß im westlichen Verständnis von Person Personalität und Individualität zusammengesehen werden[24]. Der Einsatz für die eigene Person wirkt aber auf den östlichen Menschen egoistisch; die theoretischen Ausführungen über das Personsein im eigentlichen Sinne wirken beschränkend und beschränkt. Die geschichtliche Tradition, die nicht zuletzt von der Trinitätslehre her Personalität und Relationalität in Beziehung setzt, ist praktisch unbekannt. Ist es so unverständlich, daß bei einem Personbegriff, der einseitig im Sinne von geistiger Individualität und dazu Inkommunikabilität – Nicht-Mitteilbarkeit – verstanden wird[25], kollektivistisch-sozialistische Ideologien auf den östlichen Menschen eine stärkere Faszination ausüben, zumal wenn er sie auf seine Weise interpretiert und verwirklicht? Wenn dann im entsprechenden Sinne Personsein auch noch für Gott reklamiert wird, scheint der westliche Mensch in den Augen der Asiaten die Begrenzung, die scheinbar mit dem Personsein gegeben ist, in die Grenzenlosigkeit einzuzeichnen, was in der Tat widersinnig ist. Jedenfalls ist in der bisherigen Diskussion um personal/impersonal der eigentliche Einwand der Asiaten, daß Individualität und Inkommunikabilität Begrenzung und Kommunikationslosigkeit bedeuten, kaum beachtet worden. Aus asiatischer Sicht ist es anderseits unbegreiflich, daß Inkommunikabilität Ausdruck eines letzten Geheimnis-seins des Menschen selbst in seiner »Seelenspitze«, im *apex animae*, in seiner »Tiefe« darstellt und damit sein »wahres Selbst« in das »Geheimnis« der Offenheit einmünden läßt.

Diese Inkommunikabilität ist aber ihrerseits oft auch im Westen nicht als solche erkannt und verwirklicht worden. Vielmehr hat sich der westliche Mensch in der Betonung seiner Personalität und Individualität zusehends selbst isoliert und von einer Kommunikation in der »Tiefe« nicht nur dispensiert, sondern förmlich abgeschnitten, indem er dogmatisch verfügte, daß es über den Bereich sinnlicher Wahrnehmung hinaus keine Erkenntnis gebe und daß die Sinnlichkeit körperliche Sinnlichkeit, den Bereich der äußeren Sinne meine. Die Unabhängigkeit des personalen Menschseins, seine Freiheit und Bindungslosigkeit, wie sie der moderne Mensch für sich in Anspruch nimmt, schaffen neue Leerräume, Unerfülltheit, Sinnleere, Einsamkeit. Diese Leerräume sind aber immer weniger offen für Sinnerfüllung, sondern füllen sich mit den Wassern der Negativität der Sinnlosigkeit, der Ängste, der Vereinsamung. Aus dem Schweigen der Ehrfurcht wird ein Verstummen, weil der Mensch im tiefsten Grunde seines Herzens weder eine Antwort vernimmt noch sie zu hören sich bemüht. Er braucht sich auch gar nicht zu bemühen, weil er nach seiner Dogmatik keine Antwort mehr zu erwarten hat. Damit wird der Mensch sprachlos, heimatlos, umhergetrieben, ungeborgen. Bestenfalls bleibt er – wie es Doi sieht – auf der Suche nach Geborgenheit. Irgendwo treffen sich die Menschen in Ost und West in ihrer Not. Ost und West stehen am Ende gemeinsam vor oder in dem, was unterschiedlich als »Leere«, »absolutes Nichts«, »Geheimnis« u.ä. bezeichnet wird. Die Verwirklichung des »wahren Selbst« geschieht, endet im »Geheimnis«. Wo keine neue Aussage gewagt wird und der Mensch angesichts des Nichtwissens schweigt, ist die Möglichkeit der Kommunikation anscheinend am größten. Es gibt ein Verstehen im schweigenden An- und Ineinanderblick, im Blickpunkt der Blicke, auf einer Ebene, die reflex-begrifflich nicht mehr einholbar ist, im verstehenden Lächeln.

Weil aber Menschen aus der schweigenden Kommunikation immer wieder in die Sprache zurückkehren und miteinander reden müssen, weil das Leben der Menschen untereinander nur in einer Dialektik von Reden und Schweigen, Hören und Reden gelingt, ist die Tiefenkommunikation im Schweigen stets genauso gefährdet wie das Geheimnis selbst. Diese Gefährdung besteht darin, daß der Mensch doch wieder danach strebt, sich des Geheimnisses zu bemächtigen und sich damit von ihm zu entfernen. Diese Bemächtigung kann auf doppelte Weise geschehen.

Der *westliche* Mensch steht in der Gefahr, das Geheimnis im begreifen wollenden Zugriff – positiv – zu zerstören. Die Geschichte der negativen Theologie zeigt das deutlich genug[26]. Zwar ist die *theologia negativa* nie ganz ohne Spuren geblieben, doch hat sie oft und lange genug ein eher verborgenes Dasein gefristet. Die Selbstverständlichkeit, mit der im Raum des Christentums über das Geheimnis Gott gedacht, gesprochen und geschrieben worden ist, füllt Bibliotheken.

Der *östliche* Mensch steht seinerseits in der Gefahr, in negativer Weise das Geheimnis zu zerstören. Er übersieht oft, daß auch Negationen die Möglichkeiten des Geheimnisses beschränken und es damit zerstören können. Diese Feststellung wäre im Hinblick auf die Negationen zur Gottesfrage und zur Frage nach dem Personsein zu bedenken, aber auch hinsichtlich des Verhältnisses des Einen und des Vielen. Negationen können Ausdruck zerstörerischer Eigenmächtigkeit sein. Das bleibt auch dann bestehen, wenn demgegenüber von asiatischer Seite immer wieder betont wird, in einem solchen Falle sei die letztgültige Verneinung, die in das »absolute Nichts« und die »Leere« führt, nicht korrekt vollzogen worden.

Es läßt sich nicht leugnen, daß es im asiatischen Raum erschreckende Beispiele von Empfindungslosigkeit und Gleichgültigkeit gegenüber mitmenschlichem Elend und Leid gibt, auch nicht, daß ein Zusammenhang mit den asiatischen Welt-anschauungen besteht. Die häufige Frage, ob nicht asiatische Meditation letztlich in einem »Selbst«-Gespräch im Sinne eines Monologs endet, stößt in der Regel auf Unverständnis und Befremden, und das aus guten Gründen. Schließlich hat ein Monolog die Struktur eines Dialogs; alle Dualität aber soll ja überwunden werden[27]. Die Erfahrung des »wahren Selbst« liegt folglich jenseits von Mono- und Dialog. Und doch steht jene Erfahrung in der Gefahr, in der Kommunikation mit allen und allem in Kommunikationslosigkeit, damit in die Aufhebung von Liebe und Mitleid umzuschlagen. Das aber geschieht, wenn in der radikalen Negation die Positivität des einzelnen, der Pluralität, der Differenzierungen, des Geschichtlichen restlos eigenmächtig aufgehoben wird.

So hat M. Abe hinsichtlich des vom Zen-Buddhismus inspirierten Denkens den bemerkenswerten Einwand erhoben, daß im Laufe der Geschichte die Forderung des Nichtdenkens – englisch spricht er von »*non*-thinking«, japanisch von »*hi*-shiryō« – eher im Sinne einer rein verneinenden Absage an das Denken – englisch »*not*-thinking«, japanisch »*fu*-shiryō« – mißverstanden wurde[28]. Danach steht die negationsgesättigte Sprache des Buddhismus in der Gefahr, die positive Rolle des Begrifflichen, des Sprechens, der Worte, der wissenschaftlichen Welt zu verfehlen.

Die Gefahr der Kommunikationslosigkeit ist auch gegeben, wenn die Passivität zu einer radikalen Verneinung der Aktivität wird und Meditation und aktives Engagement einander nicht mehr bedingen, wenn die Dialektik von Weltflucht und Weltfreudigkeit zerstört wird. Es gibt hier eine Analogie zu den Aussagen des 1. Johannesbriefes über das Verhältnis von Gottes- und Nächstenliebe:

»Wenn einer behauptet: ›Ich liebe Gott‹ und seinen Bruder haßt, dann ist er ein Lügner. Denn wer seinen Bruder, den er vor Augen hat, nicht liebt, der vermag Gott, den er nicht gesehen hat, nicht zu lieben« (4,20).

Wenn einer von sich behauptet, er »kommuniziere« in seiner Tiefe mit allen und allem, aber an seinem leidenden Bruder in der Welt unberührt vorübergeht, ist er ein Lügner. Es gibt keine wirkliche Kommunikation in der Tiefe, die nicht ausstrahlt und überfließt, zurückfließt in das alltägliche Leben und seinen Umgang mit den Menschen[29].

Die Menschen in Ost und West sind je auf ihre Weise von der gleichen Gefahr der Eigenmächtigkeit bedroht. Wo aber der Mensch das Geheimnis Geheimnis sein läßt und wo die radikale Negation eine sich total loslassende und zugleich zu allem bereite Negation ist, kann die große Kommunikation in beglückender Weise gelingen.

Was aber könnte geschehen, wenn Menschen aus beiden Welten tatsächlich so frei und gelassen wären, daß das Geheimnis walten könnte? Sie würden wissen, wie recht K. Rahner mit seiner Bemerkung hat:

»Nichts weiß der Mensch in der letzten Tiefe genauer, als daß sein Wissen (das, was man im Alltag so nennt) nur eine kleine Insel in einem unendlichen Ozean des Undurchfahrenen ist, als daß die existentielle Frage an den Erkennenden die ist, ob er die kleine Insel seines sogenannten Wissens oder das Meer des unendlichen Geheimnisses mehr liebe.«[30]

Das Geheimnis und das christliche Dilemma

Wir haben uns bislang bemüht, einmal jene starken Seiten der asiatischen Meditation zu erfassen, die auf den westlichen Menschen faszinierend wirken, sodann zu zeigen, welchen Bedürfnissen des westlichen Menschen diese Art von Meditation überhaupt entgegenkommt. Wir haben bewußt selbst dort, wo theoretische Fragen dem tieferen Verständnis dienten, versucht, sie so knapp wie möglich zu behandeln, damit immer wieder der Primat der Praxis zum Tragen kommt. Es ging uns vor allem um die Brücken der Verständigung, so sehr, daß wir bewußt mehr in allgemeinen Ausdrücken von »westlichen Menschen« und »abendländischer Tradition«, von »asiatischer Meditation« und »östlicher Methodik« u.ä. gesprochen haben. Die religiösen Einstellungen, das Christentum und die Religionen Asiens, Hinduismus und Buddhismus, Taoismus und – soweit er meditativ bedeutsam ist – Konfuzianismus, wurden eher am Rande gestreift. Allerdings haben wir aus der christlichen Ausgangssituation der Betrachtung keinen Hehl gemacht.

Es wäre aber unfair, würden wir nicht angesichts der geforderten Haltung der Loslösung gegenüber dem, was wir »Geheimnis«, »absolutes Nichts«, »Leere« nannten, von dem Dilemma sprechen, in das Christen zu geraten scheinen. Einerseits bejahten wir die Haltung des Wartens und ehrfürchtigen Schweigens vor dem großen Geheimnis. Andererseits weiß jeder, daß Christen sich zu einem Gott bekennen, der sich selbst den Menschen ein für allemal in Jesus Christus mitgeteilt hat, der in Jesu Worten und Taten selbst zum befreienden Wort an die Menschheit geworden ist[31]. Bei allem Suchen nach einer gemeinsamen Basis zwischen den Völkern kann der Christ nicht von Jesus Christus schweigen, selbst auf die Gefahr hin, daß er damit erneut Entscheidungen und Unterscheidungen heraufbeschwört, die neuen Streit, Enttäuschung und Mißtrauen schaffen.

Die Frage ist hier: Wie ernst ist es Christen überhaupt mit ihrer Rede vom »Geheimnis«? Ist nicht ein »Geheimnis«, das mitgeteilt wird oder sich selbst mitteilt, die Selbstaufhebung des Geheimnisses? Ist das christliche Sprechen vom Geheimnis am Ende nicht doch nur ein Trick?

In einem früheren Vortrag habe ich mit der Formel »Das *schweigende* Nichts angesichts des sprechenden Gottes« experimentiert[32]. Gewiß ist es für den Buddhisten absurd, von einem »schweigenden« bzw. »sprechenden Nichts« zu reden. Und doch: Wenn man aus einem christlichen Denkansatz her-

164

aus die Kategorien »sprechen« und »nicht-sprechen« auf das Nichts anzuwenden wagt, so muß man jedenfalls das Nichts nicht ohne weiteres »stumm« nennen. Vielmehr könnte das »schweigende Nichts« gerade in jene Erfahrung hineinführen, in der der Mensch auch das Nichts und die Leere wirklich radikal losläßt und sich jeden Urteils darüber enthält. Wo der Mensch von einem »*stummen Nichts*« spricht, stellt er fest: Es *kann* nicht sprechen. Wo er von einem »*schweigenden Nichts*« spricht, hält er sich völlig offen: Die Möglichkeiten des Nichts werden nicht beurteilt, bleiben frei: Kann es sprechen, kann es nicht sprechen, will es sprechen, will es nicht sprechen, schweigt es jetzt, schweigt es einmal nicht? Das »schweigende Nichts« ist jedenfalls stets auch die Möglichkeitsbedingung eines »sprechenden Nichts«.

Einen Anhaltspunkt für ein solches mögliches Verständnis könnte im übrigen das Sprechen vom »schweigenden Buddha«[33] bilden. Bekanntlich lehnte der Buddha jede theoretische, spekulative Erörterung ab. Statt dessen rief er die Menschen dazu auf, sich auf den Heilsweg zu begeben. Heil findet der Mensch aber dort, wo er die Wirklichkeit sieht, so wie sie ist. Die Erfahrung der »wahren Leere« und die Erfassung der Wirklichkeit, wie sie ist, aber sind dasselbe. Gerade in der mahāyānistischen Ausdeutung dessen, was »Leere« *nicht* meint, wird aber der Schein des Wunderbaren sichtbar, der dort zum Vorschein kommt, wo der Mensch Erleuchtung erlangt. Auch im buddhistischen Raum erlebt es der Erleuchtete, daß das Herz so übervoll wird, daß er nicht mehr schweigen kann.

Ähnlich wie in der stärkeren Tradition griechischen Denkens ist aber der vornehmste und wichtigste Sinn des Ergreifens der Wirklichkeit wie sie ist, das Sehen. Es wäre jedoch zu fragen, ob nicht in der Wahrnehmung der Wirklichkeit das Hören verstärkt werden müßte. In der abendländischen Tradition, nicht nur in der hebräischen, auch in der vom griechischen Denken inspirierten, haben mit unterschiedlicher Betonung *Hören und Sehen* als die beiden Sinne gegolten, die dem Menschen die volle Wirklichkeit vermitteln[34].

Der Ausfall des Hörens als Weg zur Erfassung der Wirklichkeit, wie sie ist, hat aber schwerwiegende Folgen. Das Hören ist der Sprache zugeordnet. Es sprechen aber alle Dinge, die Blumen auf dem Felde und der stumme Stein, das Zwitschern der Vögel und der treue Blick des Hundes, das kleine Erinnerungsstück an der Wand und die Leuchtreklame, die Verweigerung der Aussage und das vertrauliche Gespräch zwischen Freunden. Es sprechen der Angstschrei, die dankbar leuchtenden Augen, das sprachlose Entsetzen, das Schweigen, das Verstummen. Wo das Hören nicht mehr eingeübt wird, bleibt die Sprache verborgen, wird auch zwischen Nichts/Leere und der Sprache kein Bezug gesehen.

Gerade aber wo der *ganze* Mensch wiederentdeckt wird und der Satz gilt: »Der Mensch *hat* nicht nur einen Leib, er *ist* Leib«, muß auch der Satz: »Der Mensch *hat* nicht nur eine Sprache, er *ist* Sprache« gelten und zu einem tieferen Verständnis des Menschen selbst und seiner Wirklichkeitserfassung führen. Es fragt sich dann, ob nicht der Rolle des Wortes, der Sprache und des Gesprächs in der asiatischen Religiosität zu wenig Bedeutsamkeit zuerkannt wird. Ist Sprache nicht zu sehr Mittel der Zerstreuung, der Differenzierung, der Pluralität, zu wenig Ausdruck der Sammlung, der Ganzheit, der Einheit[35]?

Wir erinnern uns an den wortlosen Schrei Jesu am Kreuze, von dem das Markusevangelium berichtet:

»Jesus aber schrie laut und verschied« (15,37).

An wen richtete sich der Schrei Jesu in jenem Augenblick? Womit verband ihn dieser Schrei, der in vielen Schreien der Menschen zu allen Zeiten wiederkehrt? War dieser Schrei, der aus der Tiefe des Herzens Jesu kam, nicht ein Schrei in die Leere? Ist es im übrigen nicht merkwürdig, daß in gewissen psychotherapeutischen Kreisen heute mit einer Schreitherapie gearbeitet wird, in der der Patient angeleitet wird, wieder zu schreien, den Protest, die Not, die Bedrängnis hinauszuschreien und damit sie und sich loszulassen, loszuwerden?

Die Rede von einem sprechenden Gott, der in Jesus Christus geschichtliches Wort an die Menschheit wurde und in seinem Todesschrei am Kreuz in das »Nichts seiner selbst«, den Tod einging, wird für den Nichtchristen stets eine Herausforderung bleiben. Es wäre aber unredlich zu übersehen, daß die Herausforderung auch für den Christen selbst bestehen bleibt. Die Rede von einem letzten tragenden Geheimnis, von einem absoluten Nichts, das alles und jedes »umfaßt« (K. Nishida)[36], ist »mystagogisch«, führt den Menschen in das Mysterium, in den Bereich des Mystischen ein. Daß dieses Mystische selbst aber den Menschen in einer Weise einweist, die ihm überraschend und unbegreiflich, erstaunlich und doch auch wieder ärgerlich ist, erfordert vom Menschen eine ständige »Metanoia«, die Bereitschaft umzudenken, sich loszulassen, sich führen zu lassen, kurz: die Bereitschaft zum Lassen.

Diese Bereitschaft würde vielleicht stärker in der Welt wachsen, wenn die Christen selbst sich bewußter zu dem Dilemma bekennen würden, in dem sie stecken: Sie müssen von dem Geheimnis *sprechen*, das ein Gott für sie bleibt, der seinen Sohn für die Menschen in den Tod gibt – aus Liebe zu diesen Menschen (vgl. Joh 3,16). Sie müssen von der Nichtung, dem Tode Gottes im Kreuzestode Jesu *sprechen*. Es fällt auf, daß der »gekreuzigte Gott« (J. Moltmann)[37] im Buch eines asiatischen Christen ähnlich angesprochen ist. K. Kitamori, ein japanischer Theologe, hat – wenn auch in der konkreten Durchführung anders gelagert – eine »Theologie des Schmerzes Gottes« vorgetragen[38]. Die Leidens- und Mitleidensgestalt Jesu spielt auch im Denken Sh. Endōs, eines katholischen Japaners und zugleich eines der bedeutendsten Schriftsteller seines Landes, eine zentrale Rolle[39].

Wir haben zu lange Zeit zu wenig von dem Geheimnis Gott, dem *deus absconditus*, der Verborgenheit Gottes, dem Mysterium gesprochen, obgleich es das Mysterium ist, das auch den Christen in das Schweigen der Ehrfurcht hineinzieht. Wir schauen zu häufig doch an der »entleerten« Gottesgestalt (vgl. Phil 2,7), an der Nichtung Gottes im Kreuzestode Jesu vorbei, obgleich der Mensch im Blick auf sie seine geistige Armut (vgl. Mt 5,3) und das Gehen des Weges in Leiden und Mitleiden, im Sterben außerhalb der selbstgeschaffenen Sicherheiten (vgl. Hebr 13,12), in der totalen Entblößung von allem, lernen sollte. Dabei ist es christliche Grundlehre, daß der Blick auf Christus – »Weg, Wahrheit, Leben« (Joh 14,6) – und sein Kreuz – »Ich hatte mir vorgenommen, unter euch nichts anderes zu kennen als Jesus Christus und zwar den gekreuzigten« (1 Kor 2,2) – Heil vermittelt[40]. Das Kreuz ist darin zu einem auf seine Weise alle Richtungen und Seiten, Weite und Breite – horizontal –, Höhe und Tiefe – vertikal – verbindenden und einholenden Symbol geworden.

Der japanische Jesuit K. Kadowaki hat im Herbst 1973 das Experiment eines christlichen *Sesshin* gewagt[41]. »Sesshin«, »Berührung des Herzens« ist ein Wort der Zensprache und bezeichnet eine bestimmte Zeit andauernder Zenübungen in einem Tempel unter der Aufsicht eines Meisters. Mit »christlichem Sesshin« war hier eine Übungszeit gemeint, in der Kadowaki Grundelemente der christlichen Frömmigkeit, wie sie ihm aus der ignatianischen Exerzitientradition bekannt waren, mit Grundelementen der Zenmeditation, die ihm aus praktischer Erfahrung geläufig waren, zueinanderführte.

Auf ein Moment dieses »Sesshin« sei in unserem Zusammenhang kurz eingegangen. Bei seinem Meditationsexperiment tauschte Kadowaki das Kōan »*Mu*«, »Nicht–«, gegen das Kōan »*Shu*«, »Herr«, aus. Dieser Austausch erscheint höchst bedeutsam. Zunächst bestätigt Kadowaki: »Nicht–« bedeutet, daß es, weil wir den anderen annehmen, wie er ist, ohne Vorurteil und falsche Anhänglichkeit, die Fähigkeit zu einer interpersonalen Kommunikation auf einer tieferen Stufe einschließt. Sodann wiederholt er: »Nicht–« ist kein Meditationsobjekt, sondern Einübung in den »großen Tod«, der in der Verwirklichung des *Mu*, des »großen Todes«, zur »Erleuchtung«, zum *Satori*, führt. Wo nun das Kōan *Mu* in das Kōan *Shu* gewandelt wird, ist auch der »Herr« nicht Meditationsobjekt, sondern das Kōan treibt zur Einübung des »Herrn«, damit zur

Einübung in den »großen Tod« Jesu und in der Verwirklichung des »Herrn« zur »großen Freiheit«, zur »Erlösung«, zum »neuen Menschen« mit seinen »neuen Sinnen«. Die Einübung in das *Mu* wird zur Einübung in »*Shu*« und umgekehrt. Wo der Buddhist nicht *Mu* beurteilt, steht er am Ende wie der Christ vor dem zerstörten Antlitz des »Herrn«. Das Jesuswort findet seine Verwirklichung:

»Wer mich gesehen hat, hat den Vater gesehen« (Joh 14,9).

Bei Kodawaki löst sich das christliche Dilemma:

»Der Christus, der völlig ›Mu‹ wurde, lebt in mir. Den großen Tod zur ersten meiner Prioritäten zu machen, einzuwerden mit Christus und mit Christus zu sterben – genau hierin besteht das christliche *Satori*«[42].

Damit streben wir eine Begegnung von Geist zu Geist auf einer tieferen Stufe der Kommunikation an, die zwar nicht unberührt ist von der Verkündigung der christlichen Frohbotschaft, die aber nicht im Raume theoretisch-wissenschaftlich-reflektierter Auseinandersetzungen stehenbleibt, sondern in eine Tiefenschicht geistiger Affinitäten vordringt, wo auf die Dauer allein ein Verstehen, Gemeinsamkeit und dynamisch jene Identität zu gewinnen ist, die Christus in der Gemeinschaft der zwei, drei und mehr »in seinem Namen« anwesend sein läßt (vgl. Mt 18,20).
Die christliche Mystik endet dort, wo sie nicht neuplatonisch verfremdet ist, in der sich wegwerfenden, wegschenkenden Haltung der Liebe. Eine sich verschenkende Liebe aber ist ekstatisch, ex-zentrisch. Sie verwirklicht *muga*, Ich-losigkeit, Selbst-losigkeit in höchster Form. Das lehrt die Gestalt des »Herrn«.
Die Gestalt dieser Mystik ist nicht monistisch, sondern trinitarisch, denn die verströmende Liebe Christi ist ein Geist, der eint, ohne zu zerstören. Christus selbst eint sich in seiner Liebe mit dem ursprunglosen Grund, Gott, »Vater«, wie wir den Namenlosen rufen. Das Gegenüber von Vater und Sohn in der

Liebe löst aber das Problem von Einheit und Zweiheit/Vielheit dahin, daß weder die Einheit der Vielheit noch die Vielheit der Einheit geopfert wird. Einheit schließt immer schon Gemeinsamkeit ein[43]. Das Kreuz Christi hebt die Eigenmacht des Menschen und die Einsamkeit auf. Im Akt der Nichtung wird der Raum für neue Kommunikation, neue Gemeinschaft frei: Jesus neigte sein Haupt und gab sein *Pneuma* – Atem, Geist – auf, frei, »übergab« es hinein in das All der Welt (vgl. Joh 19,30 und Mt 27,50ff.). Einheit-in-Liebe steht im Zeichen verströmenden Blutes, doch die Botschaft lautet: »Der Herr lebt!«

K. Kadowaki berichtete: »Obwohl die Übenden kein Wort während des ganzen Sesshin sprachen, so waren sie doch, als es vorüber war, einer Meinung, daß sie niemals zuvor eine derartig tiefe Erfahrung gemeinsamen Betens und des Gemeinschaftslebens in Christus gemacht hätten.«[44] Hier berühren sich in der Praxis Welten. Hier wird etwas auch von der Zukunft christlichen Glaubenslebens sichtbar.

Zukunft der Mystik – Mystik der Zukunft

K. Rahner hat geschrieben:

»Der Fromme von morgen wid ein ›Mystiker‹ sein, einer, der etwas ›erfahren‹ hat, oder er wird nicht mehr sein«[45].

Wir haben von der wahren Meditation gesagt, sie vollziehe sich zwischen Asketik und Mystik. In dieser Feststellung ging es uns darum, ein Meditationsverständnis als unzureichend zurückzuweisen, das in der Meditation nur eine Methodik bzw. Technik zu einer – im Grunde doch nur auf das Vordergründige orientierten – geistigen Konzentration oder auch zu einer neugierigen Eroberung der tieferen Seelenschichten des Menschen und einer Bewußtmachung des Unbewußten erblickt. Abgelehnt

170

haben wir eine Meditation, die letztlich nichts anderes als ein Mittel der Manipulation in der Eigenmächtigkeit des Menschen bleibt. Daß es Gefahren in dieser Richtung gibt und sich meditative Übungselemente in diesem Sinne mißbrauchen lassen, haben wir angedeutet. Ob und in welchem Ausmaß auch von anderen vorgegebene Meditationsobjekte die Gefahr der Manipulation in sich bergen, wäre genauer zu prüfen.

Meditation im eigentlichen Sinne ist aber erst dort verwirklicht, wo die Übungen im Horizont eines vom Menschen selbst nicht mehr bestimmten Zielhorizontes stehen, wo der Mensch sich losläßt, sich fallen, ergreifen und einweisen läßt von dem ihn tragenden, annehmenden Geheimnis. In diesem Sinne haben wir verschiedentlich das Wort »Mystik«, »Mystiker« eingeführt, ohne dieses schwer zu definierende Wort näher abzugrenzen.

In dem zuvor zitierten Wort von K. Rahner ist ein »Mystiker« ganz allgemein derjenige, der etwas »erfahren« hat. »Erfahrungen«, wie sie hier gemeint sind, werden aber dann nicht nur für einen auserwählten Kreis gläubiger Menschen vorausgesetzt, sondern für den Christen überhaupt, – ja wir dürfen weiterschließen, daß sie irgendwie – wenn es sich um »Fromme« handelt – allen Menschen zugänglich sind. In einem Brief an K. P. Fischer hat K. Rahner umschrieben, was er unter Mystik versteht[46].

»Ich meine nur (ganz bescheiden und zweifelnd), daß die erste und ursprüngliche Erfahrung des Geistes, von der ich zu reden versuche, auch der innerste Kern dessen ist, was man Mystik nennen kann, und daß von daher, weil diese von mir gemeinte Geisteserfahrung im eigentlichen und ursprünglichen Sinn die Glaubenserfahrung ist, Mystik (im üblichen Sinn des Wortes) nicht eine höhere ›Stufe‹ über dem normalen Glauben ist, sondern eine bestimmte Weise eben dieser Glaubenserfahrung, eine Weise, die ›an sich‹, in ihr selbst, der natürlichen Psychologie und den natürlichen Möglichkeiten des Menschen für ›Versenkung‹, Konzentration, Leerwerden des Geistes usw. ange-

hört. Wenn die ›Weise‹der gnadenhaften Geisteserfahrung für
an sich ›natürlich‹ erklärt wird, dann wird sie dadurch nicht ab-
gewertet. Es kann ja einer Gott selbst in seiner unmittelbarsten
Selbstmitteilung finden, indem er einem Armen selbstlos seine
Suppe überläßt und selbst hungrig bleibt... Und so können
Phänomene der Versenkung, der ›Weiselosigkeit‹, der Stille,
des Schweigens, der Leere, des absoluten Sichloswerdens usw.
die Weisen sein, in denen und unter denen die Erfahrung der
schweigenden und unsagbaren Gottesselbstmitteilung radikaler und ›reiner‹ erfahren und angenommen wird: in radikaler,
den Menschen ganz versammelnder Freiheit. Man kann (mit
den spanischen Klassikern der katholischen Mystik) solche
Phänomene dann auch beschreiben als Nacht der Sinne und
Nacht des Geistes, und unter dem, was damit gemeint ist, werden sich in einem zusammen die eigentliche Gnadenerfahrung
der gnadenhaft radikalisierten Transzendenz auf die Unmittel-
barkeit Gottes hin *und* eben ganz bestimmte, an sich natürli-
che, Phänomene der entleerenden und schweigenden Versam-
meltheit des Menschen verbergen.«

In diesem Versuch der Annäherung finden wir, ohne daß zunächst ausdrücklich darauf abgehoben würde, die Grundelemente nicht nur der klassischen abendländischen Mystik, sondern auch der asiatischen Meditationserfahrung wieder: Geist-
erfahrung, Versenkung, Konzentration, Leerwerden des Geistes, »Weiselosigkeit«, Stille, Schweigen, Leere, absolutes
Sichloswerden, Nacht der Sinne und des Geistes. Mystik zielt
auf den Bereich der Objektlosigkeit ab, ist aber dann »Glaubenserfahrung«, d.h. »Erfahrung der schweigenden und unsagbaren Gottesselbstmitteilung«. Mystik beschreibt somit
den Menschen als ein ek-statisches Wesen, das mit leeren, offenen Händen, leerem, offenem Geist und Herzen der Erfüllung
durch ein sich ihm mitteilendes, ihn annehmendes, ihn heimho-
lendes Geheimnis entgegenharrt. »Mystik« meint stets eine
Haltung, die vom »Ich« abholt, die sich losläßt und nicht mehr
verfügt und gerade so zu einer Erfahrung der Freiheit wird.

In diesem Zusammenhang sagt K. Rahner dann ausdrücklich, daß zu einer Einführung in die Mystik – Mystologie – »alle jene Übungen und Techniken, die in allen höheren Religionen (mit mehr oder weniger Esoterik) gelehrt und praktiziert werden: Disziplin des Leibes, Sammlung, Schweigen, möglichster Ausschluß kategorialer Einzelinhalte aus dem doch wachbleibenden Bewußtsein usw.«[47], gehören.

Wenn aber gilt, daß der »Fromme von morgen« ein Mystiker ist oder es keinen »Frommen« mehr gibt, muß um der Zukunft des Menschen willen der Mensch von heute eingeladen werden, Meditation zu üben. Von seiner Seite her wird er sich nicht sonderlich um das zu bekümmern haben, was ihm geschenkhaft, gnadenhaft in der Erfahrung und Erleuchtung zuteil wird. Seine Besorgnis wird in der Tat die Übung sein, die all die Elemente beachtet, die genannt wurden und selbst im Alltag ihre Fortsetzung und Verlängerung finden können. Wo es dem Menschen gelingt, sich radikal loszulassen, ist er nicht mehr Herr und findet im Verlieren seiner selbst doch sein wahres Selbst. »Denn wer losläßt und springt, fällt in die Tiefe, die da ist, nicht nur insoweit er sie selbst ausgelotet hat. Wer sein Menschsein ganz annimmt (und es bleibt dunkel, wer es wirklich tut), der hat den Menschensohn angenommen, weil in ihm Gott den Menschen angenommen hat«[48].

Der Christ darf von dieser Erfahrung unbefangen als von einer »Glaubenserfahrung« sprechen. Er sollte es auch tun auf die Gefahr hin, daß ein solches Wort asiatische Menschen abschreckt. Das Abschrecken tritt ja im Grunde nicht dort ein, wo die Erfahrung selbst zum Ort der Kommunikation wird, sondern erst dort, wo im Anschluß an die Meditation alle Einwände und Ängste des Menschen neu hochkommen, wo der Mensch nicht frei ist und ihm der letzte Mut zum Sprung fehlt und er sich der Erfahrung in der Reflexion begrifflich wieder zu bemächtigen sucht. Recht verstanden ist aber in der Sprache des japanischen Zen-Buddhismus die Glaubenserfahrung nichts anderes als eine Erfahrung des *muga*, des »Nicht-Ich«, der »Ich-losigkeit«. Der glaubende Mensch ist ja gerade der

Mensch, der nicht mehr auf seine Selbst-Ständigkeit pocht, sondern ek-statisch, d.h. aus dem Ergriffensein durch den ihn tragenden Grund lebt und sich von dorther »grund-los« ins Leben gerufen weiß.

Die Antwort auf die Frage: »Wer ruft denn da?« mag dann begrifflich ruhig offenbleiben. Auch der Christ sollte sich darüber keine zu großen Sorgen machen. Es mag auffallen, daß in unseren letzten Überlegungen auch die Gestalt Christi kaum ausdrücklich genannt wurde. Sie ist dennoch anwesend. Man muß sich nur klarmachen, daß wie Gott nicht *Objekt*, so auch Christus kein Anschauungs*objekt* sein will. Ein Anschauungsobjekt bildet ein Gegenüber, an dem wir uns in der »Theorie«, im Anblick, in der Phantasie, im begreifen wollenden Zugriff einüben wollen. Eine solche Einübung mag zu ihrer Zeit auch ihren Sinn haben. Christus will aber nicht so sehr unser Gegenüber sein, sondern vielmehr in uns selbst Gestalt annehmen. Das Christsein ist daher vollkommen verwirklicht, wo zwischen Christus und dem an ihn Glaubenden keine Differenz mehr erkennbar bleibt, so daß das Pauluswort: »Nicht mehr ich, Christus lebt in mir« (Gal 2,20) Wirklichkeit wird. Christliche Meditation und Christusmeditation kommen dort an ihr Ende, wo das Christsein an sein Ende kommt.

Damit mündet die Meditation wieder in das konkrete Leben ein, aus dem sie entsprungen ist. Niemand hat das Recht, nicht nur die christliche Meditation, sondern die Meditation überhaupt zu verdächtigen, sie wolle den, der sie übt, weltfremd machen. Ein solcher Verdacht trifft weder im Westen noch im Osten.

Dafür muß aber gerade im Hinblick auf eine Mystik der Zukunft beachtet werden, daß es keine Erleuchtung gibt, die nicht zu einem liebenden Engagement in der Welt führt. Der wahre Mystiker ist kein weltindifferenter Quietist, sondern ein weltzugewandter handelnder Mensch. In der eigentlich »mystischen« Religion Asiens, dem Buddhismus, ist das genauso gültig wie im Christentum.

Der Mahāyāna-Buddhismus, in dem die Zenübung gewachsen ist, kennt die Gestalt des *Bodhisattva*. Bodhisattva ist jener radikal Losgelöste, der zur wahren Erleuchtung gelangt ist und in der »Leere« der Erleuchtung sich seiner Bezogenheit auf alle und alles derart bewußt geworden ist, daß er sich in Mitleid und Barmherzigkeit all denen zuwendet, die noch auf dem Wege sind. Auf einer begrifflich-theoretisch-systematischen Ebene sind das Bodhisattva-Ideal und das Ideal des Christseins zwar ebenso wie die Rolle der Liebe in den Religionen gelegentlich miteinander verglichen worden[49]. Es fragt sich aber, ob die Ideale auch auf einer existentiell-praktischen Ebene bzw. auf der Ebene des Vollzugs schon hinreichend aufeinander bezogen worden sind.

Dabei haben Christsein und Bodhisattvasein am Ende mehr miteinander gemein, als man es auf den ersten Blick vermuten möchte. Aus buddhistischer Sicht müßte Jesus Christus ein großer Bodhisattva sein. Er wird uns nämlich gezeichnet als eine Gestalt, die aus der totalen Verbundenheit mit dem »Vater« heraus – »Ich und der Vater sind eins« (Joh 10,30) – sich den Menschen erbarmend zuwandte – »Mich erbarmet des Volkes« (Mk 8,1) – bis zur Vernichtung seines Lebens im Tode: »Eine größere Liebe hat niemand als die, daß er sein Leben für seine Freunde hingibt« (Joh 15,13).

Seit der Erleuchtung des Buddha ist für den Buddhisten die Erleuchtung das Maß aller Dinge. Der Buddhist ist ein Mensch, der zur Selbstverwirklichung in seinem Leben strebt und dabei weiß, daß er sie nicht ohne radikale Loslösung gewinnen kann. Die »Welt« bleibt ihm dabei in doppelter Weise eine Herausforderung: Einmal kann er sie als Hindernis auf dem Weg zu seinem Ziel ansehen. Zum anderen kann er in einem falschen Verständnis der Loslösung zu einem Menschenverächter werden, weil er meint, jeder solle sich selbst verwirklichen. Die wahre Erleuchtung aber ruft ihn zurück in ein Engagement des Mitleidens und der Barmherzigkeit.

Seit dem Kreuzestod Christi ist für den Christen die Liebe das maßlose Maß seines Verhaltens. Der Christ ist ein Mensch, der zur Selbstverwirklichung strebt, indem er Selbstlosigkeit im Einsatz für die anderen übt. Wahres Engagement ist ihm die notwendige Folge aus seiner Verbundenheit mit Christus und durch ihn mit dem »Vater«, ist Werk des Geistes Christi. In seinem Weltengagement steht der Christ in der Gefahr, die persönliche Erfahrung des göttlichen Antriebes geringzuschätzen und sich mit der Erzählung von den Erfahrungen anderer zufriedenzugeben.

Beim Buddhisten entdecken wir einen Überhang der Erleuchtung, beim Christen einen Überhang des liebenden Engagements. Wir leben in einer Zeit, die die Reife und Mündigkeit des Menschen und der Menschheit betont. Was aber ist eine Erleuchtung, die nicht mehr ausstrahlt, was eine Liebe, die unerleuchtet zur Routine wird?

Ob nicht Christen und Buddhisten und die Vertreter der anderen Religionen Asiens, Abendländer und Asiaten in einer neuen Kommunikation der Tiefe sich gegenseitig für die Wirklichkeit, wie sie ist, wie sie uns umgibt und wie sie uns trägt, offenhalten oder auch neu öffnen sollten? Erleuchtung, die Liebe ausstrahlt, und Liebe, die erleuchtet und erwärmt, müßten die Frucht gemeinsamen Mühens in der Meditation sein.

Unterwegs zur Praxis

Merksätze und Hinweise

Im Blick auf die Praxis der Meditation fassen wir in einer Reihe von Merksätzen und Hinweisen zusammen, was wir in diesem Buch besprochen haben:

Satz 1: Jeder Mensch ist meditativ veranlagt

Im Leben jedes Menschen gibt es die Zeit, in der er sich zurückzieht, einen Augenblick der Stille dem Gespräch vorzieht. Es gibt Stunden, in denen sich der Mensch eröffnet, im Gespräch, im Brief, aber auch, indem er einem anderen zuhört, in die Natur hinein lauscht oder auf ein Musikstück. Es öffnet sich der Mensch auch, wenn er bewußt etwas sieht, – nicht sehen will, sondern tatsächlich einfach sieht, in der Natur, aber auch in der Stadt, die Menschen, den einsamen alten Mann im Wartesaal oder auf einer Bank im Park, die ängstliche Frau an der Ampel, die Unbekümmertheit spielender Kinder, – Bilder der Freude, Bilder der Trauer. Es gibt auch die Stunde, in der der Mensch nichts hören, nichts sehen will – in der die drei bekannten Affen, die nichts sehen, nichts hören, nichts sagen, zum Ideal werden –, in der man einfach auf dem Sofa liegt und an die Decke starrt oder auf der Wiese, an einem Bach und in den Himmel schaut. Es gibt die Situation, in der man sich von der Straße in sein Zimmer flüchtet und sich dort geborgen weiß, und die andere, in der einem fast »die Decke auf den Kopf fallen« möchte, man es nicht mehr aushält und hinausläuft ins Freie, weil einem alles zu eng wird, – in die frische Luft, weil man wieder aufatmen, einatmen möchte.

Beobachtungen dieser Art macht jeder Mensch. Sie bestätigen die Grundzüge der Meditation, die K. Tilmann zusammengetragen hat[1]:

»a) *Die Meditation ist das ›Menschlichste des Menschen‹.* In ihr haben sich schon beim Kind die Eindrücke und es selbst zusammengefunden, in ihr ist das Kind es selbst geworden. Aus dieser Mitte lebt im Grund der unverbildete Mensch...

b) *Die Meditation ist nicht machbar.* Sie ist uns nicht unterworfen. Sie muß sich einstellen wie ein Geschenk, wie die Liebe oder der Schlaf. Um sie zu erwerben, müssen wir von unserem Herrschaftsthron hinabsteigen, warten und bitten...

c) *Die Meditation ist einfach*, und zwar in doppeltem Sinn: einmal ist sie im Grunde ›kinderleicht‹, wenn der Mensch nicht gegen sie verbildet ist. Kinder meditieren von selbst. Sie ist aber auch in dem Sinn einfach, daß sie nicht analysiert, in Teile zerlegt oder stückweise gelernt werden kann. Sie kommt als Ganzes oder gar nicht.

d) *Die Meditation ist etwas Unmittelbares und Ursprüngliches.* Ohne Schlußfolgerungen naht sich der Mensch einer Wirklichkeit und öffnet sich ihr. Gelingt die Meditation, so kommt es zu einer Wesensberührung. Die Erfahrung ist frisch wie eine Erstbegegnung. Vielleicht kommt dies daher, daß der Mensch mit seinem Ursprünglichen an das Eigentliche und Ursprüngliche des Gegenüber gerät.

e) *In der Meditation sind wir nicht aktiv und nicht passiv.* Wir handeln nicht, wir empfangen eher. Wir sind aber auch nicht passiv, weil sie höchstes Leben ist. Wir sind pathisch, ähnlich wie bei intensivem Schauen, bei dem wir nicht handeln, sondern nur kommen lassen und doch in höchster Weise wahrnehmen und leben.

f) *Die Meditation ist geheimnisvoll...* Sie ist das Nächste und das Fernste; das Zarteste und das Kräftigste; das Dunkelste und das Hellste; das Jüngste, Ursprünglichste und das Reifste; das Leichteste und das Schwerste; Einfachheit und Fülle zugleich.«

Satz 2: Jeder Mensch bedarf der Reinigung, eines neuen Bewußtseins, der Reifung

Alles, was an Meditationsmethoden vorgetragen wird, muß sich daran messen lassen, ob es den Prozeß der Öffnung, des Loslassens, der Wahrnehmung und Reifung von innen her, der Bereitschaft, sich beschenken zu lassen und zu empfangen, fördert oder nicht. Wo eine Technik die Früchte der Meditation eigenmächtig wie Treibhauspflanzen züchten möchte oder Drogen in halluzinogenen Zuständen mystikähnliche Zustände erzeugen, wird das Wesen wahrer Meditation pervertiert. Leider wird in einer oberflächlichen Popularisierung östlicher Methoden, zumal des Yoga, nicht selten der Eindruck erweckt, als gebe es mit ihrer Hilfe die Früchte der Meditation zu reduzierten Preisen. Zu Recht hat der Arzt J. Wunderli bemerkt[2]:

»Ich weiß, es ist alles andere als populär, im Zusammenhang mit Yoga – vielleicht mit östlicher Versenkung und Geistigkeit überhaupt – von Katharsis oder ›Reinigung‹ der Seele zu sprechen. Zu sehr ist bei uns Yoga als eine praktisch rein gymnastische und kommerzielle Angelegenheit bekannt. Zu sehr wird bei uns Yoga lediglich als ein Mittel betrachtet, um bessere Gesundheit, größere Schönheit, mehr Erfolg im Leben und vielleicht auch eine höhere sexuelle Potenz zu erlangen. Zu sehr wird uns von den Jüngern der ›Transzendentalen Meditation‹ des *Maharishi Mahesh Yogi* weisgemacht, das Erleben kosmischer Weisheit und Einheit brauche keinerlei Anstrengungen außer dem täglich zehnminütigen Wiederholen eines Mantras. Zu sehr kennen wir auch Zen in snobistischer Weise nur als eine exotische Art des Gedankensports und sind uns über den unerhört harten Weg eines wirklichen Zen-Schülers nicht im klaren.
Eine Flut von Yoga-Büchern preist immer wieder aufs neue die wunderartigen Wirkungen an, die offenbar mit Leichtigkeit und für jedermann zu erlangen sind. Es ist – menschlich gesehen – verständlich, daß derartige Bücher in die Bestseller-Li-

sten aufrücken; denn sie versprechen Erfolge mit einem Minimum eigener Anstrengung. Wirklicher Yoga, wirkliche asiatische Versenkung und Geistigkeit *können* dagegen gar nicht populär sein; ihr Weg ist schwierig und einsam; er ist nicht ein Weg der vielen, sondern der wenigen; es ist ein Weg des einzelnen, der inmitten des Stromes *gegen* den Strom schwimmt. Es ist deswegen nicht ein Strom gegen das *Leben*, aber doch ein kühnes und mutiges Unterfangen, das niemals Ziel der Allgemeinheit werden kann. Ich sage dies, weil jede gegenteilige Auffassung das Wesen östlicher Meditation und Mystik von Grund auf verkennen würde.«

Wenn hier von »schwierigem Weg«, von »kühnem und mutigem Unterfangen« u.ä. gesprochen wird, so ist das kein Widerspruch zu unserem Satz 1. Denn Meditation, die es mit dem Innen des Menschen und seiner Begegnung mit der Wirklichkeit, wie sie ist, zu tun hat, erfordert im Laufe menschlichen Lebens eine Schärfung und Reinigung der Sinne und damit der Wahrnehmung, eine Intensivierung des Lassens bis zum radikalen Sich-Loslassen in der »Armut des Geistes« (Mt 5,3) und der Einübung des Sterbens, schließlich eine stetig wachsende Intensität der Verbundenheit mit der letzten unsagbaren Wirklichkeit, Sinnerfüllung des Selbst im Einssein mit Dem, den Christen mit vielen anderen Religionsvertretern »Gott« nennen. Alles, was an Hilfsmitteln eingesetzt wird, hat eine Dienstfunktion im Hinblick auf diesen Prozeß, der unabgeschlossen und offen sich im Leben des Menschen abspielt.
Die klassische Einteilung eines vertieften Meditationsprozesses besteht in einer Dreiteilung, die wir im Anschluß an die christliche Geschichte der Spiritualität als *via purgativa*: Reinigungsweg – *via illuminativa*: Erleuchtungsweg – *via unitiva*: Einigungsweg ansprechen können. Diese Dreiteilung kann, auch wenn in mittelalterlichen Meditationsbeschreibungen mehr Stufen genannt werden oder im klassischen Yoga des Patañjali[3] vom achtgliedrigen Pfad die Rede ist oder im Zen vordergründig überhaupt nicht von Stufen gesprochen wird,

doch im Grunde genommen auf jeden zu Ende geführten Meditationsprozeß angewendet werden.

Reinigung: Diese besteht – allgemein gesprochen – zunächst in der Entfernung all dessen, was für den Durchbruch zum wahren Selbst hinderlich ist bzw. in der Schaffung einer diesem Durchbruch förderlichen Situation.

Beachtet man den ersten Teil dieser Aussage, so stößt man unweigerlich auf das ethische Grundverhalten, das – in allen Religionen – in der Weise eines »Du sollst *nicht*!« ausgedrückt wird. Da es nicht wenigen Menschen große Schwierigkeiten bereitet, wird es von einer werbetüchtigen Meditationspropaganda häufig schlichtweg verschwiegen oder unterdrückt. Stattdessen begrüßt man dann den zweiten Teil der Aussage: die Schaffung von Dispositionen, die der meditativen Praxis nützlich sind. Hingewiesen wird auf die für die Meditation günstigen Orte und Zeiten, auf die körperlichen Haltungen, evtl. auf günstige Ernährungsweisen, auf die zur Ruhehaltung hinführenden Körperspiele, die zugleich der Entspannung dienen, auf die Entspannungs- und Ruhehaltungen selbst, auf die Atmung, ihre Beobachtung und Kontrolle, auf die Technik, mit deren Hilfe man den Geist von störenden Gedanken befreit[4]. Es wird dabei nicht selten der Eindruck erweckt, als genüge eine mit bestimmten psycho-physischen Methoden zu schaffende Disposition, ohne daß entsprechende moralische Verhaltensweisen beachtet, korrigiert, geläutert zu werden bräuchten.

So hilfreich die Unterweisung in bestimmten körperlich-seelischen Verhaltensweisen auch ist, – wenn ihre Einübung nicht Hand in Hand geht mit einem bewußten moralischen Verhalten, so führen sie am Ziel der Meditation vorbei. In diesem Sinne gehört zum Reinigungsprozeß, daß der Mensch bereit ist, sich selbst so zu sehen, wie er wirklich ist. Das bedingt den Abbau des ganzen Apparates von Entschuldigungsmechanismen, der die Verantwortung für ein bestimmtes Eigenverhalten auf Milieueinflüsse, soziologische, psychologische, erbbiologische u.a. Faktoren abschiebt. Es bedingt den Abbau der Verdrängungsmechanismen und führt den Menschen letztlich in die Entscheidungssituation, sich selbst in seiner Größe und seinem Elend, seinem Gelingen und Scheitern, seiner Tauglichkeit und Tugend und seiner Untauglichkeit und Schuld anzunehmen. Wenn im Reinigungsprozeß der christlichen Meditation auch stets das Schuldbekenntnis, das Beichtgespräch und schließlich das Bußsakrament eine Rolle spielt, dann ist das nur konsequent. Analoge Vorgänge gibt es im übrigen auch im Bereich außerchristlicher Meditation.

In diesem Zusammenhang ist auf den Begriff *neues Bewußtsein* hinzuweisen, der in seinem schillernden Gebrauch nicht unproblematisch ist und doch in seiner Weg-Ziel-Bedeutung als Signal gewertet werden kann[5]. Wenn der Begriff nicht eindimensional gnoseologisch-gnostisch verstanden, sondern auch seine ethische Konnotation beachtet wird, dann wird »neues Bewußtsein« zugleich Ausdruck einer Kehre des Denkens (griech. *metanoia*) und einer Bekehrung, die den ganzen Menschen in seinem Verhalten verändert. »Neues Bewußtsein« ist dann mehr als das Eindringen in neue Felder des Wissens – innen wie außen. Es führt den Menschen vielmehr zurück aus der Zerstreutheit und Vielheit in die »Einfach-heit«, aus dem Haben zum Sein. »Einfach-heit« und Sein aber schließen den Vollzug radikaler Los-Lösung ein. Diese wiederum war bislang noch immer ein großes Problem, wo Menschen vieles besaßen. Gar mancher Reiche, der um die Notwendigkeit eines »neuen Bewußtseins« weiß, verbleibt am Ende doch in der Situation des jungen Mannes, dem Jesus sagt: »Wenn du vollkommen sein willst, geh, verkauf deinen Besitz und gib das Geld den Armen.« (Mt 19,21): Er geht traurig weiter, weil er viel besitzt und sich nicht freizumachen versteht – und das alles, obwohl soviel von der »Wendezeit« die Rede ist[6].

Erleuchtung: Der Prozeß der Reinigung hat zur Folge, daß es im Menschen selbst licht wird. Seine eigene Situation wird ihm klarer und durchsichtiger. Der Mensch erfährt sich anfangs vielleicht als einer, der ungeheure Anstrengungen auf sich nimmt, nun aber merkt, wie etwas an ihm geschieht, das er nicht voll selbst lenkt und bestimmt: Er spürt mehr und mehr, daß er geführt wird.

Die Erleuchtung ist dadurch gekennzeichnet, daß die menschliche Aktion schwächer, das Geschehen stärker wird. Sie ist in ihrem Anfang in der Regel eine beglückende Situation. Gerade darin aber liegt auch ihre Gefährdung. Denn wo der Mensch glücklich ist, möchte er verharren und erneut in Besitz nehmen. Er darf aber auch die Erleuchtung, die anfanghaft schon im Laufe des Reinigungsprozesses durchbrechen kann, nicht wie einen Besitz festhalten wollen, weil das Festhalten an der Erleuchtung nur die subtilere Form dessen ist, wovon er sich in der Reinigung zu befreien sucht.

So gehört in den Prozeß der Erleuchtung ein neuer Wechsel von Licht und Dunkel, Geborgenheit und Zweifel, den es auszuhalten gilt. Dabei wird dem Menschen klar, daß die neue Einstellung, die er zu sich und der gesamten Wirklichkeit einnimmt, eine radikalere Loslösung von ihm fordert, Vertrauen, Hingabe, Weggabe. In allen Religionen kommt es hier zu einer eigentümlichen Verflechtung von Weisheit und selbstloser Liebe. Die Loslösung von allem Egohaften findet ihre Erfüllung im Entstehen einer von selbstlosem Bewußtsein geprägten neuen Gemeinschaft und Verbundenheit.

An dieser Stelle kehren wir noch einmal zum Verhältnis von objektorientierter und objektloser Meditation zurück. Für den abendländischen, vom christlichen Glauben geprägten Menschen war lange die *objektorientierte Meditation* der »sicherere Weg«, – sicherer vor allem deshalb, weil dort, wo er sich an ein bestimmtes Bild, an eine Vorstellung, an ein Wort der Schrift, an die Gestalt Jesu und dergleichen hält, das Denken zwar gebunden ist und die Konzentration sich einstellen kann, der Geist sich aber zunächst nicht völlig entleert. Diese »Sicherheit« aber wurde im Laufe der Zeit durch einen großen Nachteil erkauft: Solange der Mensch an solchen »Objekten« festhielt und sie nicht als Vorstufe und Weg zu einer tieferen Meditation verstand, in der er die »Objekte« hinter sich ließ, verflachte die Übung der Meditation, und kam es schließlich vielfach zum Abbruch der Meditation überhaupt. Die Krise der »religiösen Meditation« im Bereich des Christentums hat es nicht zuletzt mit dem mangelnden Tiefgang der Meditation zu tun, bei der der Übende nicht mehr weiterkam.

Demgegenüber ist das Mühen um eine *objektlose Meditation*, das innere Leerwerden von Gedanken, Bildern, Ängsten, Gefühlen, Sorgen, Plänen und dergleichen einer ganz anderen Gefährdung ausgesetzt. Denn wo das diskursive Denken zur Ruhe kommt, tritt zunächst ein Vakuum ein, das die menschliche Tätigkeit nicht mehr ausfüllt, das aber seinerseits eine neue Füllung erzwingen kann. Das wiederum hat zur Folge, daß nicht selten die verdrängten, unbewältigten psychologischen Gegebenheiten des Unbewußten, das verborgene Menschsein, auch die Schuld zutage treten und neue Prozesse auslösen, die nach begleitender kritischer Sondierung und Führung verlangen.

Alle Beschreibungen des Meditationsprozesses kennen das Auftreten seltsamer Phänomene wie Halluzinationen, Visionen, den Besitz neuer Kräfte, die zur Versuchung werden – u.U. magischer Kräfte –, aber auch Bedrängnisse und Ängste, die existentiell werden und zum Wahnsinn treiben können. Alle Meister der Meditation warnen davor, sich auf diese Erfahrungen einzulassen, gleichgültig, ob sie wohltuend erscheinen oder nicht. Wie der Umgang mit den Medizinen lehrt, daß sich mit den aktuellen Heilwirkungen nicht selten unbekannte und unbedachte Nebeneffekte verbinden, so ist auch auf die Gefährdungen zu achten, denen sich der Mensch bei einem meditativen Abstieg in immer größere Seelentiefen ausgesetzt sieht. Der Zen-Buddhismus spricht nicht ohne Grund vom »Teufelsbereich« (jap. *makyō*).

Die Meditation, die die Erfahrung des »großen Zweifels« in die »große Erleuchtung«, die Erfahrung des »großen Todes« in das »große Leben« treibt, verstärkt die Reinigung und die Los-Lösung, wie wir es gerade auch aus dem Leben der christlichen Mystiker, des Johannes von Kreuz und der Teresa von Avila, aber auch der rheinischen Mystiker wissen[7]. Sie wird am

Ende immer mehr als eine passive, d.h. am Menschen geschehende Reinigung der Sinne und des Geistes erfahren.

Satz 3: Jeder Mensch sehnt sich nach Erfüllung und Vollendung

Einigung: Während im christlichen Meditationsprozeß das
Endstadium weithin als Einigung beschrieben wird und die Erleuchtung demgegenüber als Zwischenstufe erscheint, ist die
Erleuchtung im asiatischen Raum, zumal im Buddhismus, die
Bezeichnung für den letzten Durchbruch. Im Zen ist die Rede
von *kenshō*, »Wesensschau«, aber auch von *satori*, dem »Ver-
kosten«, dem »Begreifen mit dem ganzen Körper«. Die
scheinbare Unterscheidung zwischen westlicher und östlicher
Meditation sollte nicht falsch gedeutet werden, als ob die östliche Meditation vorzeitig abbreche. Ganz abwegig wäre es,
wenn aus der Stellung der »Erleuchtung« im Christentum am
Ende dessen Überlegenheit abgeleitet würde.
Christliche Mystiker wie asiatische Erleuchtete geraten ins
Stammeln, wenn sie über die Erfahrung des Letzten und Unsagbaren, des Geheimnisses, der *Unio mystica*, der letzten er-
füllten Leere, der All-Einheit, des wahren Selbst, des »geheim-
nisvollen Seins«, des Einsseins mit Gott oder was immer für
Worte man wählen möchte, sprechen sollen oder wollen. Wenn
wir hier zu einer Reihe von zum Teil nicht mehr verständlichen
und damit zu »Leerworten« werdenden Bezeichnungen greifen, soll damit zwar nicht gesagt werden, daß alle Erfahrungen
letztlich gleich sind, wohl aber, daß alle Suchenden in der Spitze der Erfahrung nach letzter Erfüllung und Vollendung, radikaler Befreiung, höchstem Glück und Heil streben. Es besteht
auch kein Zweifel, daß die letzte Erfüllung – und es ist immer
zu prüfen, ob nicht der einzelne am Ende doch wieder Vorletz-
tes für das Letzte hält – dem Menschen geschenkt wird, auch
wenn er alles ihm in seinen Kräften Mögliche tut, was dieser
Erfüllung entgegenkommt. Man wird aber leicht begreifen,
daß die je größere Offenheit, die je größere Armut und Leere,

das je entschiedenere Sich-Loslassen und Warten tatsächlich jene Grundhaltungen sind, auf die es ankommt.

Freilich wird der Prozeß in letzter Radikalität nur von wenigen zu Ende gebracht. Deshalb wird auch das Gespräch über die persönlichsten und subtilsten Erfahrungen leicht eine Diskussion von Blinden und Tauben, während die wirklich Erfahrenen schweigen. Eine Diskussion über Dinge, die man tun und erfahren soll, hat oft genug der Tat und der Erfahrung selbst geschadet, sie vielfach gar verhindert. Es wäre aber schon viel erreicht, wenn erkannt würde, daß es sinnvoll ist, sich auf die Meditation einzulassen. E.Ch. Hirsch hat formuliert[8]:

»Das begriffliche Denken kann nur die Grenze des Denkens denken; das nicht-begriffliche, nicht-objektivierende Denken ist die Meditation, die Gott nicht in den Formen, sondern als Grund der Form erkennt. Es scheint, als übergebe der Philosoph mit diesem Schlußsatz das Thema an den Theologen. Aber ich fürchte, daß die Theologie Gott nicht meditiert, sondern objektiviert.«

Es ist in der Tat nur die halbe Wahrheit. Die Meditation ist *auch* Sache der Theologen, aber mehr noch Sache des Menschen überhaupt. Jeder Mensch muß, will er wirklich Mensch sein, wieder sehen, hören, schmecken, erfahren lernen, wie alles ist, ohne sich von Vorurteilen bestimmen zu lassen. Er muß daher durch das Dickicht der Meinungen, der Werbungen, Erklärungen und Kommentare, der Fremdbestimmungen, kurz: der Fremderfahrungen hindurch zur unmittelbaren eigenen Erfahrung, zur spontanen Wahrnehmung, zum Gehen des *eigenen* Weges zurückfinden, um so sein eigenes Gesicht wiederzufinden und sein eigenes Leben zu leben.

Satz 4: Jeder Mensch kann und muß seinen Lebensweg gehen

Es gehört zum Wesen des Menschen, ein Suchender und »Laufender« (vgl. 1 Kor 9,24-27) bis zum Ende des Lebens zu bleiben. Ein Mensch, dem die Auflösung des Geheimnisses Mensch kein Anliegen ist, steht in der Gefahr, den Sinn seines Lebens im ganzen zu verfehlen. Nicht ohne Grund gehören »Selbstverwirklichung« und »Selbstfindung« zu den Schlüsselworten heutiger Anthropologie. Wer sich selbst finden will, hat sich offensichtlich verloren und sucht nach Wegen, sich wiederzuentdecken. Wege der Selbstfindung und Selbstverwirklichung aber kann man nicht andere gleichsam stellvertretend gehen lassen; man muß sie selbst gehen.

Doch muß man seinen Weg nicht völlig allein gehen. Gerade wo der Weg in unbekanntes Land führt, wird man sich tunlichst an solche halten, die das fremde Land in des Wortes buchstäblicher Bedeutung »erfahren« haben. Insofern als die Meditation ein Lebensweg in fremdes Land ist, wird man für diesen Weg den Rat solcher suchen, die in der Meditation Erfahrung haben.

Ein Grund, warum die asiatische Meditationspraxis im Westen eine solche Faszination ausstrahlt, ist, daß heute der Eindruck vorherrscht, daß sich in Asien Menschen – Meister, Gurus, Rōshi (Zenmeister) – finden, die auf dem Gang in dieses fremde Land Erfahrungen gesammelt haben, während Europa – trotz der Tradition der Exerzitienmeister, Seelenführer und Beichtväter – inzwischen an solchen Erfahrungen arm ist. Astrologie und Belehrungen in den Frageecken der Wochenillustrierten können aber die hier gemeinten Erfahrungen des Weges genauso wenig ersetzen wie die Auskünfte in den vielfältigen Beratungseinrichtungen unserer Tage.

Wo Meister fehlen, lohnt es sich aber, nach Weggefährten zu suchen, die auf derselben Höhe des Weges wie man selbst und etwas voraus wandern. Wir erinnern an das Gespräch zwischen dem Wüstenvater Antonius mit dem Einsiedler Paulus. Wir denken an die Meister–Meister- und Meister–Schüler-Gespräche, von denen die zenbuddhistischen Kōan-Sammlungen berichten. Wir erwähnen auch die vielfältigen Einübungen in das Gespräch, die in außereuropäischen christlichen Basisgemeinden zum Austausch von Erfahrungen, auch von Glaubenserfahrungen, geführt haben[9]. Wenn »Dialog« zu Recht ein Postulat unserer Zeit ist, muß er als eine Lebensform geübt werden, in der der einzelne Mensch sich müht, bewußt mit anderen den Lebensweg zu gehen – und das so, daß jeder er selbst ist und wird. Die Formel »herrschaftsfreier Dialog« kündet von einem hohen Ideal, in dem allein wohl nur eine wahre geschwisterlich-menschliche Gemeinschaft zu verwirklichen ist. Vielleicht ist dieser Dialog aber nur im Schweigen zu vollziehen. Auf jeden Fall ist er eine Frucht des Schweigens.

Wir brechen hier ab, zumal noch viele Worte gewechselt werden können, ohne daß die Sprechenden auch nur einen Schritt auf ihrem Wege weiterkommen. Wohin der Mensch im Loslassen selbst des Wortes – christlich formuliert – kommen kann, hat H.Urs von Balthasar kühn so ausgesprochen[10]:

»... Nur im Glauben können wir das Wort als Geländer loslassen, um schwindelfrei im Raum der Freiheit zu wandern, nur in der glaubenden Hoffnung dürfen wir uns mit Petrus aus dem Schiff wagen auf die wogende Unendlichkeit des Gottesgeistes hinaus. Auf einmal ist keine Formel mehr da, weder würde der Andere, der vor uns steht, sie verstehen, noch sie gebrauchen können; er fordert etwas anderes, ihm selbst Unbekanntes, auch uns Unbekanntes, das uns beiden der Schöpfergeist der Liebe spenden kann.

Dieser Geist ist Atem, nicht Umriß, daher will er uns nur durchatmen, sich uns nicht vergegenständlichen; er will nicht gesehen, sondern sehendes Auge der Gnade in uns sein, und es kümmert ihn wenig, ob wir zu ihm beten, wenn wir nur mit ihm beten: Abba, Vater, nur einwilligen in sein unaussprechliches Seufzen auf dem Grund unserer Seele. Er ist das Licht, das man nicht sehen kann außer auf dem beleuchteten Gegenstand: und der ist die in Jesus erschienene Liebe zwischen Vater und Sohn.«

Anmerkungen

1 Unfähigkeit und Bedürfnis zu glauben

[1] Vgl. *A. und M. Mitscherlich*, Die Unfähigkeit zu trauern. Grundlagen kollektiven Verhaltens. München 1967.

[2] Vgl. dazu *H. Mühlen*, Die abendländische Seinsfrage als der Tod Gottes und der Aufgang einer neuen Gotteserfahrung. Paderborn 1968, 33–37.

[3] *B. Brecht*, Geschichten vom Herrn Keuner: ders., Gesammelte Werke 12. Werkausgabe Edition Suhrkamp. Frankfurt 1967, 394.

[4] Vgl. den im Anschluß an *K. Rahner*, Meditation über das Wort »Gott«: *H.J. Schultz* (Hrsg.), Wer ist das eigentlich – Gott? München 1969, 18 formulierten Text im Beschluß der Gemeinsamen Synode der Bistümer in der Bundesrepublik Deutschland. Würzburg 1975, »Unsere Hoffnung« I.6: »Zugleich spüren wir deutlicher die Fragwürdigkeit und geheime Verheißungslosigkeit, die in einer rein technokratisch geplanten und gesteuerten Zukunft der Menschheit steckt. Schafft sie wirklich einen ›neuen Menschen‹? Oder nur den völlig angepaßten Menschen? Den Menschen mit vorfabrizierten Lebensmustern, mit nivellierten Träumen, eingemauert in eine überraschungsfreie Computergesellschaft, erfolgreich eingefügt in die anonymen Zwänge und Mechanismen einer von fühlloser Rationalität konstruierten Welt – rückgezüchtet schließlich auf ein anpassungsschlaues Tier?« – Ähnlich endet das Spiegel-Interview mit M. Horkheimer: »Spiegel: Warum soll die Zukunft langweilig sein? – H.: Man wird das Theologische abschaffen. Damit verschwindet das, was wir ›Sinn‹ nennen, aus der Welt. Zwar wird Geschäftigkeit herrschen, aber eigentlich sinnlose. Eines Tages wird man auch Philosophie als eine Kinderangelegenheit der Menschheit betrachten. Man wird mit dem Positivismus sagen, es sei läppisch, über die Beziehungen von Relativem und Transzendentem zu spekulieren. – Spiegel: Es könnte doch aber auch sein, daß sich die Menschen – wenn ihre materiellen Bedürfnisse einschließlich der sexuellen völlig befriedigt sind, den Spielen zuwenden. – H.: Die haben ja auch die Tiere. Ich kann mir gut vorstellen, daß sich das bei den Menschen fortsetzt.« (Ausgabe vom 5.1.1970, 84; der Text ist im Nachdruck: *M. Horkheimer*, Die Sehnsucht nach dem ganz Anderen. Ein Interview mit Kommentar von H. Gumnior. Hamburg 1970, 88 f., gekürzt worden.)

[5] Vgl. *A. Koestler*, Von Heiligen und Automaten. Bern/Stuttgart 1971.

[6] *L. Abegg*, Ostasien denkt anders. Eine Analyse des west-östlichen Gegensatzes. München u.a. Neuausgabe 1970; *K. Graf Dürckheim*, Hara. Die Erdmitte des Menschen. München [10] 1983.

189

[7] Vgl. dazu H. *Waldenfels*, Kontextuelle Fundamentaltheologie. Paderborn 1985, 39–46, 110–114, 118–129.

[8] Vgl. G. *Thils*, Christentum ohne Religion? Salzburg 1969.

[9] Vgl. E. *Bloch*, Das Prinzip Hoffnung. Frankfurt 1959; *ders.*, Atheismus im Christentum. Zur Religion des Exodus und des Reichs. Frankfurt 1968; dazu C.H. *Ratschow*, Atheismus im Christentum? Eine Auseinandersetzung mit E. Bloch. Gütersloh 1970; H. *Sonnemans*, Hoffnung ohne Gott? Freiburg u.a. 1973.

[10] H. D. *Bastian*, Theologie der Frage. Ideen zur Grundlegung einer theologischen Didaktik und zur Kommunikation der Kirche in der Gegenwart. München 1969, 90.

[11] Vgl. dazu ausführlicher H. *Waldenfels*, Kontextuelle Fundamentaltheologie 289–294.

[12] Vgl. zur doppelten Kirchensicht »von innen« und »von außen« ebd. 303–315, 329–336, 348–375.

[13] Zur Priorität des Auferstehungsglaubens des Petrus vgl. ebd. 279f. mit W. *Marxsen*, Die Auferstehung Jesu von Nazareth. Gütersloh 1968, 83–100 u.a.

[14] Vgl. zur Situation in der frühen Kirche G. *Dautzenberg*, Die Frau im Urchristentum (= QD 95). Freiburg u.a. 1983 sowie A. *Vögtle*, Frauen und kirchliche Ämter in der frühen Kirche: Christ in der Gegenwart 39 (1987) 389f., 397f., 405f.

[15] Vgl. H. *Waldenfels*, Glauben hat Zukunft. Orientierungspunkte. Freiburg u.a. 1970, 111–115.

[16] Vgl. J. *Sudbrack*, Christliche Meditation, Versenkung oder begreifende Ekstase?: Geist u. Leben 43 (1970) 437–454.

[17] Zu Recht hat J. *Ratzinger* formuliert: »Das Christentum nimmt in seiner Theologie der Religionsgeschichte nicht einfach Partei *für* den Religiösen, *für* den Konservativen, der sich an die Spielregeln seiner ererbten Institutionen hält; das christliche Nein zu den Göttern bedeutet eher eine Option für den Rebellen, der den Ausbruch aus dem Gewohnten um des Gewissens willen wagt: Vielleicht ist dieser revolutionäre Zug des Christentums allzulang unter konservativen Leitbildern verdeckt worden.« (So in *J.B. Metz u.a.* (Hrsg.), Gott in Welt II. Freiburg u.a. 1964, 290.)

[18] J.B. *Metz*, Glaube in Geschichte und Gesellschaft. Mainz [2]1978, 96; vgl. ebd. 77–86, 176–180 u.ö.

[19] Vgl. H. *Marcuse*, Der eindimensionale Mensch. Studien zur Ideologie der fortgeschrittenen Industriegesellschaft. Neuwied 1967, 117.

[20] J. *Moltmann*, Theologie der Hoffnung. Untersuchungen zur Begründung und zu den Konsequenzen einer christlichen Eschatologie. München [12]1985, 74.

[21] Vgl. H. *Cox*, Das Fest der Narren. Das Gelächter ist der Hoffnung letzte Waffe. Stuttgart [2]1970, 117.

[22] Vgl. J.P. *Sartre*, Bei geschlossenen Türen (Huis Clos): *ders.*, Gesammelte Dramen. Hamburg 1969, 67–98.

2 Frömmigkeit jenseits der Kirche

[1] Vgl. mit weiteren Literaturhinweisen *H. Waldenfels*, Kontextuelle Fundamentaltheologie. Paderborn 1985, 329−331, 372−375.

[2] Vgl. *F.-X. Kaufmann*. Theologie in soziologischer Sicht. Freiburg u.a. 1973, 96.

[3] Vgl. *L. Boff*, Kirche: Charisma und Macht. Studien zu einer streitbaren Ekklesiologie. Düsseldorf 1985, 50.

[4] Zum Thema »Spiritualität« vgl. ausführlicher meine Beiträge »Spiritualität«: *M. Böhnke / H. Heinz* (Hrsg.), Im Gespräch mit dem dreieinen Gott. Düsseldorf 1985, 398; sodann »Christliche und östliche Spiritualität«: *N. Lobkowicz* (Hrsg.), Das europäische Erbe und seine christliche Zukunft. Köln 1987, 173−191; auch *A. Rotzetter*, Theologie und Spiritualität: *ders.* (Hrsg.), Geist wird Leib. Zürich u.a. 1979, 19−39.

[5] Vgl. Rel. in Gesch. u. Gegenw. II, 1158−1163; Lex. f. Theol. u. Kirche IX, 9; sodann aber auch *J. Sudbrack*, Art. Spiritualität: Sacr. Mundi IV, 674−691; *ders.*, Neues Handb. theol. Grundbegr. II, 7−16.

[6] Vgl. *R. Muller*, Die Neuerschaffung der Welt. Auf dem Wege zu einer globalen Spiritualität. München 1985; dazu *B. Borchert*, Mystik in UNO-Kreisen: *O. Steggink u.a.*, Mystik. Bd. 2: Ihre Aktualität. Düsseldorf 1984, 139−149.

[7] Vgl. *A. K. Tebecis*, Mahikari. Thank God for the Answer at Last. Tokyo 1982, 1−13.

[8] Vgl. *P. Berger*, Der Zwang zur Häresie. Religion in der pluralistischen Gesellschaft. Frankfurt 1980, 171−149.

[9] Vgl. *H. Dolch*, Grenzgänge zwischen Naturwissenschaft und Theologie. Paderborn u.a. 1985.

[10] Vgl. dazu ausführlicher meinen in Anm. 4 genannten Beitrag »Spiritualität«.

[11] Vgl. Art. Unterscheidung der Geister: Lex. f. Theol. u. Kirche X, 533−535 *(H. Wulf)*; Sacr. Mundi IV, 1108−1114 *(E. Klinger)*.

[12] Vgl. *K. Rahner*, Löscht den Geist nicht aus: *ders.*, Schriften VII, 77−90.

[13] Vgl. *K. Jaspers*, Der philosophische Glaube angesichts der Offenbarung. München 1962, 53 f.

[14] Vgl. *M. Honecker / H. Waldenfels*, Zu Gast beim Anderen. Evangelisch-katholischer Fremdenführer. Graz u.a. [2]1986.

[15] Vgl. zur grundsätzlichen Fragestellung *C. H. Ratschow u.a.*, Art. Charisma: Theol. Realenzykl. VII, 681−698; *P. Neuner*, Art. Charisma/Amt: Neues Handb. theol. Grundbegr. I, 170−175; zur charismatischen Frömmigkeit vor allem *H. Mühlen u.a.*, Einübung in christlicher Grunderfahrung I und II. Mainz [10]1982; *ders.* (Hrsg.), Erfahrungen mit dem Heiligen Geist. Zeugnisse und Berichte. Mainz [3]1981; *ders.* (Hrsg.), Geistesgaben heute. Mainz 1982; sodann *N. Baumert* (Hrsg.), Jesus ist der Herr. Münsterschwarzach 1987.

[16] Vgl. *R. Schutz*, Kampf und Kontemplation. Auf der Suche nach Gemeinschaft mit allen. Freiburg u.a. 1973; *G. Gutiérrez*, Theologie der Befreiung. München−Mainz 1973, 190−196; *L. Boff*, Aus dem Tal der Tränen ins

Gelobte Land. Der Weg der Kirche mit den Unterdrückten. Düsseldorf 1982, 178–248; Herausgefordert durch die Armen. Dokumente der Ökumenischen Vereinigung von Dritte-Welt-Theologen. 1976–1983. Freiburg 1983, 98–100 u.ö.; *H. Goldstein* (Hrsg.), Tage zwischen Tod und Auferstehung. Geistliches Jahrbuch aus Lateinamerika. Düsseldorf 1984, 6–8. Zum Thema Spiritualität und politisches Handeln vgl. auch *J. Sudbrack*, Das Klima des Hasses und des Todes verweigern: Geist u. Leben 57 (1984) 96–110.

[17] Vgl. dazu ausführlicher den Teil III dieses Bandes; auch *H. Waldenfels*, Faszination des Buddhismus. Mainz 1982, 92–151.

[18] Vgl. dazu: Die Friedensgebete von Assisi. Eingeleitet von *F. König*, kommentiert von *H. Waldenfels*. Freiburg u.a. 1987.

[19] Vgl. dazu u.a. die Hinweise im 2. Sachstandsbericht der Landesregierung von Nordrhein-Westfalen vom September 1983, 41ff., sodann die einschlägigen Handbücher über die Jugendreligionen.

[20] Vgl. dazu *H. Waldenfels*, Faszination, 161f. Einen anderen Denkansatz bietet *C.J. von Korvin-Krasinski*, Trina machina mundi. Mainz 1987.

[21] Vgl. zum Folgenden auch *H. Waldenfels*, Gott – Mensch – Welt. Zum Angelpunkt des interreligiösen Gesprächs aus christlicher Sicht, in: *W. Strolz / H. Waldenfels* (Hrsg.), Christliche Grundlagen des Dialogs mit den Weltreligionen. Freiburg u.a. 1983, 13–43.

[22] Ähnlich wie im Falle des »Selbst« ist aber dann darauf zu achten, daß das, was uns unter »Natur« umgibt, vielfach nicht mehr die unzerstörte »Natur« ist bzw. daß das Vordergründige das Hintergründige verstellt und verhüllt. Vgl. dazu aus einem japanischen Kontext *H. Waldenfels*, Absolutes Nichts. Zur Grundlegung des Dialogs zwischen Buddhismus und Christentum. Freiburg u.a. [3]1980, 133–139.

[23] Das zeigt sich nicht zuletzt, wo auf das Verhältnis von Ich – Nicht-Ich – Selbst reflektiert wird; vgl. dazu *H. Waldenfels*, Faszination, 42–55, 138–151.

[24] Vgl. dazu die Art. Ātman, Brahman *(A. Thannippara)* und Anātman/Anattā *(W. K. Müller): H. Waldenfels* (Hrsg.) Lexikon der Religionen. Freiburg 1987, 21f.; 37f.; 73f.

[25] Vgl. zur Frage der Personauffassung *H. Waldenfels*, Absolutes Nichts, 105–119; *ders.*, Faszination, 42–55 u.ö.; sodann *H.-J. Klimkeit*, Orientalische Alternativen zur abendländischen Personauffassung: *A. Schavan / B. Welte* (Hrsg.), Person und Verantwortung. Düsseldorf 1981, 169–189.

[26] Vgl. *R.C. Zaehner*, Mystik – Harmonie und Dissonanz. Die östlichen und westlichen Religionen. Olten/Freiburg 1980, 156–205 u.ö.

[27] Zur Frage der Unterscheidung und Nicht-Unterscheidung vgl. ausführlicher *H. Waldenfels*, Absolutes Nichts, 125–129, 132 u.ö.; *ders.*, Faszination, 29f., 68–73 u.ö.

[28] Vgl. *S. Hisamatsu*, Atheismus: Zeitschr. f. Miss.-wiss. u. Rel.-wiss. 62 (1978) 268–296.

[29] Dazu ausführlicher *H. Waldenfels*, Kontextuelle Fundamentaltheologie 145–149. Eine Schlüsselfigur bei der Verhältnisbestimmung von theologi-

scher Reflexion und religiöser Erfahrung und in diesem Sinne von Christentum und asiatischer Spiritualität ist der Grenzgänger Meister Eckhart geworden.

[30] Vgl. zum Verhältnis von Weg und Lehre ebd. 349–354.

[31] Vgl. dazu *A. M. Haas*, Meister Eckhart als normative Gestalt geistlichen Lebens. Einsiedeln 1979, 15; *B. Welte*, Meister Eckhart. Gedanken zu seinen Gedanken. Freiburg u.a. 1979, 16.

[32] Die Bedeutsamkeit der Ästhetik als einer theologischen Wahrnehmungslehre hat vor allem *H. U. von Balthasar*, Herrlichkeit. Eine theologische Ästhetik I–III. Einsiedeln 1961–1969, signalisiert. Vgl. sodann *J. Wohlmuth*, Art. Ästhetik: Lex. d. Rel. 9–11.

[33] Vgl. *W. Heisenberg*, Naturwissenschaftliche und religiöse Wahrheit: Chronik der Katholischen Akademie in Bayern 1972/73. München 1974, 89–100, vor allem 99.

[34] Vgl. *W.J. Hollenweger*, Wie aus Grenzen Brücken werden. Ein theologisches Lesebuch. München 1980; *ders.*, Erfahrungen der Leibhaftigkeit. Interkulturelle Theologie 1. München 1979; *ders.*, Umgang mit Mythen. Interkulturelle Theologie 2. München 1982.

[35] Vgl. dazu ausführlicher *H. Waldenfels*, Der Gekreuzigte und die Weltreligionen. Zürich u.a. 1983.

3 Abgrenzung statt Dialog

[1] Vgl. Die Friedensgebete von Assisi. Eingeleitet von *F. König*, kommentiert von *H. Waldenfels*. Freiburg u.a. 1987.

[2] *H. Waldenfels*, Faszination des Buddhismus. Mainz 1982, 92–111.

[3] Vgl. *Nikolaus v. Kues*, De pace fidei: *ders.*, Philosophisch-Theologische Schriften III. Wien 1967, 705–797.

[4] Vgl. *G.E. Lessing*, Nathan der Weise. 3. Aufzug, 7. Auftritt (Reclams Universal-Bibliothek 3). Stuttgart.

[5] Vgl. dazu *R. Hummel*, Indische Mission und neue Frömmigkeit im Westen. Stuttgart u.a. 1980 (Register!); *H.-P. Müller*, Die Ramakrishna-Bewegung. Gütersloh 1986.

[6] Zu D.T. Suzukis Leben und Werk vgl. *F. Buri*, Der Buddha-Christus als der herr des wahren Selbst. Bern/Stuttgart 1980, 113–142. Zur Einordnung Suzukis vgl. meine Anmerkungen in: Neue Zeitschr. f. Miss.-wiss. 39 (1983) 141–146.

[7] Zur Geschichte der Konzilserklärung vgl. *J. Oesterreicher*: Lex. f. Theol. u. Kirche Erg.bd. II, 406–478; zu den Konsequenzen *H. Waldenfels*, Theologie der nicht-christlichen Religionen: *E. Klinger / K. Wittstadt* (Hrsg.), Glaube im Prozeß. Freiburg u.a. 1984, 757–775.

[8] Die Mehrzahl der bedeutenderen interreligiösen Begegnungen sind in dem seit Mai 1966 erscheinenden Bulletin des römischen Sekretariats für die Nicht-Christen dokumentiert.

[9] Vgl. zum Folgenden u.a. *K. Rahner*, Was ist Häresie?; *ders.*, Schriften zur Theologie V 527–576; *ders.*, Häresien in der Kirche heute?: ebd. IX 453–478; sodann auch *P. Berger*, Der Zwang zur Häresie. Frankfurt 1980.

[10] Vgl. dazu *H. Waldenfels*, Kontextuelle Fundamentaltheologie. Paderborn 1985, 330f.

[11] Wir führen hier weiter, was in Kap. 2 bereits erstmals zur Sprache kam.

[12] Vgl. *H. Waldenfels*, Die islamische Provokation heute: Stimmen der Zeit 197 (1979) 507–518.

[13] Vgl. *A. Buchholz / M. Gelling* (Hrsg.), Im Namen Allahs. Der Islam – eine Religion im Aufbruch? Frankfurt/Berlin 1980.

[14] Für praktische Informationen aus dem christlich-islamischen Bereich sei verwiesen auf die von CIBEDO Frankfurt herausgegebenen Dokumentationen, zur Frage der christlich-islamischen Ehe: CIBEDO-Dokumentation Nr. 21/22 (1984).

[15] Zu Dialog und Dialogik vgl. ausführlicher *H. Waldenfels*, Kontextuelle Fundamentaltheologie 76–80, 397f. u.ö.

[16] Vgl. dazu *R. Malek / M. Plate* (Hrsg.), Chinas Katholiken suchen neue Wege. Freiburg u.a. 1987.

4 Erfahrung der Grenze zwischen Wort und Schweigen

[1] F.A.Z. Nr. 216, 17.9.1979, 5.

[2] *R. Okochi*, Absolute Wahrheit: Ihre Selbstverneinung als Selbstverwirklichung. Das Problem des Hōben im Jōdo-Buddhismus: *D. Papenfuss / J. Söring* (Hrsg.), Transzendenz und Immanenz. Philosophie und Theologie in der veränderten Welt. Stuttgart u.a. 1977, 279.

[3] So D.T. Suzuki; vgl. *H. Waldenfels*, Absolutes Nichts. Zur Grundlegung des Dialogs zwischen Buddhismus und Christentum. Freiburg u.a. ³ 1980, 166f.

[4] *K. Nishitani*, Die religiös-philosophische Existenz im Buddhismus: R. Wisser (Hrsg.), Sinn und Sein, Tübingen 1960, 398.

[5] *R. Okochi*, 279.

[6] Bi-yän-lu. Meister Yüan-wu's Niederschrift von der Smaragdenen Felswand. Übersetzung von *W. Gundert*. Bd. III. München 1973, 105f. Vgl. dazu *H. Waldenfels*, Nichts, 110–113.

[7] Vgl. *K. Nishitani*, On the I-Thou-Relationship in Zen Buddhism: The Eastern Buddhist, N.S. II/2 (1969) 71–87.

[8] »Kōan« (chin. Kung-an) bedeutet ursprünglich »öffentliche Bekanntmachung«, »öffentlicher Aushang«, dann allgemeiner »Modell«, »früheres Beispiel« und bezeichnet dann Anekdoten, Dialoge und Handlungsbeispiele aus der Zengeschichte, die bei der Überprüfung des Erleuchtungsstandes bzw. des Tiefengrades der Meditation eine Rolle spielen. »Mondō«, »Frage und Antwort«, wird in diesem Zusammenhang der vor allem im Rinzai-Zen geübte Meister-Schüler-Dialog genannt. Vgl. dazu *H. Waldenfels*, Nichts 42, 166–170.

[9] Vgl. ebd. 199.

194

[10] *M. Heidegger*, Unterwegs zur Sprache. Pfullingen 1959, 83–155; Zitat: 86 f.

[11] *Sh. Ueda*, Das »Nichts« bei Meister Eckhart und im Zen-Buddhismus unter besonderer Berücksichtigung des Grenzbereichs von Theologie und Philosophie: *D. Papenfuss / J. Söring*, Transzendenz, 257–266; Zitat: 263.

[12] Eine gute Illustration stellt 1 Joh 1,3 f. dar: »Was wir *gesehen* und *gehört* haben (A), das tun wir euch *kund* (B), damit ihr Gemeinschaft mit uns habt... Und das wollen wir euch *schreiben* (C) ...« Gerade die johanneische Briefform (»schreiben«) enthält bereits die Grundzüge argumentativer Darstellung und erläutert, worin Christsein besteht und worin nicht. Vgl. auch *H. Waldenfels*, Nichts, 183–189.

[13] In diesem Sinne kann auch meine Kontextuelle Fundamentaltheologie (Paderborn 1985) in doppelter Blickrichtung als »theo-logisches«, »Gott zur Sprache bringendes«, und als »mystagogisches«, »in das Geheimnis einführendes« Unternehmen gesehen werden.

[14] Daß es sich angesichts der Einweisung in Wortlosigkeit vom Standpunkt des Übenden her um eine ärgerliche Ablenkung handelt, wenn über das Wortlose erneut Worte gemacht werden, gehört zu den Begleitumständen unserer heutigen Zeit, die nach rationalen Begründungen und Motivationen des Handelns ruft.

[15] Die Erwähnung von TM und Scientology mag auf den ersten Blick verwundern. Ohne an dieser Stelle in eine Diskussion über die neureligiösen Bewegungen (»Jugendreligionen«) einzutreten, soll jedoch festgehalten werden: Gerade weil die Ambiguität der sogenannten »Jugendreligionen«, zu denen eine breitere Öffentlichkeit die genannten Gruppen zählt, bekannt ist, sollten Fragen der unterschiedlichen Klärung nicht oberflächlich beiseite geschoben werden. Es war im übrigen kein Geringerer als *H. Enomiya-Lassalle*, der – nach dem Verständnis von TM-Vertretern – folgende Sätze über ihre Meditationsform geschrieben hat: »Die Mantrameditation, auch transzendentale Meditation genannt, ist weit verbreitet und wird von vielen im Westen sehr geschätzt. Sie ist leichter zu vollziehen als die Zen-Meditation, weil sie keine schwierige Körperhaltung vorschreibt und weil sie im Mantra ein Objekt hat« (Meditation als Weg zur Gotteserfahrung, Köln 1972, 30). Die Frage ist folglich, was die Lösung der Zenübung aus dem buddhistischen Mutterboden tatsächlich bedeutet. Ist die Verpflanzung einer Meditations-*methode* in einen weltanschaulich neutralen, etwa »wissenschaftlichen« Kontext wirklich ohne Aufhebung der ursprünglich gemeinten Meditation möglich? Diese Frage ist mit dem Verweis auf die Praxis allein noch nicht beantwortet und wird daher auch im weiteren Verlauf der Ausführungen hier bedacht.

[16] So lautet die Überschrift der Festschrift für Pater Hugo M. Enomiya-Lassalle SJ zum 80. Geburtstag: *G. Stachel* (Hrsg.), Munen musō. Ungegenständliche Meditation, Mainz 1978.

[17] Ergebnisse aus Messungen und Aufzeichnungen der Aktionsströme des Herzens bzw. des Gehirns werden inzwischen auch zur Beobachtung der Meditationsauswirkungen im psychosomatischen Bereich eingesetzt.

[18] *J. van Bragt*, Tangenten an einen vollkommenen Kreis? in *G. Stachel*, Munen musō, 382.

[19] Vgl. Kapitel 7 dieses Bandes; auch *H. Waldenfels*, Faszination des Buddhismus. Mainz 1982, 124–137.

[20] Vgl. *H. Waldenfels*, Christlicher Glaube und Zen, in *G. Stachel*, Munen musō, 405–418.

[21] Vgl. *H. Waldenfels*, Nichts 153.

[22] Vgl. *Sh. Hisamatsu*, Atheismus: Zeitschr. f. Miss.wiss. u. Rel.wiss. 62 (1978) 268–296.

[23] Bi-Yän-Lu. Niederschrift von der Smaragdenen Felswand. Übersetzung v. *W. Gundert*, Bd. I, München 1964, 37.

[24] Der Ochs und sein Hirte. Übersetzung von *K. Tsujimura / H. Buchner*, Pfullingen [2]1973, 42.

[25] *Sh. Hisamatsu*, Zen as the Negation of Holiness: The Eastern Buddhist. N.S.X/1 (1977) 1–12.

[26] *Sh. Ueda*, Der Buddhismus und das Problem der Säkularisierung. Zur gegenwärtigen geistigen Situation Japans, in *O. Schatz* (Hrsg.), Hat die Religion Zukunft?, Graz u.a. 1971, 233–275; Zitate: 269 und 270.

[27] Vgl. *H. Waldenfels*, Nichts 19ff., 110–113, 131f. u.ö.

[28] *K. Tsujimura / H. Buchner* (Hrsg.), 49.

[29] Vgl. dazu ausführlicher meine Anfragen in *H. Waldenfels*, Nichts 158f. 182.

[30] Vgl. Hildegardis Scivias (= CChr XLIII). Turnhout/Paris 1978, 124–132.

5 Wort und Schweigen

[1] Mumonkan, Die Schranke ohne Tor. Meister Wu-men's Sammlung der 48 Kōan. Übersetzt und erläutert von *H. Dumoulin*, Mainz 1975, 52 (6. Beispiel).

[2] Ebd. 53.

[3] Vgl. dazu *H. Waldenfels*, Absolutes Nichts. Freiburg u.a. [3]1980, 37; *H. Dumoulin*, Der Erleuchtungsweg des Zen im Buddhismus, Frankfurt 1976, 35f.

[4] Mumonkan 45 (3. Beispiel).

[5] Ebd. 37 (1. Beispiel).

[6] Ebd. 55 (7. Beispiel).

[7] Ebd. 82 (18. Beispiel)

[8] Ebd. 100 (24. Beispiel)

[9] Vgl. *Z. Dōgen*, Shōbō gezō. Die Schatzkammer der Erkenntnis des wahren Dharma II. Zürich 1977, 66–70 (Mitsugo. »Geheime Lehre«).

[10] Vgl. das Gleichnis von dem Mann, der von einem vergifteten Pfeil getroffen wurde, in Majjhima-Nikāya 7. Teil, 3. Rede (63, 426–432); dazu *Y. Takeuchi*, Probleme der Versenkung im Urbuddhismus, Leiden 1972, 1–3; *H. Dumoulin*, Begegnung mit dem Buddhismus, Freiburg u.a. 1978, 57f.; *H. Waldenfels*, Faszination des Buddhismus, Mainz 1982, 74f.

[11] Vgl. dazu *W. Zimmerli*, Ezechiel II, Neukirchen [2]1979, 810–814; zu möglichen Zusammenordnungen der Schweigetexte auch *E. Vogt*, Die Lähmung und Stummheit des Propheten Ezechiel: *H.J. Stoebe* u.a. (Hrsg.), Wort – Gebot – Glaube. Zürich 1970, 87–100.

[12] Vgl. zu Herkunft und Eigenart des johanneischen Logos-Begriffs *R. Schnackenburg*, Das Johannesevangelium I, Freiburg u.a. 1965, 257–269. Hier ist auch auf die valentinianische Gnosis zu achten, die bereits *Irenäus*, Adv. Haer, I, 1 (= MG 7, 435 ff.) beschrieben hat; vgl. sodann *H. Jonas*, Gnosis und spätantiker Geist, Göttingen [2]1954, I, 362–375.

[13] Vgl. *H. Urs von Balthasar*, Wort und Schweigen: *ders.*, Verbum Caro. Skizzen zur Theologie I, Einsiedeln 1960, 135–155, Zitat 139.

[14] *Ignatius von Antiochien*, Magn. 8,2; zitiert nach der Ausgabe von *J.A. Fischer*, Die apostolischen Väter = Schriften des Urchristentums 1, Darmstadt 1970, 166 f.

[15] *Ignatius von Antiochien*, Eph. 6,1 (Fischer 146 f.), vgl. 15,1 f.; 19,1; auch Phil. 1,1.

[16] Vgl. eine gute Textauswahl bei *H. Urs von Balthasar*, Verbum 139– 145; auch *J. Hochstaffl*, Negative Theologie. Ein Versuch zur Vermittlung des patristischen Begriffs, München 1976.

[17] *H. Urs von Balthasar*, Verbum 142.

[18] Ebd. 151.

[19] *G. Mensching*, Das heilige Schweigen. Eine religionsgeschichtliche Untersuchung, Gießen 1926, 154–156.

[20] *L. Wittgenstein*, Tractatus logico-philosophicus. Logisch-philosophische Abhandlung (= Edition Suhrkamp) 12.

[21] *E. Stier*, Vielleicht ist irgendwo Tag. Aufzeichnungen, Freiburg –Heidelberg 1981, 240.

[22] *M. Heidegger*, Wegmarken, Frankfurt 1967, 348.

[23] Ebd. 349.

[24] Vgl. diese Feststellung in einem Aufsatz von *F. Inciarte*, Referenztheorie und Geschichtlichkeit. Zum Objektivitätsstreit: Theol. u. Phil. 58 (1983) 181–193, dort vor allem 183 f.

[25] *K. Nishitani*, Was ist Religion? Frankfurt 1982, 243 f. (Leicht veränderte Übersetzung.)

[26] Vgl. dazu ausführlicher *H. Waldenfels*, Nichts.

[27] Vgl. ebd. 28 f.

[28] Vgl. ebd. 86 f.

[29] Vgl. *T. Vetter*, Die Lehre Nāgārjunas in den Mūla-Madhyamaka-Kārikās: *G. Oberhammer* (Hrsg.), Epiphanie des Heils, Wien 1982, 87–108; auch *H. Waldenfels*, Nichts 22–33.

[30] Vgl. *T. Vetter*, Erfahrung des Unerfahrenen bei Śankara: *G. Oberhammer* (Hrsg.), Transzendenzerfahrung, Vollzugshorizont des Heils. Das Problem in indischer und christlicher Tradition, Wien 1978, 45–59.

[31] Vgl. *H. Waldenfels*, Sprechsituationen: Leid – Ver-nicht-tung – Geheimnis. Zum buddhistischen und christlichen Sprechverhalten: *ders./Th. Immoos* (Hrsg.), Fernöstliche Weisheit und christlicher Glaube. FS H. Dumoulin. Mainz 1985, 289–312.

[32] So *T. Vetter*, Erfahrung 45.

[33] Vgl. *K. Rahner / H. Rahner*, Worte ins Schweigen. Gebete der Einkehr, Freiburg u.a. 1973 (Neuauflage).

[34] Vgl. *K. Rahner*, Schriften zur Theologie VII 22 ff.; VIII 205 f.; X 49 ff. u.ö.; auch voriges Kapitel dieses Buches.

[35] Vgl. *H. Waldenfels*, Das schweigende Nichts angesichts des sprechenden Gottes. Zum Gespräch zwischen Buddhismus und Christentum in der japanischen Kyōto-Schule: Neue Zeitschr. f. Syst. Theol. u. Rel. Phil. 13 (1971) 315–334.

[36] In *J. Ratzinger* (Hrsg.), Die Frage nach Gott, Freiburg–Basel–Wien 1972, 26.

[37] *B. Welte*, Das Licht des Nichts. Von der Möglichkeit neuer religiöser Erfahrung, Düsseldorf 1980, 54.

[38] Vgl. ebd. 57–70; *ders.*, Zwischen Zeit und Ewigkeit. Abhandlungen und Versuche, Freiburg u.a. 1982, 43–50; auch *H. Waldenfels*, Faszination 33–40.

[39] *K. Tsujimura / H. Buchner* (Hrsg.), Der Ochs und sein Hirte. Eine altchinesische Zen-Geschichte erläutert von Meister D.R. Ohtsu, Pfullingen ²1973, 41 f.

[40] Vgl. *K. Tsujimura*, Zu »Gedachtes« von Martin Heidegger: Phil. Jahrbuch 88 (1981) 316–332; Zitate: 331.

[41] Ebd. 332.

[42] Vgl. *K. Nishitani*, a.a.O. 92 f.; dazu *H. Waldenfels*, Nichts 181 ff.

[43] Vgl. *H. Urs von Balthasar*, Der Unbekannte jenseits des Wortes: *ders.*, Spiritus Creator. Einsiedeln 1967, 95–105; Zitat: 100.

[44] *M. Picard*, Die Welt des Schweigens, Erlenbach–Zürich ²1950, 158 f.

[45] Ebd. 25.

[46] Vgl. ausführlicher meine Ausführungen in: Der Gekreuzigte und die Weltreligionen, Zürich–Einsiedeln 1983; auch *E. Biser*, Die glaubensgeschichtliche Wende. Graz u.a. 1986, 102–110, 185, 207, 214 u.ö.

[47] *K. Tsujimura / H. Buchner* (Hrsg.), 50.

6 Der moderne Mensch und die Meditation

[1] Die Literatur über die Meditation ist inzwischen nahezu unübersehbar geworden. Wir nennen – etwas willkürlich – wenige Titel, die sich in den letzten Jahren als hilfreich erwiesen haben:
W. Bitter (Hrsg.), Meditation in Religion und Psychotherapie. Stuttgart ²1973; *K. Graf Dürckheim*, Meditieren – wozu und wie? Freiburg u.a. 1976; *H.M. Enomiya-Lassalle*, Zen-Weg zur Erleuchtung. Wien 7.A. 1987; *ders.*, Zen-Meditation. Zürich u.a. ⁴1980; *ders.*, Zen und christliche Mystik.

Freiburg 1986; *Ph. Kapleau*, Die drei Pfeiler des Zen: Lehre – Übung – Erleuchtung. Weilheim ²1972; *J.B. Lotz*, Einübung ins Meditieren am Neuen Testament. Frankfurt 1965; *ders.*, Kurze Anleitung zum Meditieren. Frankfurt 1973; *U. v. Mangoldt* (Hrsg.), Wege der Meditation heute. Weilheim 1970; *J. Sudbrack*, Meditation: Theorie und Praxis. Würzburg 1971; *ders.*, Herausgefordert zur Meditation. Freiburg u.a. 1977; *K. Tilmann*, Die Führung zur Meditation. 2 Bde (Bd. 2 mit *H.-T. von Peinen*). Zürich u.a. 1971/78; *K. Thomas*, Meditation. Stuttgart 1973. – Außer den Artikeln in älteren Nachschlagewerken vgl. auch Art. Meditation/Kontemplation: *P. Eicher* (Hrsg.), Neues Handb. theol. Grundbegr. III 74–83 (*J. Zapf*); Art. Meditation in Ost und West: Großes modernes Lexikon (Bertelsmann) VII 544–546 (*H. Waldenfels*); Art. Meditation: *U. Ruh u.a.* (Hrsg.), Handwörterb. rel. Gegenwartsfragen 266–270 (*J.B. Lotz*).

² Vgl. *J.B. Metz*, Zur Theologie der Welt. Mainz ⁵.A. 1985.

³ Vgl. zu den Künsten bzw. Zenwegen u.a. *H. Brinker*, Zen in der Kunst des Malens. Bern u.a. 1985; *K. Graf von Dürckheim*. Japan und die Kultur der Stille. Bern u.a. ⁶1975; *E. Herrigel*, Zen und die Kunst des Bogenschießens. Weilheim ¹²1965; *ders.*, Der Zen-Weg. Weilheim ³1970; *T. Hoover*, Die Kultur des Zen. Köln ²1983; *K. Okakura*, Das Buch vom Tee. Frankfurt 1979; auch den Museumskatalog: Zen und die Künste. Museum für Ostasiatische Kunst, Köln 1979.

⁴ Vgl. dazu ausführlicher *H. Waldenfels*, Christliche und östliche Spiritualität: *N. Lobkowicz* (Hrsg.), Das europäische Erbe und seine christliche Zukunft. Köln 1985, 173–191.

⁵ Vgl. *F. Nietzsche*, Fröhliche Wissenschaft. 3. Buch: Werke (Ausgabe J. Willi/M. Montinari) Berlin–New York 1980, IV, 102.

⁶ *K. Rahner*, Meditation über das Wort »Gott«: *H.J. Schultz* (Hrsg.), Wer ist das eigentlich – Gott. München 1969, 18.

⁷ Zu Gottesbeweis und Gotteserfahrung vgl. *H. Waldenfels*, Kontextuelle Fundamentaltheologie. Paderborn 1985, 131–165.

⁸ Vgl. *L. Wittgenstein*, Tractatus logico-philosophicus 7.

⁹ Vgl. *G. Scherer*, Reflexion – Meditation – Gebet. Essen 1973.

¹⁰ Vgl. *K. Rahner*, Zur Theologie der Menschwerdung: ders., Schriften zur Theologie IV 153f.

7 Das asiatische Angebot

¹ Vgl. z.B. *H.M. Enomiya-Lassalle*, Leben im neuen Bewußtsein. München 1986.

² Vgl. H.M. Enomiya-Lassalle, Zen und christliche Spiritualität. München 1987, 125–179; *H. Waldenfels*, Faszination des Buddhismus. Mainz 1982, 112–123; *J.K. Kadowaki*, Zen und die Bibel. Salzburg 1980, 82–111.

³ Vgl. *Ignatius von Loyola*, Geistliche Übungen. Nr. 313–336; Übers. v. *A. Haas*: Freiburg u.a. 1966, 104–110.

[4] Vgl. *S. Ueda*, Die Gottesgeburt in der Seele und der Durchbruch zur Gottheit. Gütersloh 1965; *K. Nishitani*, Was ist Religion? Frankfurt 1982; auch *M. Heinrichs*, Der große Durchbruch. Werl 1969; *ders.*, Christliche Offenbarung und religiöse Erfahrung im Dialog. Paderborn 1984.

[5] Vgl. *Z. Dōgen*, Shōbōgenzō. Bd. I. Zürich 1975, 40–43 (Sokushinzebutsu: Unser Geist ist der Buddha).

[6] Das Wort aus: Der Cherubinischen Wandersmann, ist über M. Heidegger in die Diskussion der Kyōto-Schule gelangt; vgl. *S. Ueda*, Gottesgeburt 157–168.

[7] Unter dieser Rücksicht ist der Einsatz von Zen in japanischen Betrieben wie auch in hiesigen Managerkreisen zu überprüfen; vgl. etwa die Darstellungen in Büchern wie *R. Lay*, Meditationstechniken für Manager. München 1976, und: *P. Dürn*, Japan zwischen Yen und Zen. Landsberg 1987.

[8] Beispiele für ein neues Leibbewußtsein im Hinblick auf die Meditation bieten aus verschiedenen Richtungen *K. Graf Dürckheim*, Vom doppelten Ursprung des Menschen. Freiburg u.a. 1973, 153–211; *Michaelle*, Beten mit Körper, Seele und Geist. Mainz 1979; *A. de Mello*, Meditieren mit Leib und Seele. Kevelaer 1984; *G. Boyesen*, Über den Körper der Seele heilen. München 1987.

[9] Vgl. *R. Guardini*, Von heiligen Zeichen. Mainz letzte Aufl. 1985.

[10] Für Lit. vgl. die einschlägigen Artikel in *H. Waldenfels* (Hrsg.), Lexikon der Religionen. Freiburg u.a. 1987: Tantra/Tantrismus (*M. v. Brück:* 630–634); Yoga (*A. Thannippara:* 710–712); Zen (*H. Dumoulin:* 717 f.); zum Tantrismus auch *J. Hopkins* (Hrsg.), Tantra in Tibet. Düsseldorf 1980; *G.L. Söpa/J. Hopkins*, Der Tibetische Buddhismus. Düsseldorf 1977; *L. Rinpoche/J. Hopkins*, Stufen der Unsterblichkeit. Düsseldorf 1983; *W. Anderson*, Der tibetische Buddhismus als Religion und Psychologie. Bern u.a. 2.A. 1983; zum Yoga auch *S. Aurobindo/Die Mutter*, Alles Leben ist Yoga. Weilheim 1975; *A. van Lysebeth*, Yoga. Gütersloh u.a. 1972; *J. Wunderli*, Schritte nach innen. Freiburg u.a. 1975.

[11] Zur Ikonographie des Buddhismus vgl. aus der Fülle von Werken *D. Seckel*, Kunst des Buddhismus. Baden-B. 2.A. 1964; *D.L. Snellgrove* (ed.), The Image of the Buddha. Paris/Tokyo 1978; *J. Auboyer*, Buddha. Freiburg u.a. 1982; *H. Bechert/R. Gombrich*, Die Welt des Buddhismus. München 1984.

[12] Vgl. *K. Graf Dürckheim*, Hara. Die Erdmitte des Menschen. Weilheim 3.A. 1967.

[13] Vgl. *Ignatius von Loyola*, Geistliche Übungen. Nr. 76.

[14] Vgl. ebd. Nr. 77.

[15] Vgl. Soc. Jesu Constitutiones III/I. 26 (n. 288)

[16] Vgl. zur Bedeutsamkeit des Atmens *S. Palos*, Atem und Meditation. Weilheim 1969; *A. van Lysebeth*, Die große Kraft des Atems. Bern u.a. [2]1975.

[17] Vgl. *Ignatius von Loyola*, Geistliche Übungen. Nr. 238–260.

[18] Vgl. *H. Waldenfels*, Absolutes Nichts. Freiburg u.a. [3]1980, 199.

[19] Vgl. die beiden klassischen Sammlungen *Bi-Yän-Lu*, Meister Yüan-wu's Niederschrift von der Smaragdenen Felswand. Übers. v. *W. Gundert*. 3 Bd.

200

München 1964–1973, und Mumonkan. Die Schranke ohne Tor. Übers. v. *H. Dumoulin*. Mainz 1975. Antworten auf Zen-Kōans hat *Y. Hoffmann*, Der Ton der einen Hand. Bern u.a. 1978, veröffentlicht. Die Zensprache kann eingeübt werden an Texten wie *Z. Shibayama*, Zen in Gleichnis und Bild. Bern u.a. 1974; *ders.*, Zu den Quellen des Zen. Bern u.a. 1976; *K. Graf Dürckheim*, Wunderbare Katze und andere Zen-Texte. Bern u.a. [3]1976; *P. Reps*, Ohne Worte – ohne Schweigen. Bern u.a. 1976.

[20] Dieses Kōan – im Japanischen *sekishu onjō* – geht auf den Zenmeister Hakuin (1685–1768) zurück; vgl. dazu *H. Dumoulin*, Geschichte des Zen-Buddhismus II. Bern 1986, 325–355.

[21] »*Mu*« ist das Schlüsselwort im 1. Koan des Mumonkan; vgl. Anm. 19. Für eine lebendige Beschreibung der Wirkung dieses Kōans vgl. *W. Johnston*, Der ruhende Punkt. Zen und christliche Mystik. Freiburg u.a. 1974, 15–25, auch *J. K. Kadowaki*, Zen, durchlaufend, obwohl ein anderes Kōan für ihn noch größere Bedeutung erlangt haben dürfte; zur grundsätzlichen Bedeutung des *Mu M. Abe*, Zen and Western Thought. London–Honolulu 1985, 121–134.

[22] Vgl. *B. Staehelin*, Das Unzerstörbare in der Selbsterfahrung: L. Boros u.a., Bewußtseinserweiterung durch Meditation. Freiburg u.a. 1973, 56–88.

[23] Vgl. ebd. 60–69.

[24] Vgl. *W. Johnston*, Punkt, 60–63. 109ff. Zum »Denken« des Zen vgl. auch *T. Izutsu*, Philosophie des Zen-Buddhismus. Reinbek 1979; *Y. Oshima*, Zen – anders denken? Zugleich ein Versuch über Zen und Heidegger. Heidelberg 1985.

[25] In der christlichen Theologie hat die Dimension der Tiefe vor allem durch *P. Tillich* Bedeutung erlangt; vgl. das Register in seiner: Systematische(n) Theologie III. Stuttgart 1966; sodann auch *W. Johnston*, Punkt 61f., 66, 81ff. u.ö.

[26] Vgl. dazu Kap. 1 dieses Bandes.

[27] Vgl. *J. B. Lotz*, Einsamkeit als Grenzerfahrung: L. Boros u.a., Bewußtseinserweiterung 29–55, vor allem 47–50; *ders.*, Einübung ins Meditieren am Neuen Testament. Frankfurt 1965.

[28] Vgl. dazu *H. Waldenfels*, Sterben und Weiterleben im Buddhismus (Veröffentlichung des Vortrags in Vorbereitung).

[29] Vgl. *K. P. Fischer*, Der Mensch als Geheimnis. Die Anthropologie Karl Rahners. Freiburg u.a. 1974, 142.

[30] Vgl. *W. Johnston*, Punkt 20ff. Die »Zen-Krankheit« kann vor allem im Leben Hakuins studiert werden; vgl. dazu *H. Dumoulin*, Geschichte II, 334–339.

[31] Vgl. *P. G. Waser*, Drogeneinflüsse auf Gehirn, Bewußtsein und Verhalten: L. Boros u.a., Bewußtseinserweiterung 118–137.

[32] Vgl. *K. Graf Dürckheim*, Der Ruf nach dem Meister. Der Meister in uns. Weilheim 1972; *ders.*, Ursprung 215–233.

[33] Einen Versuch, diese Frage anzugehen, stellt die von *G. Stachel* herausgegebene Lassalle-Festschrift: Munen musō. Ungegenständliche Meditation. Mainz 1978, dar.

[34] Vgl. *Ignatius von Loyola*, Geistliche Übungen. Nr. 352–370; dazu *W. Löser*, Die Regeln des Ignatius von Loyola zur kirchlichen Gesinnung – ihre historische Aussage und ihre aktuelle Bedeutung: Geist u. Leben 57 (1984) 341–352.

[35] Vgl. *Ignatius von Loyola*, Geistliche Übungen. Nr. 23.

[36] Vgl. dazu Kap. 1 dieses Bandes.

[37] Dieser im Anschluß an den Kernsatz des Vedānta: »*Tat tvam asi*« gebildete Satz hat eine vielfältige Fortsetzung in den verschiedenen Formen der Identitätsmystik gefunden. Ein zen-buddhistisches Beispiel ist das bereits zitierte Beispiel 68 aus dem: Bi-yän-lu. Ausgabe W. Gundert III 105 f.; vgl. in diesem Band S. 73.

[38] Vgl. meinen Art. Non-Dualismus: *H. Waldenfels* (Hrsg.), Lexikon der Religionen 462 f.; sodann *B. Staehelin:* L. Boros u.a., Bewußtseinserweiterung; *H. Dumoulin*, Östliche Meditation und christliche Mystik. Freiburg–München 1966 (Register); *J.A. Cuttat*, Asiatische Gottheit – christlicher Gott. Einsiedeln 1971.

[39] Vgl. *W. Johnston*, Punkt 191.

[40] Vgl. Anm. 21.

[41] Vgl. ausführlicher *H. Waldenfels*, Nichts.

[42] Vgl. dazu in einem anderen Kontext die religionsphilosophische Analyse *K. Hemmerles* zum Thema »Das Heilige und das Denken« in: *B. Casper u.a.*, Besinnung auf das Heilige. Freiburg u.a. 1966, 9–79.

[43] Vgl. *Meister Eckehart*, Deutsche Predigten und Traktate. Hrsg. v. *J. Quint* (= Diogenes Taschenbuch, 1979), 303–309 (Predigt 32: Beati Pauperes spiritu); dazu auch *D. Mieth*, Meister Eckhart. Olten–Freiburg 1979, 146–155.

[44] Zum »Geheimnis« vgl. das folgende Kap. dieses Bandes, zur Bedeutung religiöser bzw. theologischer Wahrnehmung den Art. Ästhetik *(J. Wohlmuth)*: *H. Waldenfels* (Hrsg.), Lexikon der Religionen 9–11.

[45] Zur Bedeutung des Kenotischen vgl. *h. Waldenfels*, Faszination 131–134, 138–151 u.ö.; *ders.*, Kontextuelle Fundamentaltheologie. Paderborn 1985, 201, 225–227.

8 Zwischen Asketik und Mystik

[1] *J. Zink*, Erfahrung mit Gott. Einübung in den christlichen Glauben. Stuttgart 1974, 138.

[2] Als Beispiele seien genannt die in deutscher Sprache zugänglichen Arbeiten von *H. Le Saux/Abhishiktananda* (1910–1973): Indische Weisheit – Christliche Mystik. Von der Vedānta zur Dreifaltigkeit. Luzern–München 1968; Die Gegenwart Gottes erfahren. Mainz 1980; Der Weg zum Anderen Ufer. Die Spiritualität der Upanishaden. Düsseldorf 1980, oder von *B. Griffiths* (geb. 1906): Rückkehr zur Mitte. Das Gemeinsame östlicher und westlicher Spiritualität. München 1987.

[3] Vgl. *K. Jaspers*, Die großen Philosophen I. München 1959.

[4] Vgl. *H. Waldenfels*, Absolutes Nichts. Freiburg u.a. ³1980, 13–64.

[5] Vgl. Die Logik der existentiellen Erkenntnis bei Ignatius von Loyola: *ders.*, Das Dynamische in der Kirche. Freiburg u.a. [2]1960, 74–148.

[6] Zu dieser vor allem bei Thomas von Aquin zu findenden Formel vgl. *E. Schillebeeckx*, Offenbarung und Theologie. Mainz 1965, 199 ff.; dort auch zum nicht-begrifflichen Erkenntnismoment in der Gotteserkenntnis nach Thomas von Aquin 225–293, sodann *K. Riesenhuber*, Art. Connaturalitas, Erkenntnis durch: Histor. Phil. Wörterbuch I 1029 ff. Vgl. bei *Thomas von Aquin*, S.th. I q.1 a.6 ad 3; I–II q.23 a.4c; q.58 a.5c; II–II q.45 a 2c; q.60 a.1 ad 1/2 u.ö.

[7] Die Formel geht auf Eisai (1141–1215), den Gründer des japanischen Rinzai-Zen, zurück.

[8] Zur Diskussion des Personbegriffs in buddhistischem Kontext vgl. meine Ausführungen in: Nichts 105–113, und Faszination des Buddhismus. Mainz 1982, 42–55; sodann *T.P. Kasulis*, Zen Action – Zen Person. Honolulu 1981.

[9] Für eine differenzierte Behandlung der Frage vgl. *K. Nishitani*, Was ist Religion? Frankfurt 1982, 99–141. Doch auch Nishitani sieht den Personbegriff vorrangig mit dem Begriff der Individualität verknüpft.

[10] Das 1974 in Tokyo erschienene Buch: Zenbukkyō (Zen-Buddhismus) spricht im Untertitel von dem im Zen grundgelegten »Menschen«. »Mensch«, jap. *ningen*, wird in den sino-japanischen Schriftzeichen mit den Zeichen für »Mensch« + »Tor, durch das die Sonne scheint« = »zwischen« geschrieben und so als ein »Zwischen-Wesen« angesprochen.

[11] Auf den Dreischritt gehen wir in den Schlußbemerkungen erneut ein.

[12] Das Bild des Spiegels kehrt auch im Zen-Buddhismus immer wieder und spielt vor allem im berühmten Streit um das Sūtra des 6. Patriarchen eine große Rolle; vgl. die deutsche Übersetzung *Wei-lang*, Das Sūtra des sechsten Patriarchen. Hrsg. v. *R. von Muralt*. Zürich 1958; zur Auseinandersetzung *D.T. Suzuki*, Erfülltes Leben aus Zen. München–Bern 1973, 160–288; *T. Merton*, Weisheit der Stille. Bern u.a. 1975, 153–180; *H. Dumoulin*, Geschichte I. Bern 1985, 116–145.

[13] Vgl. aber dazu die zweite der beiden Predigten 2 und 28 Eckeharts zum Besuch Jesu bei Martha und Maria in: *Meister Eckehart*, Deutsche Predigten und Traktate. Hrsg. von *J. Quint*. (Diogenes Taschenbuch, 1979) 280–289; in *D. Mieth*, Meister Eckhart. Olten–Freiburg 1979, 156–169. In dieser Predigt ist Maria gegenüber Martha noch eine Lernende.

[14] Vgl. *M. Abe*, Zen and Western Thought. London–Honolulu 1985.

[15] In diesem Sinne ist auch auf die Bedeutung von »Erleuchtung« und »Unerleuchtetheit« zu achten; vgl. dazu *H. Waldenfels*, Faszination 63–68.

[16] Vgl. dazu *K.P. Fischer*, Der Mensch als Geheimnis. Die Anthropologie Karl Rahners. Freiburg u.a. 1974.

[17] Vgl. ebd. 83–89.

[18] *E. Przywara*, Analoga entis. München 1932, 55 und 55 f.

[19] Die Geschichte dieser *Cross Correspondence* wartet auf ihren Historiographen!

[20] Vgl. *Y. Takeuchi*, Probleme der Versenkung im Ur-Buddhismus. Leiden 1972.

[21] Vgl. *H. Waldenfels*, Nichts 199 f.

[22] Vgl. *S. Radhakrishnan*, Die Gemeinschaft des Geistes. Östliche Religionen und westliches Denken. Darmstadt–Genf (1952); *D.T. Suzuki*, Der westliche und der östliche Weg. Frankfurt u.a. 1974.

[23] Vgl. *T. Doi*, Amae. Freiheit in Geborgenheit. Zur Struktur japanischer Psyche. Frankfurt 1982.

[24] Vgl. Anm. 8 und 9.

[25] Mittelalterlich ist die Rede von »*incommunicabilis subsistentia*« (vgl. *Thomas v. A.*, In Sent. 30,4; S.Th. I q.29 a.1; q.40 a.1 ad 1; auch *F. Suárez*, Met. disp.34 sct.1), »*incommunicabilis existentia*« u.ä.; vgl. Art. Person *(A. Halder)*: Lex. f. Theol. u. Kirche VIII 288.

[26] Zur Geschichte der negativen Theologie vgl. *J. Hochstaffl*, Negative Theologie. Ein Versuch zur Vermittlung des patristischen Begriffs. München 1976.

[27] Zum defizienten Modus des Monologs vgl. auch *H. Waldenfels*, Kontextuelle Fundamentaltheologie. Paderborn 1985, 327 f.

[28] Vgl. *M. Abe*, Zen 24, 112, 116–120; auch *T. Izutsu*, Philosophie des Zen-Buddhismus. Reinbek 1979, 101–125.

[29] Vgl. als hervorragendes Beispiel für unsere Zeit *R.L.F. Habito*, Total Liberation. Zen Spirituality and the Social Dimension. Provident Village/Manila 1986.

[30] Vgl. *K. Rahner*, Über den Begriff des Geheimnisses in der katholischen Theologie: *ders.*, Schriften zur Theologie IV 51–99; Zitat: 79.

[31] Vgl. Kap. 1 der Offenbarungskonstitution *Dei Verbum*; dazu die Zusammenfassung in *H. Waldenfels*, Kontextuelle Fundamentaltheologie 177–186.

[32] Vgl. oben Kap. 5 dieses Bandes.

[33] Vgl. *Y. Takeuchi*, Probleme 1–19; *H. Waldenfels*, Faszination 74–77.

[34] Vgl. für die griechische Ursprungsgeschichte *F.K. Mayr*, Philosophie im Wandel der Sprache. Zur Frage der Hermeneutik: Zeitschr. f. Theol. u. Kirche 61 (1964) 439–491.

[35] In diesem Zusammenhang ist für den interkulturellen Dialog erneut auf die Bedeutung der neueren sprachanalytischen Arbeiten hinzuweisen.

[36] Zu den bei K. Nishida zugrundegelegten Vorstellungen vgl. *H. Waldenfels*, Nichts 59 f.

[37] Vgl. *J. Moltmann*, Der gekreuzigte Gott. Das Kreuz Christi als Grund und Kritik christlicher Theologie. München [5]1987.

[38] Vgl. *K. Kitamori*, Theologie des Schmerzes Gottes. Göttingen 1972.

[39] Vgl. dazu *H. Waldenfels*, Faszination 138 ff. Von S. Endō gibt es auch zwei Bücher, die sich ausdrücklich mit der Gestalt Jesu befassen.

[40] Zur Übertragung von Joh 14,6 auf die Nachfolge Jesu vgl. *H. Waldenfels*, Kontextuelle Fundamentaltheologie 348–369.

[41] Vgl. *K. Kadowaki*, The Ignatian Exercises and Zen. An Attempt at Synthesis. Jersey, N.J. 1974.

[42] Vgl. ebd. 11f. *K. Kadowaki* hat den Gedanken in seinem Buch: Zen und die Bibel. Salzburg 1980, 82–111, erneut aufgegriffen.

[43] *M. von Brück* hat einen Versuch aus dem Blickwinkel des hinduistischen Advaita-Vedānta unternommen; vgl. sein Buch: Einheit der Wirklichkeit. Gott, Gotteserfahrung und Meditation im hinduistisch-christlichen Dialog. München 1987.

[44] Vgl. *K. Kadowaki*, Exercises 16.

[45] Vgl. *K. Rahner*, Frömmigkeit früher und heute: Schriften zur Theologie VII 11–31; Zitat: 22.

[46] Vgl. *K.P. Fischer*, Mensch 406.

[47] Ebd. 407.

[48] Diesen Satz aus den: Schriften zur Theologie IV 154 hat *K. Rahner* selbst immer wieder eingefügt, wo er in Nachschlagewerken wie Lex. f. Theol. u. Kirche oder Sacramentum Mundi den Art. Jesus Christus gestaltete.

[49] Vgl. für entsprechende Versuche *H. de Lubac*, Aspects of Buddhism. London 1953; *J.A. Cuttat*, Asiatische Gottheit – Christlicher Gott. Einsiedeln 1971; *R.C. Zaehner*, Mystik. Harmonie und Dissonanz. Olten–Freiburg 1980.

Unterwegs zur Praxis

[1] *K. Tilmann*, Die Führung zur Meditation I. Zürich u.a. 1971, 50f.

[2] *J. Wunderli*, Schritte nach innen. Östliche Meditation und westliche Mystik. Freiburg u.a. 1975, 134f.

[3] Vgl. *Patañjali*, Die Wurzeln des Yoga. Bern u.a. 1976.

[4] Für den Bereich der Zen-Übung *H.M. Enomiya-Lassalle*, Zen-Weg zur Erleuchtung. Wien [7]1987; *ders.*, Zen-Unterweisung. München 1987; sodann im Anschluß an Hakuun Yasutani *Ph. Kapleau*, Die drei Pfeiler des Zen: Lehre – Übung – Erleuchtung. Weilheim [2]1972.

[5] Zur Problematik des Begriffs vgl. *E. Dirscherl*, Art. Bewußtsein: *H. Waldenfels* (Hrsg.), Lexikon der Religionen. Freiburg u.a. 1987, 54f.

[6] Vgl. als zwei Beispiele aus verschiedenen Richtungen *F. Capra*, Wendezeit Bausteine für ein neues Weltbild. Bern u.a. 1982, und *E. Biser*, Die glaubensgeschichtliche Wende. Eine theologische Positionsbestimmung. Graz u.a. 1986.

[7] Vgl. zur Einführung *G. Ruhbach/J. Sudbrack* (Hrsg.), Große Mystiker – Leben und Wirken. München 1984; die Arbeiten von *A. Haas*, Sermo mysticus. Studien zu Theologie und Sprache der deutschen Mystik. Freiburg 1979; Geistliches Mittelalter. Freiburg 1984; zu Teresa von Avila u.a. *W. Herbstrith* (Hrsg.), Gott allein. Teresa von Avila heute. Freiburg u.a. 1982; sodann Die Wolke des Nichtwissens. Hrsg. von *W. Riehle*. Einsiedeln 1980. Hilfreich ist die von *G. und Th. Sartory* begründete Reihe »Texte zum Nachdenken« im Herder-Verlag.

[8] *E. Ch. Hirsch*, Das Ende aller Gottesbeweise? Naturwissenschaftler antworten auf die religiöse Frage (= Stundenbücher 121). Hamburg 1971, 118.

[9] Wir nennen als Beispiele drei lateinamerikanische Bücher: *C. Boff*, Mit den Füßen am Boden. Theologie aus dem Leben des Volkes. Düsseldorf 1986; *G. Gutiérrez*, Aus der eigenen Quelle trinken. Spiritualität der Befreiung. Mainz 1986; Sie leben im Herzen des Volkes. Lateinamerikanisches Martyrologium. Düsseldorf 1984.

[10] Vgl. *H. Urs von Balthasar*, Der Unbekannte jenseits des Wortes: *ders.*, Spiritus Creator. Skizzen zur Theologie III. Einsiedeln 1967, 95–105; Zitat: 100.

Quellennachweis

1 Unfähigkeit und Bedürfnis zu glauben

Erstveröffentlichung in: Geist und Leben 44 (1971) 249–267, sodann erweitert in der Reihe: Theologische Meditationen, hrsg. von *H. Küng*, Nr. 29. Zürich u.a. 1972.

2 Frömmigkeit jenseits der Kirche

Vortrag auf dem V. Europäischen Theologenkongreß der Wissenschaftlichen Gesellschaft für Theologie, 24.–28. September 1984 in Zürich.
Veröffentlicht im Dokumentenband des Kongresses: *T. Rendtorff* (Hrsg.), Charisma und Institution. Gütersloh 1985, 145–159.

3 Abgrenzung statt Dialog

Vortrag am 9. Dezember 1979 im Rahmen der Sendereihe »Katholische Welt« des Bayerischen Rundfunks.
Unveröffentlicht.

4 Der Dialog mit dem Zen-Buddhismus

Vortrag auf einer Tagung der Katholischen Akademie in Bayern zum Thema »Begegnung mit dem Zen-Buddhismus« am 22./23. September 1979 in München.
Erstveröffentlichung in: *H. Waldenfels* (Hrsg.), Begegnung mit dem Zen-Buddhismus (= Schriften der Katholischen Akademie in Bayern 96). Düsseldorf 1980, 62–85; nachgedruckt in: Geist und Leben 53 (1980) 184–201.

5 Wort und Schweigen

Vortrag auf einer Tagung der Katholischen Akademie Freiburg zum Thema »Das Schweigen in den Religionen« am 4./5. Juni 1983 in Freiburg.
Veröffentlicht im Tagungsbericht: *R. Sesterhenn* (Hrsg.), Das Schweigen und die Religionen (= Schriftenreihe der Katholischen Akademie Freiburg, hrsg. von *D. Bader*). München–Zürich 1983, 11–31.

6 Der moderne Mensch und die Meditation

Erstveröffentlichung: Meditation. Materialheft für den Lebenskundlichen Unterricht im Dezember 1975 / Januar 1976, hrsg. vom Katholischen Militärbischofsamt, Bonn: 1. Wissenschaftliche Problemstudie, 1–34, hier übernommen: 3–10.

7 Das asiatische Angebot

Vorgetragen auf zahlreichen Vortrags und Bildungsveranstaltungen. Erstveröffentlichung: Meditation – Ost und West: in der Reihe: Theologische Meditationen, hrsg. von *H. Küng*, Nr. 37. Einsiedeln u.a. 1975, 11–48.

8 Zwischen Asketik und Mystik

Wie Kap. 7, 49–86.

Unterwegs zur Praxis

Materialien teilweise aus dem unter Kap. 6 genannten Materialheft, 12–26.
Unveröffentlicht.